国家社会科学基金青年项目（15CJY061）部分研究成果

浙江省软科学重点研究项目（2020C25019）部分研究成果

中国农村电子商务
发展路径选择与模式优化

梅 燕 著

浙江大学出版社

前　言

进入 21 世纪以来,互联网已成为引领中国"三农"发展的重要手段(万宝瑞,2015)。电子商务作为推动"互联网十"发展的重要力量,为助力中国农民创业增收、农村地区发展、农业现代化经营等方面提供了有效的"三农"问题解决方案。涉农电子商务作为一种新型商务发展模式,既是经济欠发达地区实现农民增收、消除贫困的有效途径,也是引导我国农村产业供给侧结构性改革、推动乡村振兴战略实施的重要力量。然而值得关注的是,我国农村电商发展存在显著的区域分布不均衡和发展阶段不均衡现象。针对这种现实背景,本书以中国农村电子商务为研究对象,分别以农村电子商务发展过程中的主体——农民、农村、涉农电商产业为研究视角,探讨了部分典型区域不同阶段农村电子商务发展的路径选择与模式演化机制及主要影响因素,旨在为其他不同发展阶段的区域农村电商模式优化提供理论参考。这在一定程度上为本领域相关研究增加了一定的边际贡献,具有一定的理论研究意义和现实应用意义。

首先,本书基于已有的理论基础与理论文献进展,从中国涉农电子商务产生历程与背景出发,剖析了中国涉农电子商务迅猛发展的主要原因,利用阿里巴巴电子商务发展指数(aEDI)测算并实证分析比较了中国各区域涉农电子商务发展现状与水平。其次,从电子商务创新扩散的研究视角,采用结构方程模型(SEM)实证研究不同区域涉农电子商务发展初期农村内部村民利用电子商务创业的主要动力机制及路径。最后,运用系统动力学模型探究了不同区域在涉农电子商务形成和发展过程中电子商务模式选择及应用发展的路径。本书得到的主要研究结论如下:

(1)中国涉农电子商务发展历程分别经历了萌芽期(涉农电子商务 1.0——以农民自发利用电子商务创业为主要特征)、创新扩散(涉农电子商务 2.0——以农村各区域形成大量电子商务发展模式为主要特征)和产业集群(涉农电子商务 3.0——以部分典型区域形成淘宝村等涉农电商产业集聚现象为主要特征)。其中,农业农村信息化发展、互联网赋能"三农"助推电子商务与"三农"的深度融合以及国家政策的推动效应是中国涉农电子商务迅猛发展的主要原因。从中国整体区域格局来看,涉农电子商务呈现出由东向西逐步递减的不均衡发展状态,西部内部发展差异较大,中部地区相对较小。

(2)在涉农电子商务发展初期,区域村庄内部农民利用电子商务进行创业创新这一行为在村庄内部扩散分别有内部动力和外部动力两方面的因素;农民利用电子商务创业过程中的点扩散、多点扩散、面扩散等三个阶段中存在不同的路径；SEM模型实证分析结果进一步验证了上述理论分析，结果显示农民自身资本、当地资源禀赋、创业氛围、创业门槛、带头人示范效应对淘宝村农民内部创业的扩散起到正向作用，但我们发现淘宝村农民创业初期对资金的依赖性并不高；外界环境支持，包括政府支持、外部商业环境支持对淘宝村农民内部创业的扩散起到显著正向作用；农民自身需求、内部创业文化对淘宝村农民内部创业扩散行为起到正向影响。

（3）在涉农电子商务形成和发展过程中，各农村区域的"主导要素"是影响其电子商务模式选择和发展路径的主要原因，但"特色产业主导模式""服务商平台主导模式"和"农户主导模式"的发展路径演化过程不同。当地农村产业基础和产品特征是不同区域农村电子商务模式选取的关键和决定性因素，同时政府支持、龙头企业以及创业带头人对于模式的选取也有一定的影响。在农村电子商务模式选取的关键动力中，企业家精神驱动、需求拉动、竞合推动和资本要素推动等四个因素为主要拉动要素，但各区域资本要素差异化影响较大，企业家精神驱动、需求拉动和竞合推动因素的差异化影响较小；农民之间的模仿应用、电子商务创新应用、电子商务产业集群演化和区域城乡融合程度都起到推动作用。在农村电子商务模式发展路径演化过程中，产业链完善、电商分工与协同、行业组织等方面是影响不同区域农村电子商务发展情况的重要因素；各类资源要素、同行合作竞争、网购需求增长、需求升级这些客观推动力和农户线下、线上学习电商知识的基本状况是影响农村电商发展路径演化的较为重要的因素。

综上所述，在理论与实证分析结果的基础上，本书针对不同的区域特征，分别从涉农电子商务发展初期、形成和发展过程三个角度提出相关政策建议。

目　录

1 绪 论

1.1 研究背景、问题提出及研究意义

1.1.1 研究背景

1.1.1.1 电子商务的发展为解决中国"三农"问题提供新思路

进入 21 世纪后,随着以互联网为代表的网络信息技术不断进步与普及,电子商务作为互联网经济热点产物在中国也得到了快速应用。2005 年 1 月,国务院办公厅下发的《关于加快电子商务发展的若干意见》是中国电子商务领域第一个政策性支持文件,15 年来,电子商务已经成为中国经济发展的主力军之一,发展潜力巨大。最新统计数据显示(中国互联网络信息中心,2019):中国电子商务交易总额从 2000 年的不足 1 亿元增长到 2018 年的 32 万亿元,其中,网络零售交易额已从 2008 年 0.13 万亿元增至 2018 年的 9 万亿元,占社会消费品零售总额的 18.4%[①]。自 2013 年以来,我国网络零售交易总额已经连续多年居全球第一位。

值得关注的是,电子商务不仅作为一种新的交易方式改变了人们的生活方式、消费习惯,同时与各行各业生产经营的深度融合产生了大量的模式创新,驱动了中国传统产业的转型和升级。作为一个农业大国,中国农业历来被认为是关系国民经济的传统和基础产业,各级政府一直高度重视农民、农村、农业"三农"问题。目前中国社会正处在从工业社会向信息社会过渡的转型时期,以互联网为代表的核心信息技术对各行各业的影响日益增加。作为一个城乡"二元结构"特征显著的国家,目前我国农村居民规模将近 7 亿人,这部分人群的互联网应用程度,直接关系到农村信息化和农村经济的发展水平。

互联网已成为引领"三农"发展的重要手段(万宝瑞,2015)。电子商务作为推动"互联网+"发展的重要力量,为助力中国农民创业增收、农村地区发展、农业现代化经营等方面提供了有效的"三农"问题解决方案。"互联网+三农"与区域发展均衡问题正在引起全社会的高度关注。

[①] 按照国家统计局定义,社会消费品零售总额仅包括实物商品网上零售额。

首先,电子商务可以为农民创业赋能。农民是农村电子商务发展过程中的主体力量,也是最为核心的要素。由于电子商务的应用使得农民可以低门槛获得信息和资源,利用电子商务平台和农村劳动力优势,农村产品可以突破时空限制,直接对接全球大市场,促进当地农产品或其他加工业产品的销售,为农民在农村当地区域进行自主创业提供了就业机会,增加了农民收入,有效地解决了农村空巢、空心问题,提高了农民生活幸福指数。

其次,发展电子商务有助于农村地区的发展模式创新。电子商务在农村区域的发展与应用普及可以认为是一种包容性创新模式的实践。这种创新模式基于互联网电子商务平台来开展,通过减少交易成本、聚集大量需求、提供金融服务等方式降低了农民进入市场的壁垒,使得低收入群体不再受限于自身的能力和财力而平等地参与到市场竞争中去,并能在市场交易中获得更可观的利润。截至 2018 年 10 月,我国各类涉农电商公司超 3.1 万家,农产品电子商务平台就有 3000 余家,农村电子商务交易额 1.25 万亿,同比增长 39.1%,其中农产品电子商务交易额达 3000 亿元,相较于 2017 年增长 40% 左右,预计 2020 年这一数字将超过 8000 亿元。另外,随着城市区域电商红利的逐渐缩小,阿里巴巴、京东、苏宁等大的电商平台也在不断拓展新业务,农村地区就是其最重要的阵地,如阿里巴巴和京东正在分别实施的"千县万村计划"和"星火燎原计划"。这些足以表明电子商务模式创新在农村的快速发展和未来巨大的潜力。

最后,电子商务在中国农村地区的普及与应用已在部分典型区域形成了淘宝村、淘宝镇、产业园区等产业集群现象,能够在一定程度上产生倒逼传统农业转型升级效应,为农村供给侧改革提供新思路。电子商务"信息流、资金流、物流"三个核心要素与农村区域经济深度融合形成了"产业链、价值链"双链联动的协同发展效应,而部分典型区域的电子商务产业成熟发展历程与特征为其他农村区域提供了良好的经验借鉴。

1.1.1.2　中国各区域农民借助互联网自主创业,形成了一定的创新扩散效应

近年来随着国家对农村区域信息化的大力扶持,截至 2017 年 10 月底,就提前实现"十三五"规划提出的 98% 行政村通光纤、90% 贫困村通宽带的目标(工信部,2017),互联网已经逐步实现了对广大农村区域的覆盖。据 CNNIC 统计,截至 2019 年 6 月底,农村网民数量达到 2.25 亿,占网民总体的 26.3%,农村互联网普及率 37.2%,快递网点数达 9.5 万个,均达到了一个新的台阶。

一方面,农村互联网基础设施的不断完善促进了农村电子商务的快速发展,搭建了连接农业生产和市场需求的桥梁,成为推动农村经济发展,提高农民生活水平的重要推动力(高嗣慧等,2019)。另一方面,互联网思维也对农民创新创业思维形成了一定的影响。早在互联网发展初期(1995—2000 年),就有部分农村地区的农民个体或农村企业主体,利用农村劳动力与土地成本较低的比较优势,经由互联网平台进行农产品的宣传与出售,如早在 1996 年山东省金乡县西李村

农民就在"网上卖大蒜"①,该案例代表的便是农村电子商务发展早期的典型模式。在这种互联网思维的影响下,越来越多的农民意识到电子商务可以增加收入,里面藏有商机,电子商务在农村各区域也开始普及,成为农民自主创新创业的主要手段之一。同时近年来中国最大的C2C电子商务平台——淘宝网的蓬勃发展对农民自主创业产生了积极的拉动效应,这是由于村民通过淘宝网创业不仅进入门槛低、技术难度小、启动需求资金少,而且可以拥有淘宝网的海量用户,使村民可以摆脱创业高门槛和地域的限制,也使得淘宝网成为农民进行电子商务创业的主要阵地。

农民创业创新是推动大众创业、万众创新的重要力量,是促进农业农村经济持续发展的新动能,对于培育新产业新业态新模式和促进农村一、二、三产业融合发展具有十分重要的意义。全国各地农村开始涌现农民通过电子商务的形式自主创业主要有以下三方面的原因:(1)我国电子商务基础设施的不断完善,并充分发挥了农村地区的各种优势,例如农产品产源地、创业低成本、特色商品稀缺性、劳动力资源丰富等。(2)由于电子商务在某种程度上提高了交易的效率,大量农民通过电子商务创业,也代表着新的商业形式对旧的商业形式的补充或者替换。电子商务能够突破时空限制,使得农村区域在互联网时代不仅仅是一个被动的网络零售目的地,也不单纯是将互联网作为当地农产品销售的一个新渠道,而是使农村区域也能够形成像城市一样的商业聚集地,能够有将大量的卖家和买家集中在农村地区,形成电子商务产业集聚效应。(3)政策的推动效应和农村创业带头人的拉动效应共同发挥作用。一方面,自2015年"大众创业、万众创新"的理念推出,政府对农村包容性创业进行了有力支持,主要体现在四个方面,即创造创业条件、提高创业能力、激发创业动机、扶持创业活动(梁强等,2016),这些政策迅速推动了农民在各地农村积极开展电子商务创业活动。另一方面,中国农村是一个区别于成熟市场经济的特殊形态社会。社会学家费孝通曾经指出,中国传统的乡村社会是"熟人社会",熟人社会不仅有公认一致的规矩,而且信息全对称。这种"熟人社会"对于网商的成长和扩散,具有天然的优势(艾亚,2014)。因此,一个农村网商先发展起来,就会形成涟漪效应,向周边的亲友、邻居扩散。由于农村社会的地缘特征,"熟人社会"的网络扩散效应,电子商务创业带头人在当地的拉动效应较为显著(崔丽丽等,2014;曾亿武等,2016b)。这为

① 山东省金乡县拥有"中化蒜都""大蒜之乡"美誉。在过去,该地农民因信息不灵、销路不畅而使大蒜堆积如山,不得不以跳楼价出手。1996年5月,当多数企业对上网几乎一无所知的时候,李敬峰成了西李村第一个上网的人。从此李敬峰走进了互联网,注册了自己的域名,把西李村的大蒜、菠菜、胡萝卜等产品信息一股脑地搬上了互联网,发布到了世界各地。1998年7月,青岛某外贸公司在网上看到信息后主动与李敬峰取得了联系,李敬峰通过互联网两次出口大蒜870吨,销售额达270万元。

全国各地涉农电子商务的全面扩散与发展奠定了良好的人力资本基础。

1.1.1.3　各区域因地制宜,形成了大量典型农村电子商务发展模式与路径

随着电子商务创新模式在农村区域不断扩散,各地形成了各具特色的电子商务发展模式与路径,各地涉农电子商务发展模式层出不穷。例如,从最初进入学者研究视野的江苏"沙集模式"、浙江的"遂昌模式"、河北的"清河模式"、山东的"博兴模式",到吸引全国各地政府部门、学者、机构等去参观学习的江苏"沭阳模式"、浙江"丽水模式"、山东"曹县模式"等。

但值得关注的是,这些模式所在的农村区域特征各异,有的地方发展电子商务是"从无到有",有的地方则是"从有到优"。例如,浙江省农村电子商务具有明显的区域差异性特征,如浙江丽水农村电子商务发展的"遂昌模式"(借助互联网销售当地农特产品解决农产品卖难问题)、缙云"北山模式"(全国户外用品的网络集散地)、义乌的"淘宝村"(青岩刘村)等,几乎每个区域的电子商务模式都有自己的特色,且与当地的区域经济特征非常吻合。比如"遂昌模式"是根据当地的农产品产业基础打造的以电子商务平台为载体的发展模式;但"北山模式"则完全是"无中生有",因为创业带头人的创业方向,形成了"北山狼"户外品牌,并带动了当地农村村民借助互联网进行电子商务创业,从而形成了有序的电子商务生态系统,推动了当地农村区域经济的健康发展。早期的"沙集模式",后期的"曹县模式"与"北山模式"发展路径均较为类似,而"清河模式""沭阳模式"则与"遂昌模式"更为接近,更多区域涉农电子商务发展模式可参考本书表3.10。不同农村区域电子商务发展模式与路径选择不同的原因有以下两点:(1)中国各区域之间差异性较大。有些农村区域具有得天独厚的自然禀赋优势,农业生产资源丰富,农产品特色明显,但受交通运输条件薄弱、商业经济观念落后及农村平销售渠道等因素制约,很长时间以来,当地优质农产品难以实现应有价值,但一旦当地农民开始引入电子商务进行创业,这些地区就可以利用电子商务平台快速直接对接大市场,拓宽农产品销售渠道,实现农产品上行,农民收入增加。但同时也存在一些农村区域农业生产资源贫瘠,然而当地农民却凭借自身的勤奋努力,借助经济体制改革红利,走出属于当地的电子商务发展模式道路。(2)电子商务与当地的农村经济间存在相互促进作用,而不仅仅只是单方向的影响作用,我们将其称为"协同发展效应"。例如,有些农村经济发达的地区能够促进涉农电子商务的健康有序发展,而涉农电子商务的发展又能推动当地农村经济的发展;但同时也存在农村经济欠发达地区但农业生产极具特色或者由于某个返乡创业的农民自发形成不同的涉农电子商务模式,涉农电子商务的发展又会对当地农业经济结构产生重大影响。因此,从近年来农村电子商务模式发展的实践效果来看,各区域已将农村电子商务作为当地脱贫攻坚、实现乡村振兴战略的重要方式之一,"电商扶贫、消贫"也成为各地农村涉农电子商务模式不断发展与选择的重要目标与抓手。

1.1.1.4 典型农村区域电子商务产业不断集聚与扩散，形成了"淘宝村"

近年来在互联网快速渗透和各级政府发展农村电商政策的大力扶持下，电子商务与农村一、二、三产业快速融合发展，部分典型区域已形成了农村电子商务产业与空间集聚的形态，我们将其称为"农村电子商务产业集群"。与传统产业集群相同的是，农村电子商务产业集群也是一种形成规模效应和协同效应的集聚现象。但与传统的产业集群不同的是，农村电子商务产业集群是指以电子商务为手段，通过整合传统农村产业链，创新销售模式和生产经营企业组织形式，在特定农村地域范围内形成以当地某一特色产业（农业或非农业）为核心的线上、线下相关企业和服务机构的有机聚合。目前中国部分区域出现的"淘宝村""淘宝镇"正是这种产业集群的典型代表形态。

我国淘宝村起源于浙江省义乌市青岩刘村，随着村内大量村民通过淘宝网进行电商创业，逐步形成新的产业带，并不断向相关产业（农业和非农产业）上下游发展，这一新的产业逐渐成为该村的经济主体，该村遂被称为"淘宝村"。随着淘宝村这一新的经济现象不断被媒体和学者们关注，同时全国各地也陆续产生淘宝村，最终阿里研究院（2013）给出了淘宝村更具规范性和广泛性的定义，其认为淘宝村是大量网商集聚于同一村落，最主要的经营场所为淘宝网，并依托阿里巴巴电子商务生态系统，最终形成具有规模效应和协同效应的产业集群现象。自 2009 年中国出现了第一个淘宝村之后，淘宝村已开始在全国各区域逐步扩散开来，从 2010 年发现的 3 个淘宝村到 2014 年的 211 个，2015 年的 780 个，2016 年的 1311 个，2017 年的 2118 个，2018 年的 3202 个，2019 年的 4310 个，已覆盖全国 25 个省（自治区、直辖市）。2017 年西部地区 6 省（自治区、直辖市）也首次出现淘宝村，淘宝村由东部发达地区向中西部地区渗透将成为未来淘宝村的扩张趋势。据阿里研究院 2018 年中国淘宝村研究报告，如今全国淘宝村活跃网店已达 50 万家，且 2018 年我国所有淘宝村线上交易额超过了 2200 亿元。

但是值得关注的是，淘宝村的空间分布格局具有明显的区域不均衡特征，农村电子商务区域格局呈现出地域梯度和连片化特征（汤英汉，2015；朱邦耀等，2016）。首先根据 2018 年淘宝村地区分布情况可以看出，90％以上的淘宝村分布于东部沿海城市，如浙江、广东、江苏、福建、山东；"淘宝村"数量的空间分布形成从东部沿海地区、中部地区和西部地区三个阶梯，并呈现阶梯递减状态。东部沿海地区"淘宝村"分布密度较高，主要集聚核心地区从北向南依次为苏南聚集区、浙中聚集区、闽东南聚集区以及珠三角聚集区；而中部地区受到东部地区的辐射影响，也陆续开展农村电子商务热潮；西部地区目前受到地理条件等因素的制约发展较为缓慢。其次从省份来看，我国"淘宝村"主要集中在浙江、江苏和广东三个省份，约占全国比重的 70％；与此同时，中部地区的安徽、河南和江西等地区的农村电子商务也逐渐集聚起来；而西部地区青海、甘肃等地区仍然处于零的状态。

1.1.2　问题提出及研究意义

1.1.2.1　问题的提出

自电子商务在中国起步发展至今,电子商务在中国农村的发展依次经历了起步、小规模增长和规模化集聚与扩散这三个阶段,每阶段新增加的涉农电子商务商家数量分别达到万级、十万级和百万级。但是,仍然有很多问题值得关注。

第一,中国涉农电子商务的发展存在显著的区域发展不均衡的现象,这些现象的背后原因可能有哪些? 这是本书第三章重点回答的问题。

第二,为什么有些区域更容易形成有着大量农民利用电子商务平台创业的"淘宝村"? 电子商务在农村农民内部创新扩散的影响因素有哪些? 这是本书第四章回答的问题。

第三,中国部分区域涉农电子商务已经发展至规模化,阿里研究院(2019)数据显示,已有 25 个省(自治区、直辖市)出现了"淘宝村",但值得关注的是,相比于我国近 80 万行政村(2016),淘宝村的数量其实仍然是极少的,已有的典型区域是否有相关的成熟发展经验模式和路径值得借鉴与探究。同时,中国有些区域涉农电子商务发展模式已开始出现后劲不足的情况,比如农村通过互联网进行零售的产品同质化问题严重,这也导致农民之间恶性价格竞争,因此,当地农村区域应当如何合理选择发展模式,农村电子商务发展模式应当如何转型升级、如何提高本地区域电子商务竞争力? 这些问题将在本书第五章和第六章进行详细探究。

1.1.2.2　研究意义

在互联网高速发展和日益普及的今天,如何突破原有传统思路,利用以互联网等信息技术为代表的先进生产力和商业模式解决"三农"问题,探索和剖析农村区域电子商务发展的成功模式,发挥其示范引导作用,具有较强的现实实践意义。但与我国许多地区蓬勃发展的涉农电子商务现象以及学术界丰富的农村经济发展理论研究相比,我国涉农电子商务的理论研究却滞后于现实问题,同时也未见将两者关联起来进行探讨的深入理论研究。本课题组在前期相关项目调查研究中已经关注到涉农电子商务与当地的农村经济间的存在相互促进作用,而不仅仅只是单方向的影响作用,我们将其称为"协同发展效应"。例如,有些农村经济发达的地区能够促进涉农电子商务的健康有序发展,而涉农电子商务的发展又能推动当地农村经济的发展;但同时也存在农村经济欠发达地区但农业生产极具特色或者由于某个返乡创业的农民自发形成不同的涉农电子商务模式,涉农电子商务的发展又会对当地农业经济结构产生重大影响。

因此,一方面,本书将中国最为传统与基础的农业与目前最为热点的互联网经济产物——电子商务相结合,试图从已经呈现"星星之火"的典型区域中寻找涉农电子商务在中国未来"燎原"的必然性与可行性,为我国传统农业的转型升级、现代新型农业经济体系的构建、农村的"三化"融合等方面提供制定相应政策的科学依据,有较好的理论研究价值。

另一方面,本书将在此现实基础上重点以具有不同特征的农村区域作为基本空间单元的研究视角,采用定性与定量分析相结合的研究方法深入剖析当地电子商务与农村区域经济之间的协同发展机制,这将丰富涉农电子商务的理论研究内容;同时对挖掘其他地区的涉农电子商务发展潜力,加快转变农业发展方式,在农业发展方法、手段和模式上探索新的发展路径,推进当地农村经济的快速发展,具有较好的现实应用意义。

1.2 研究目标与拟解决的关键问题

1.2.1 研究目标

基于以上提出的研究问题,本书的主要研究目标如下:

(1)总结归纳中国农村电子商务发展历程中形成的不同模式以及演化路径。

(2)通过实证层面剖析我国典型区域农村电子商务发展模式的主要影响因素;为不同农村地区因地制宜构建农村电子商务发展路径选择框架和模式优化提供决策参考。

1.2.2 拟解决的关键问题

根据上述研究目标,本书拟解决如下关键问题:

(1)中国整体涉农电子商务发展历程及现状如何?这些发展历程背后的原因有哪些?不同区域涉农电子商务发展水平的差异特征有哪些?

(2)在涉农电子商务发展初期,农民利用电子商务进行创业创新这一行为如何在村庄内部扩散?不同的区域是否有共性和特性?影响电子商务创新扩散的主要因素有哪些?

(3)在涉农电子商务形成和发展过程中,不同区域为何会形成不同的农村电子商务发展模式与路径?农村的哪些要素是影响模式选择和发展的主要因素?各地农村电子商务应用模式有何发展规律?并且如何将这些应用模式推广发展至其他地区?

1.3 研究的主要方法

根据本书的研究目标与内容,拟采用农村经济发展理论、区域经济理论、信息经济学理论、数理模型等相结合的分析方法作为主导分析方法,并将经济学、管理学、社会学等多门学科的"多维度理论分析构架"作为基本的分析方法体系。在这个架构的分析体系下,基于管理学系统论的系统分析方法是最基础的分析方法,它揭示电子商务发展范式下的区域经济系统之间的关系,并把这种关系放置于更大的农村经济系统背景下，揭示涉农电子商务与农村经济协同发展的前向后向关联性，从而完成理论模型的构建；在实证分析中，将定性分析和定量分析相结合，运用数理模型分析方法，揭示当前具有不同区域特征的涉农电子商务发展模式，并把握这一关系演进的规律和趋势，同时采用实证模型来验证课题组对研究对象的理论假设，即认为涉农电子商务模式的形成和选择与农村经济存在协同发展效应；通过对这一关系的把握，为政府制定政策确定方向、目标和基本内容，从而完成研究目标。研究方法的选取应当遵循"问题导向"的原则，选择最适合研究主题的方法（李志刚，2012）。本书根据核心章节的具体主题和研究需要，综合运用了理论分析法、数量模型分析法和实地调查与案例研究法等研究方法。具体研究方法主要有以下几种。

1.3.1 理论分析法

理论分析方法是与经验分析方法相对的，依据一定的理论原理，通过逻辑推理或数学推导形成判断或提出假说的研究过程。本文对理论分析法的运用主要体现在后续各章节理论分析的过程中，先后涉及创新扩散理论、系统动力学理论和产业集群理论。

1.3.2 数量模型分析法

经济计量分析是用统计推论方法对经济变量之间的关系做出数值估计的一种数量分析方法。它首先把经济理论表示为可计量的数学模型即经济计量模型，然后用统计推论方法加工实际资料，使这种数学模型数值化。本文先后选择结构方程模型（SEM）来研究不同区域农民电子商务内部创业扩散效应，采用系统动力学模型来演化不同区域农村电子商务模式选择路径。

1.3.3 实地调查与案例研究法

案例研究法是实证研究方法的一种。研究者选择一个或几个场景为对象，系统地收集数据和资料，进行深入研究，用以探讨某一现象在实际生活环境下的状况。该研究方法包含了特有的设计逻辑、特定的资料搜集和独特的资料分析方法。可采用实地观察行为，也可通过研究文件来获取资料。本文选择多案例研究方法，分别从微观视角探讨不同区域农村发展模式的主要决定因素，并对比研究不同地区农村电子商务模式发展特征与演进过程。

1.4 研究的基本框架与内容

1.4.1 研究框架

基于上述研究目标与拟解决的关键问题，本书的理论研究逻辑过程与技术路线图分别如图 1.1 和图 1.2 所示。

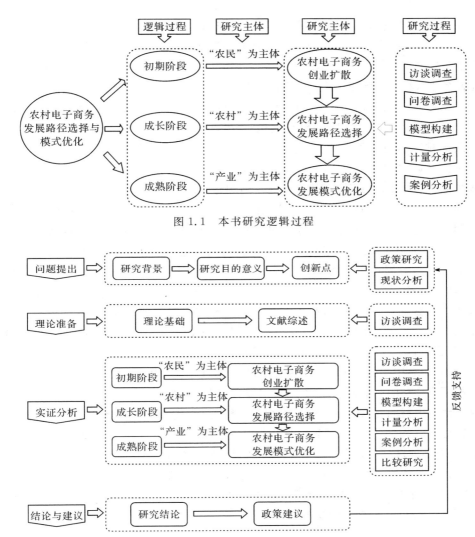

图 1.1 本书研究逻辑过程

图 1.2 本书技术路线

1.4.2 研究内容

基于上述研究目标,本书由以下章节组成:

第一章,绪论。介绍了总体研究背景与研究意义、研究目标与拟解决的关键问题、研究采用的主要方法、研究总体思路与逻辑框架结构及研究内容、研究数据来源以及相关概念界定。

第二章,理论基础与国内外研究文献综述。在综述有关创新扩散理论及模型、系统动力学理论、产业集群理论的基础上,比较全面系统地梳理、总结和探讨了国内外学者关于中国涉农电子商务问题研究的现状及进展等相关文献的研究方法与研究结论,并在此基础上对现有文献进行了评述。

第三章,中国涉农电子商务发展历程梳理及区域现状分析。分别从中国涉农电子商务发展历程与背景出发,剖析了中国涉农电子商务迅猛发展的主要原因,利用电子商务指数统计指标测算并分析比较了中国各区域涉农电子商务发展现状与水平。

第四章,中国农民电子商务创业扩散的动力机制、路径选择及影响因素研究。从电子商务创业扩散的研究视角,研究不同区域农村电子商务发展初期农村内部村民利用电子商务创业的主要动力机制及路径。具体包括:(1)基于对四个不同区域典型淘宝村的半结构访谈数据,采用案例分析方法对淘宝村内部创业扩散源、扩散对象、影响因素进行归纳和总结,并绘制淘宝村内部创业扩散路径图和淘宝村内部创业扩散动力机制。(2)基于上述四个典型淘宝村的实地问卷调研数据,构建了淘宝村内部创业结构方程模型,实证研究主要影响因素。

第五章,中国农村电子商务发展模式与路径选择研究。探究不同区域在农村电子商务发展过程中的演化路径。具体包括:(1)探究农村电子商务发展路径选择的主要影响因素。(2)找出农村电子商务可持续发展的路径。将问卷和访谈调查获数据进行整理,分析出农村电子商务的不同发展路径,并通过对典型县域样本进行案例分析和统计方法分析,了解其发展过程中不同影响因素,对不同的区域农村电子商务发展路径的演化进行归纳总结。

第六章,中国农村电子商务发展模式优化研究。具体包括:(1)探究农村电子商务模式选择的影响因素。(2)通过抽取典型县域,对当地的村民、村委会和相关政府部门进行问卷、访谈调查,了解影响农村电子商务模式选择的因素以及对其推广进行分析研究。(3)采用系统动力学构建不同区域农村电子商务发展模式优化模型,对不同区域农村电子商务发展模式进行归纳总结,并提供模式优化的框架。

第七章,研究结论与政策建议。通过上述定性和定量分析、宏观和微观视角的探究,并依据得出的结论对不同区域处在不同发展阶段的农村电子商务的持续演化提出相应的对策和建议。

1.5 相关概念界定与数据来源说明

1.5.1 相关概念界定

1.5.1.1 涉农电子商务的内涵

本书研究的涉农电子商务是一个广义的概念,指在互联网上产生的一切与农民、农村、农业相关的商务活动(姜奇平,2012;汪向东等,2014)。参照已有的相关研究文献,涉农电子商务具体分为农产品电子商务、农村电子商务和农业电子商务。其中,农产品电子商务是指发生在互联网上所有关于农产品的交易;农村电子商务是指在农村地区发生的电子商务活动;农业电子商务是指从产业结构的角度来划分的概念,与农产品电子商务、农村电子商务有一定的重叠,是农业在电子商务领域的应用(曾亿武等,2016)。

值得说明的是,本书在第五章、第六章均进行了区域比较分析,因此,在这两章的研究过程中,涉农电子商务被界定为农村电子商务的概念范畴。农村电子商务是电子商务在农村地区的具体应用,是地域维度意义上的概念,与之相对应的概念是城市电子商务。但这两个概念并非完全独立,存在部分交集。根据电子商务交易双方所处的地理位置,农村电子商务可以分为两种情况:一种是电子商务交易双方都是在农村地区,即"农村-农村"型电子商务活动;一种是电子商务交易主体一方在农村,一方在城市,即"农村-城市"型电子商务活动,此时既可以算是农村电子商务,也可以归入城市电子商务。因此,农村电子商务是地域的限制,不是农产品电子商务也不是农业电子商务。只要是在农村区域利用电子商务进行买卖活动的都可以算是农村电子商务(曾亿武,2018)。

1.5.1.2　淘宝村的界定

为与学术界的相关研究保持一致,本书以阿里研究院(2013)对"淘宝村"的定义为准:"淘宝村"是指活跃网店数量达到当地家庭户数 10% 以上、电子商务年交易额达到 1000 万元以上的村庄。但值得说明的是,本书在实地调查过程中,也发现很多淘宝村的村民不仅拥有淘宝店,同时也会在拼多多、京东、苏宁易购等平台上开设网店,这主要是因为这些平台上开店的便利性为农民提供了更多的市场拓展渠道。

1.5.2　数据来源说明

本书的数据来源分别为实地调查获得的一手微观数据和权威统计研究结构提供的宏观数据。主要来源如表 1.1 和附录中的附表一所示。

1.5.2.1　实地调查数据来源及说明

本书的主要对象为农村电子商务,但由于同时需要考虑比较不同农村区域电子商务发展情况,因此为提升研究的代表性,本书重点关注电子商务处在不同发展阶段的区域,并以下面四个指标作为主要的样本选择标准,其中农村电子商务是否发达以该区域 2015 年电子商务发展指数水平(aEDI)[①]为主要选择依据,农村区域经济发达水平判断以当地县域 GDP 为选择参考依据。

Ⅰ　农村电子商务发达地区,当地农村区域经济发达;

Ⅱ　农村电子商务发达地区,当地农村区域经济不发达;

Ⅲ　农村电子商务不发达地区,当地农村区域经济发达;

---

① 需要说明的是,由于本研究开始于 2016 年,因此在当时选择样本、设计调研方案时,重点参照的是阿里研究院 2016 年发布的《中国县域电子商务发展报告》,该报告共发布了1920 个县域电子商务发展指数。

Ⅳ 农村电子商务不发达地区,当地农村区域经济不发达。

本研究实地调查前后共涉及 2017 年、2018 年和 2019 年三个年份。主要是课题组成员利用寒暑假时间,通过实地访谈和发放调查问卷(含线上问卷调查)等方式来获取实地调研数据资料,共涉及县域、镇、村三个层次的相关人员累计662 人次,涉及东部、中部、西部共 11 个样本村,访谈框架以及调查问卷共 4 份(具体参见附录三至附录六)。

值得说明的是,在样本抽样的过程中,课题组通过观察也能够发现:如果以"是否为淘宝村"作为典型样本的选择标准,第Ⅰ、Ⅱ和Ⅳ类型的可选择样本较第Ⅲ类样本更多。这也从另一个角度表明:一方面,当地农村区域经济发达会正向作用于涉农电子商务的发展水平;另一方面,涉农电子商务的发展又会促进当地农村区域经济的发展。两个系统出现较为明显的协同发展效应。这也是课题组在实际观察中验证的理论假设情况。

表 1.1　本书调研样本区域情况统计

调研样本区域		调研时间	调研村	调研方法	是否为淘宝村	参考标准
东部	浙江省缙云县壶镇	2017-07-24—2017-07-30	北山村	访谈、问卷	是	Ⅱ
	浙江省龙泉市安仁镇	2017-08-03—2017-08-09	黄石玄村	访谈、问卷	是	Ⅱ
	浙江省永嘉县桥下镇	2018-07-01—2018-07-06	西岙村	访谈、问卷	是	Ⅰ
	浙江省临安区昌化镇	2018-07-08—2018-07-12	白牛村	访谈、问卷	是	Ⅰ
	江苏省沭阳县新河镇	2017-07-17—2017-07-22	周圈村	访谈、问卷	是	Ⅰ
	江苏省睢宁县沙集镇	2018-07-18—2018-07-24	东风村	访谈、问卷	是	Ⅱ
	山东省曹县大集镇	2019-04-22—2019-04-26	丁楼村	深度访谈	是	Ⅱ
中部	安徽省泾县丁家镇	2017-07-10—2017-07-15	李园村	访谈、问卷	是	Ⅲ
	湖北省黄梅县孔垄镇	2018-01-28—2018-02-03	付渡村	深度访谈	否	Ⅳ
西部	山西省临猗县耽子镇	2018-07-28—2018-08-02	后土营村	深度访谈	否	Ⅳ
	甘肃省成县沙坝镇	2018-08-17—2018-08-23	沙坝村	深度访谈	否	Ⅱ

资料来源:笔者根据实际调研情况整理得到。

1.5.2.2 统计报告数据资料来源

本书采用的国内宏观数据主要来源于各样本区域统计年鉴和权威研究机构发布的研究报告。主要包括阿里研究院发布的历年淘宝村研究报告,农产品电子商务发展报告以及中国社会科学院、浙江大学、南京大学等知名研究机构发布的有关涉农电子商务研究的报告,具体来源参考附录一所示。

1.6 本书创新之处

1.6.1 研究视角和研究内容的创新

与我国许多地区蓬勃发展的涉农电子商务现象以及学术界丰富的农村经济发展理论研究相比,我国涉农电子商务的理论研究却滞后于现实问题,同时也未见将两者关联起来进行探讨的深入理论研究。本课题组在前期相关项目调查研究中已经关注到涉农电子商务与当地的农村经济间存在相互促进作用,而不仅仅只是单方向的影响作用,我们将其称为"协同发展效应"。例如,有些农村经济发达的地区能够促进涉农电子商务的健康有序发展,而涉农电子商务的发展又能推动当地农村经济的发展;但同时也存在农村经济欠发达地区但农业生产极具特色或者由于某个返乡创业的农民自发形成不同的涉农电子商务模式,涉农电子商务的发展又会对当地农业经济结构产生重大影响。同时,目前我国区域涉农电子商务发展阶段呈现显著的不均衡现象,那么这些不均衡的背后主要表征和原因有哪些? 涉农电子商务持续发展演化的路径是否有一定的规律?

因此,本书在此基础上重点以具有不同特征的农村区域作为基本空间单元的研究视角,采用定性与定量分析相结合的研究方法深入剖析了不同阶段的农村电子商务发展模式形成机制与发展特征。在区域涉农电子商务发展初期,本书从电子商务创新扩散的研究视角,采用 SEM 模型实证研究不同区域涉农电子商务发展初期农村内部村民利用电子商务创业的主要动力机制及路径。随后,在区域涉农电子商务发展模式形成过程中,本书运用系统动力学模型探究了不同区域在涉农电子商务形成和发展过程中电子商务模式选择及应用发展的路径。

在本书采用的具体研究方法方面,运用管理学、经济学、社会学等学科的分析方法形成的本项目"多维度理论分析架构",在信息经济学理论的电子商务发展新范式下,将农村经济发展理论、区域经济理论结合起来,从电子商务发展的静态维度和动态维度、宏观维度和微观维度上综合把握涉农电子商务与农村经济发展之间的互动关系研究这样一个复杂的课题,并充分考虑研究对象的区域特征变量,在本领域的研究方法上进行了补充。

1.6.2 研究应用价值的创新

本书聚焦不同区域的涉农电子商务发展过程与模式,将中国最为传统与基础的农业与目前最为热点的互联网经济产物——电子商务相结合,试图从已经呈现"星星之火"的典型区域中寻找涉农电子商务在中国未来"燎原"的必然性与可行性,为我国传统农业的转型升级、现代新型农业经济体系的构建、农村的"三化"融合等方面提供制定相应政策的科学依据,有较好的应用价值。

一方面,本书在研究的过程中,不仅提出涉农电子商务不仅仅影响农村经济的发展,同时涉农电子商务的产生与发展也会受到当地区域农村经济系统的影响这一理论假设,随后通过实证分析来验证该假设,并基于分析结果提出不同区域产业经济特征的涉农电子商务发展路径框架(具体参见本书第五章和第六章内容),对挖掘其他地区的涉农电子商务发展潜力,加快转变农业发展方式,推进当地农村经济的快速发展,具有较好的现实应用意义。同时值得说明的是,本研究在实地调研过程中,利用本研究的理论成果,针对当地涉农电子商务发展过程中的具体问题,分别为安徽省宣城市泾县丁家桥镇、浙江省宁波市北仑区、山西省运城市临猗县后土营村提供了进一步发展当地涉农电子商务的建议,并得到了当地相关部门的认可(具体参见本书附录八)。

另一方面,本书基于大量实地调研和理论研究结果,分别从区域涉农电子商务发展所处的阶段(分为涉农电子商务发展初期、形成和发展过程中、成熟阶段)、当地区域经济发展要素特征等两个维度针对性地提出了相关政策建议。第一,如果该区域仍处在涉农电子商务发展初期或正准备发展初期,可以从以下两个方面来推广电子商务的应用。(1)当地区域的政府应着力完善农村基础设施、推进物流向乡村延伸、营造良好的创业氛围,重视引导创业带头人发挥创业扩散的效应。(2)当地区域需要因地制宜,善用各种资源禀赋,选择适合当地区域经济发展的电子商务发展模式。第二,如果该区域已处在涉农电子商务发展模式形成和发展的过程中,可能会面临电子商务在当地能否持续发展的问题,主要是农村区域电商人才缺乏、农户融资渠道稀少、产品同质化等问题。建议从以下三方面来优化电子商务发展的路径。(1)在解决电子商务人才缺乏方面:政府可以联合高校、电子商务企业,共建人才培训和实习基地,搭建人才供需交流平台,通过招商引资、完善吸引人才政策等形式,为农村引进紧缺急需的电商人才。(2)在解决农户融资服务方面:一方面可以采取网店协会、电子商务协会出面担保、本地商业银行提供贷款的方式,为农户网商提供充足的资金支持,同传统银行业以及互联网金融企业紧密配合,共同打造一套合作共赢的金融支持系统可以有效降低成本,提升平台综合竞争力,可以解决许多农户网商在发展过程中因为规模的不断扩大导致的资本不足、资金周转不灵等资本方面的问题。另一方面,也可以结合农村金融发展的新趋势,融合电子商务产业特征,积极利用普惠金融政策,以拓宽农村区域电子商务融资渠道。(3)在解决产品同质化和恶性竞争问题方面:一方面政府和已成立的电子商务协会要制定统一价格,避免同质化问题引起的恶性价格竞争;另一方面可以引导农户从产品的样式、品种、包装等方面对产品进行创新,从而实现产品的差异化,减轻同质化带来的产品滞销问题。第三,如果该区域已处在农村电子商务发展的成熟阶段,主要的问题是电子商务的发展能否促进当地区域经济进一步协同发展,可以从以下两方面进行深化:(1)应继续加强区域品牌建设,提高区域产品质量,实现区域内产品体系结构升级,同时要注重加强创新,从而形成可持续发展的区域农村电子商务生态圈。(2)结合电子商务全球性特征,积极对接全球大市场。这些政策建议能够为不同区域在选择涉农电子商务发展模式、解决涉农电子商务发展过程中的典型问题以及如何进一步持续良性发展当地涉农电子商务提供了理论参考。

2 理论基础与国内外研究文献综述

2.1 理论基础

2.1.1 创新扩散理论

2.1.1.1 创新扩散理论基础

早在 20 世纪 60 年代罗杰斯提出了创新扩散理论,认为创新扩散是借助媒介帮助人们接受新观念、新产品和新事物的过程。整个过程由创新、时间、传播渠道和社会系统四个部分构成,其具体传播的步骤包括:获知、说服、决定、实施、确认。扩散形式包括中心化扩散系统和非中心化扩散系统。中心化扩散系统:由政府和专家全面把控,最终扩散到普通人群。非中心化扩散系统:创新来自使用者和实践者,整个扩散过程由普通受众来全面把控,而且非中心化扩散系统比中心化扩散系统更具活力。

创新扩散理论提出了关于创新能够被大规模传播的五大特征:(1)相对优越性:创新相对于现有观念的优越程度。(2)兼容性:创新与现有的知识和认知水平的兼容程度。(3)复杂性:创新在被理解和运用过程中的难易程度。(4)可试验性:创新在有限次数内可被试验、实践的程度。(5)可观察性:创新结果能被他人看见的程度。创新扩散理论也将创新扩散中的采用者进行分类,分别是创新者、早期采纳者、早期的大多数、后期的大多数和落后者,这五者所占比例分别为 2.5%、13.5%、34%、34%、16%。

罗杰斯通过对创新在一定区域内的扩散规律研究,提出创新扩散速率变化在整个创新扩散过程中呈现"S"形曲线。在创新扩散的初期,传播速度很慢,但当受众人群占比扩散区域人群的 10% 至 25% 时,创新扩散的速度会迅速上升,创新扩散进入"腾飞阶段";当受众人群比例接近饱和点时,扩散速度将逐渐减缓。并且创新的早期采纳者在"腾飞阶段"起到至关重要的作用,罗杰斯认为早期采纳者敢于尝试新鲜事物,并且愿意接受采纳创新后的风险,也能够接受创新在初始阶段存在的种种缺陷,并说服周边人群采纳创新(Rogers,1983)。

2.1.1.2 创新扩散理论研究模型

关于创新扩散的研究主要分为总体层次模型和个体层次模型,总体层次模型的研究偏向于宏观变量,如市场规模、市场占有率、人员流动率等,而个体层次模型则侧重于微观层面,如创新扩散的模式和速度,以及个体的决策机制。

(1)总体层次模型。研究发现创新扩散的速度取决于潜在采纳者的异质性和社会网络结构,在正规网络和随机网络中扩散较慢,但在小世界网络中扩散加快。Abrahamson et al.(1997)发现采纳者的人数越多,对于潜在采纳者形成流行压力,从而会加剧创新的扩散,并提出网络创新扩散文献研究主要集中在两个方面:总体层次模型和个体层次模型。总体层次模型绝大部分集中于市场总体变量,如市场占有率、广告宣传、竞争创新、相关创新、价格、人口流动率等。其主要代表包括 Bass 模型及其衍生模型,Bass(1969)认为在创新扩散理论中除了创新者之外,其他人群都是模仿者,并且通过对创新扩散的数据进行拟合,提出创新系数和模仿系数。Bass 同时提出创新主要通过大众媒体和人际传播两种方式进行传播,并且创新者在最早期为创新扩散奠定了基础,但是其影响作用会随着时间逐渐递减;大众媒体在创新扩散初期起到关键作用;人际口碑传播在创新扩散后期起到关键作用。Mahajan et al.(1977)在 Bass 模型的基础上重新建立了基础模型,并将价格、学习过程、广告投入、零售和两个产品相互影响引入模型。徐玖平等(2004)根据通信技术、数码产品、农作物的推广数据,通过实证分析建立了技术创新扩散的速度模型,并提出相关产品、相关创新的竞争因素能够对现有创新的扩散起到一定程度的促进作用,另外人口流动的速率与创新扩散的速度成正比。胡知能等(2005)建立了广告和价格影响因素的多阶段创新扩散模型,并提出低价,广告只能影响创新扩散的速度,但是不能影响其最大的采用数量。Agarwal et al.(2002)根据电脑市场竞争格局、电脑技术创新、电脑市场销售额的演变规律,提出市场占有率和广告宣传活动对技术创新的扩散起到促进作用。Tellis et al.(2003)对 34 家企业产品、品牌、技术创新的输出进行实证研究,发现产品、品牌、技术创新的扩散间存在一定程度的相互影响,并提出对相关度高的创新进行混合策略营销有助于创新的扩散。

(2)个体层次模型。虽然总体层次模型能够很好地呈现创新扩散的模式和速度,但由于受众个体存在一定程度的异质性,且个体之间的决策是相互影响的,所以其无法解释个体因素如何影响创新扩散过程。个体层次模型结合创新扩散理论、技术接受模型和理性行为理论来阐述潜在采纳者决策的全过程及其影响因素。个体层次模型的研究主要集中于复杂的社会网络结构(小世界网络、随机网络、正规网络)、网络外部性、意见领袖、个体异质性、从众效应等因素对潜在采纳者的影响。Delre et al.(2007)提出异质性是潜在采纳者之间存在各种各样的不同点,如生活习惯、知识结构、家庭收入等,且社会系统中个体间的异质性越大,创新扩散的速度就越大。Song et al.(2003)认为消费者对新产品的消费具有前瞻性,对未来商品的价格和质量存在一定的预期,且这种预期会直接影响到消费者接受新产品的时间点。Delre et al.(2010)基于 Agent 模型对社会系统在创新扩散过程中的动态影响进行研究,并提出外部性对创新扩散具有促进作用的结论。Zhao et al.(2011)对网络外部性的影响做出了不同情境的分析,研究发现,当采纳者异质性较小时,网络外部性抑制创新扩散,当采纳者异质性超过一定的范围之后,网络外部性对创新扩散起到促进作用。Goldenberg et al.(2009)认为意见领袖对于信息的传递起到至关重要的作用,并提出意见领袖的三大特质:具有很强的影响力,能够通过自身去影响和说服他人;相关领域的行家,能够对该创新做出专业性的分析;拥有很多的人脉,能够通过多渠道传递信息。Bailey(2005)发现在互联网上也一样存在意见领袖,他们能够通过已有话题吸引大量人员关注和讨论,从而提升扩散的速度。

本研究中的研究对象之一——淘宝村形成的实质是"互联网＋农村经济"这一商业模式创新在淘宝村内部被大量复制的过程。淘宝村内部的创业扩散可以看成"通过创业带头人、村内关系网络、政府、电商平台等传播渠道,在一定时间范围内,在以单位村为扩散中心的社会系统内进行扩散",淘宝村内部创业扩散符合其理论要求。

2.1.2 系统动力学理论

系统动力学(System Dynamics,SD),由美国麻省理工学院的福瑞斯特(J. W. Forrester)教授创造,是一门以控制论、信息论、决策论等有关理论为理论基础,以计算机仿真技术为手段,定量研究非线性、高阶次、多重反馈复杂系统的学科。它也是一门认识系统问题并解决系统问题的综合交叉学科。福瑞斯特作为系统动力学的创始人,最早将系统动力学理论应用于企业管理等问题的研究。他在1958年指出"工业企业要想获得成功,只有处理好企业的信息流、资料流、人力流、物资流以及设备流等之间的相互作用",通过这五种流之间的相互作用,使彼此间的作用放大,引起企业行为的波动,并在一定程度上形成行为模式。系统动力学是基于系统内部相关因素之间的反馈关系形成的反馈环,并建立相应的模型,同时搜集有关系统行为的数据进行仿真模拟,并做出相应预测。系统动力学不仅能够在时间上进行动态分析,还能够协调系统内的各因素之间的关系,其具有优于线性规划、回归预测等方法的特征。系统动力学方法的因果关系比较复杂,只有在对企业系统的动态运行机制进行认知和了解的基础上,才能够预测采用的决策、投资策略以及组织形式等的可能结果。系统动力学通过构建因果关系图形成反馈回路,因果关系图中各影响因素之间形成了反馈、控制和调节的关系,模型结构对于整个系统有着决定性作用,建模的关键在于确定模型结构。系统动力学可以借助相应的软件进行仿真模拟,比如Vensim PLE软件。通过软件的定量系统性分析,能够对复杂的系统结构进行分析模拟。因此,通过系统动力学来解决复杂问题,能够在复杂系统中找到系统运行的关键影响因素,并对系统结构进行优化分析,从而解决相应的问题。

系统动力学的四个主要特征:(1)存在因果反馈回路。系统动力学仿真模型构建过程当中,各因素之间存在因果关系,如果原因与结果之间存在正相关关系则会称之为正因果关系,如果两者之间存在负相关关系则称之为负因果关系。在系统动力学模型当中形成闭合回路时将会构成反馈回路,其中包括正反馈回路与负反馈回路。(2)运行过程中会形成积累。在系统动力学模型运行过程中将会存在累积效应,系统的整体运行状态通过参数变化量的积累进行描述,所有的系统动力学模型都会形成反馈回路,而系统优化分析需要通过积累进行决策分析。(3)流图构建。通过系统动力学因果关系可以构建相应的流图,流图最显著的特点是能够直观地反映出系统的结构以及动态特征。(4)存在延迟现象。决策的实施以及决策实施之后系统发生变化都需要一定的时间,此现象即为延迟,通常是以计算机的延迟指令实现操作程序。

本书将在第六章基于系统动力学理论基础,采用系统动力学模型图来衍化不同区域农村电子商务模式优化路径。

2.1.3 产业集群理论

产业集群现象早先出现在西方,对于产业集群的研究也源于西方。亚当·斯密(1997)最早在其《国富论》中关于分工和市场范围关系的阐述中对产业集群进行了解释,其认为产业集群是由众多企业为完成某件产品的生产和销售从而自动分工协作形成的群体。迈克尔·波特(Michael E. Poter)通过对某一国家或地区的竞争优势进行分析,并正式提出产业集群这一概念。迈克尔·波特认为产业集群是互为关联的公司或组织大量集聚于某一特定地理位置,产业集群包括某一产业链中的上、中、下游企业,以及与此相关的企业,且这种产业链的形成对于企业竞争起到关键性的作用。

国外关于产业集群理论的研究主要分为四个学派,关于产业集群的研究也大部分建立在这四个学派基础上。(1)马歇尔集群理论。马歇尔通过研究工业组织的集群现象,发现企业为追求外部规模经济而发生集聚现象。其将规模经济分为两种:一种是外部规模经济,在产业发展的过程中,某一区域形成了专业化的分工和产业高度的集聚;另一种是内部规模经济,指单个组织在不断发展和专业化的过程中,组织内部生产和管理效率得到提高。马歇尔认为,无法形成内部规模经济的企业通过产业集聚的方式形成外部规模经济,最终获得规模经济,所以外部规模经济是产业集群形成的最主要因素。(2)韦伯工业区位理论。韦伯将产业集聚分为两个阶段,第一阶段企业通过自身的规模扩张,形成一定程度的产业集聚,第二阶段大量大型企业集中于某一区域,并不断吸引同类企业和相关企业的转移。其认为产业集聚能够在一定程度上提高企业的收入和降低企业成本。(3)科斯交易费用理论。科斯认为企业间的交易费用是由市场价格机制来进行调控的,在内部则由企业内部管理所决定,但交易费用相对更低,所以其认为产业集群的产生,协调和集中了众多企业,大大降低了企业间的交易费用。(4)克鲁格曼新经济地理学理论。保罗·克鲁格曼假设制造类企业的企业成本中都包含运输成本,且这一运输成本包含有形运输成本和无形运输成本,产业集群地理空间上的集聚则大大减少了企业间的运输成本。

产业集群的升级即是从发展的低级阶段向高级阶段的转变,是从价值链的低附加值环节向高附加值环节攀升(Capello R,1998)。产业集群升级的动因从不同视角有多种解释。Otsuka et al.(2011)认为,从数量扩张阶段演进到质量提升阶段的原因主要有两点:一是随着国民收入的提高,对高质量产品的需求日益扩大;二是低质量产品竞争加剧,企业为寻求高额利润而选择进行产品升级。郑风田等(2006)等认为创业家在产业集群成长过程中发挥着关键作用,是产业集群从低级向高级演进的最根本的动力因子。然而,产业集群的升级也离不开政府的引导作用。在地方经济中,政府与产业之间的信息不对称程度是非常低的,根据不同的产业类型,政府实施相应的引导政策可以促进产业集群的升级(汤临佳等,2012)。因此,产业集群升级基本上可以认为是政府引导和市场规律两种作用的综合结果。

2.2 国内外涉农电子商务研究文献综述

2.2.1 国内有关中国农村电子商务研究文献

本小节首先对国内有关农村电子商务相关文献进行收集与整理。国内文献使用"中国知网(CNKI)"中的学术期刊网络出版总库。以篇名为检索字段,检索词包括"农村电子商务""农村电商""农村电子商务集群""淘宝村""淘宝村集群"。从国内相关研究来看,我国涉农电子商务起源于2000年左右,因此本章的检索时间为2000—2019年;期刊范围锁定在CSSCI核心版收录的期刊,共检索到115篇文献。根据不同年份文献发表数量,并结合农村电子商务发展状况,可以看出农村电子商务发展大致分为三个阶段(见表2.1),且每个阶段的研究重点均有所不同。因此,本小节将先对农村电子商务发展历程相关文献进行梳理,然后对相关文献进行综述,最后对已有文献进行评述。

表 2.1　国内有关农村电子商务研究的代表性文献

时间(篇数)	研究内容	代表文献
2000—2007(7)	概念的界定、产生与发展意义	梅方权(2001);胡天石等(2005);赵俊杰(2005);姜华(2006);郑亚琴等(2006);陈小梅(2007);王海龙等(2007)
2008—2016(43)	发展现状、问题、发展模式、淘宝村的研究等	李志刚(2007);郑亚琴等(2007);王海龙等(2007);刘可(2008);郭军明(2009);于小燕(2009);李玲芳等(2013);崔丽丽等(2014);凌守兴(2015);吕丹(2015);李育林等(2015);张耀辉等(2015);郭承龙(2015);张嘉欣等(2015,2018);郑英隆等(2015);岳欣(2015);于红岩等(2015);曾亿武等(2015,2016);梁强等(2016);植凤寅(2016);朱邦耀等(2016);刘杰(2016);陈刚(2016);郑新煌等(2016);董运生等(2016);钮钦(2016);武晓钊(2016);穆燕鸿等(2016);王沛栋(2016);郝金磊等(2016);范林榜(2016);马小雅(2016);董坤祥等(2016);黄云平等(2016);王俊文(2016);刘亚军等(2016);谢天成等(2016);王新春等(2016);姚庆荣(2016)
2017—2019(65)	农村电子商务产业集群形成机理、淘宝村的形成及空间变迁、农村电商扶贫等研究	胡晓杭(2017);洪卫等(2017);徐智邦等(2017);周静等(2017);刘亚军等(2017);任晓聪等(2017);柳思维(2017);王林申等(2017);雷兵等(2017);田真平等(2017);邵占鹏(2017);王沛栋(2017);周劲波等(2017);刘亚军(2017);史修松等(2017);聂磊(2017);王盈盈等(2017);赵军阳等(2017);刘可等(2017);雷兵(2018);周应恒等(2018);曹荣庆(2018);邱泽奇(2018);辛向阳等(2018);卢小平(2018);李秋斌(2018);崔凯(2018);华慧婷等(2018);楼健等(2018);舒林(2018);陈旭堂等(2018);张天泽等(2018);岳娅等(2018);赵广华(2018);刘玉来(2018);余传明等(2018);周大鸣等(2018);张鸿等(2018);薛洲等(2018);张嘉欣等(2018);陈宏伟等(2018);刘静娴等(2018);范轶琳等(2018);魏晓蓓等(2018);于海云等(2018);李红琳(2018);彭芬等(2019);张庆民等(2019);韩庆龄(2019);田勇等(2019);白冬冬等(2019);周冬等(2019);张正荣等(2019);张宸等(2019);万倩雯等(2019);彭瑞梅等(2019);贾浩杰等(2019);盛虎宜等(2019);任晓晓(2019);张英男等(2019);方莹等(2019);陈宇(2019)

资料来源:通过中国知网整理。

2.2.1.1　初期阶段：侧重农村电子商务的界定、产生与发展意义

早期国内学者侧重探讨涉农电子商务的界定、产生及发展的意义。从国内早期相关研究来看，我国涉农电子商务起源于 2000 年左右，与中国互联网信息技术的推进高度吻合。在我国涉农电子商务发展初期（2000—2007 年），研究文献多集中在总结农业（农村或者农产品）电子商务概念或从农业（农村）信息化体系构建等角度对中国开展涉农电子商务的必要性及其发展现状、问题和对策进行归纳（梅方权，2001；胡天石等，2005；赵俊杰，2005；姜华，2006；郑亚琴等，2006；陈小梅，2007；王海龙等，2007）。学者们普遍认为，中国农村电子商务迎来了前所未有的发展机遇。农村电子商务的发展是农产品市场自我创新需求驱动的体现。农村电子商务绝不是传统流通方式的简单替代，而是对传统农业经济的革命性变革。

首先，电子商务的发展帮助农产品销售打破地域限制，也带来了线上市场高度竞争的局面，进而倒逼线下的生产与服务升级。电子商务有助于克服生产端决策时的信息滞后与失真问题，使得农产品成交价格真实地反映了市场供求关系，以此来引导广大农户安排生产（胡天石等，2005；查金祥等，2006；王静，2012；苑金凤等，2014）。郑亚琴、李琪（2007）认为，网络信息链的整合是发展农村电子商务的前提，通过建立省级农村电子商务网站的模式，可以推进农村电子商务发展。电子商务还有助于降低农产品流通成本、交易成本和市场风险，促进国内外商品贸易发展，是提升农产品国际竞争力的重要路径（查金祥等，2006；郑亚琴等，2007；周正平等，2013；王珂等，2014）。

其次，农村电子商务的发展是政府高度重视与各大电商平台发力的结果。农村电子商务是一项系统工程，加上农业的基础"弱"产业特性以及农村网络设施和物流条件的不完善，政府参与推动是其必要的保障（郑亚琴等，2007；李艳菊，2015）。国家对"三农"问题的重视，各部委对信息化和电子商务的支持，是农村电子商务发展的有利外部宏观环境（胡天石等，2005）。与此同时，阿里巴巴、京东、苏宁等电商平台纷纷瞄准农村市场，例如，阿里巴巴启动"千县万村"计划，投资 100 亿元建立 1000 个县级运营中心和 10 万个村级服务站；苏宁计划 5 年内实现易购服务站超过 1 万家；京东也在努力发展数万名村民代理，覆盖数万个村庄（张鸣峰等，2015）。

2.2.1.2　发展阶段：侧重研究农村电子商务模式、淘宝村现象的关注及产生

从已检索的文献中来看，在农村电子商务发展阶段关于农村电子商务的研究主要有两大方向：

（1）侧重对农村电子商务发展现状、模式、问题和对策进行归纳（姚庆荣，2016；谢天成等，2016；董坤祥等，2016；范林榜，2016）。例如：姚庆荣（2016）针对当前国内已形成的典型农村电子商务发展模式及其特征进行分析，甄别不同模式的共性和差异性，在考察各自优势和劣势的基础上，深入探索其发展规律和推

进机制;同时,谢天成和施祖麟(2016)指出农村电商存在盲目性、无序性,规模小,要素支撑薄弱等突出问题和困难。近十年(2008—2019年)来,国内学者开始逐步细化涉农电子商务领域的研究。尤其是在涉农电子商务模式研究方面研究文献较多。这主要是因为随着电子商务在农村各区域的全面铺开,形成了大量的典型模式与案例。尤其是2015年国家层面开始重视涉农电子商务的发展,并积极利用农村电子商务推进农业供给侧结构性改革,加快转变农业发展方式,既利于创新创业,也有利于农民增收就业。农村电商是实施大众创业、万众创新的重要平台,其门槛低、风险相对较小的优势,吸引大量返乡青年和农民工依托农村电商创新创业(谢天成等,2016)。当前,我国农村电子商务已经进入多元主体合作推进的新阶段,维护农村电子商务健康有序发展的关键是处理好政府、农户、市场、平台以及协会等多元主体之间的关系(姚庆荣,2016)。

一方面,在农村电商发展模式理论层面,郭娜、刘东英(2009)从交易对象、交易主体和交易活动出发,总结出3种较为成熟的农产品电子商务模式;殷锋社、李选芒(2011)则经过对现有的7种主要的农产品电子商务模式的比较分析和优化选择,认为较有前途的模式为第三方交易市场模式中的电子拍卖模式,类似的研究较多(涂同明,2011;胡俊波,2011;董越勇等,2012;叶秀敏,2014)。在农产品电子商务渠道方面,王珂等(2014)、赵志田等(2014)侧重从农产品供应链及物流模式的角度分析了农产品电子商务销售渠道的创新。也有部分学者定性论述农村电子商务所包含的各种一般性模式(张冬青等,2009;覃鹤等,2011;夏守慧等,2012;樊西峰,2013)。

另一方面,部分学者基于具体案例总结出相应的运作模式。陈亮(2015)简要总结了具有代表性的四种模式:遂昌模式、武功模式、成县模式和通榆模式。邱碧珍(2017)和姚庆荣(2016)对遂昌模式、清河模式、成县模式和通榆模式进行典型化抽样研究。此外,还有一些其他模式。例如,淘宝特色中国馆所代表的是一种"地方政府+电商平台+地方运营商"三方运作的发展模式,它分为省级馆、地级馆和县级馆,各级政府通过地方馆集合本地优秀卖家向全国销售其优质农产品(陈亮,2015;张哲,2015)。封俐君等(2015)认为,中国未来"农家乐"的发展方向应该是实行O2O模式,即实现将"农家乐"的特色活动、住宿条件、饭菜搭配、交通便利性等信息进行集中化展示,线上预约房间、餐饮和活动,线下体验"农家乐"带来的乐趣。王红燕等(2014)提出了基于A2A(area to area)的C2C农产品电商模式,其中的A2A是指将一个区域(以村为基本单位)的农产品供求信息聚集后,向另一个区域销售或求购。张滢(2017)通过三种方式进行分类:农村电商的发展模式主要有自组织和产业再造两种。按照电子商务对资源的依赖程度可以分为资源型和特色产业两种经营模式。根据参与网商的角色不同,农村电商模式可以分为四种:一是自产自销模式,二是"订单+网商"模式,三是"自产+多平台"网销模式,四是共生模式。

但大部分的学者都没有对模式进行分类和归总,而是选用地名作为模式名。类似于通过对遂昌、沙集、成县和通榆等其中之一或多种典型的农村电子商务模式的发展历程,对比分析其优缺点、影响其兴起的因素及适用条件(周建良,2016;邱碧珍,2017;何昆烨等,2015)。也有部分学者从不同的角度对其进行分类,例如:程红莉(2014)提出从电子商务深度的角度分析有信息类和交易类两大类,从参与方的角度分析则有 F2B、F2M2B、F2C 与 F2M2C 等四种模式;有的按照共生结构则分为寄生模式、非对称模式、偏利模式、对称模式和一体化模式(郭承龙,2015)。而在其发展存在的困难与问题研究上,刘利猛(2015)指出目前主要瓶颈是物流体系滞后,各地区之间同质竞争、空间束缚和政策缺位等问题也比较突出(程宣梅等,2015)。

(2)重点开展了关于"淘宝村"的形成过程、影响因素等方面的研究(崔丽丽等,2014;李育林等,2015;张嘉欣等,2015,2018;曾亿武等,2016)。例如:曾亿武和郭红东(2016)总结出一个包含产业基础、淘宝平台、基础设施与物流、新农人、市场需求五个要件的农产品淘宝村形成因素理论框架。崔丽丽等(2014)研究发现邻里示范、社交示范、网商协会组织等社会创新因素及其相互作用,能对"淘宝村"商户网络销售业绩增长产生显著的促进作用。在发展后期(2017—2019),学者们主要针对农村电子商务产业集群发展、淘宝村空间空间分布、电商扶贫等方面的研究(徐智邦等,2017;刘亚军等,2017;于海云等,2018;张宸等,2019)。例如:田真平和谢印成(2017)结合产业集群生命周期演进的特点,提出以创业导向为核心的产业集群成长机制理论。徐智邦等(2017)利用 GIS 空间分析和空间计量经济学的方法,研究了中国"淘宝村"的变化趋势、空间分布特征。唐红涛等(2018)通过分析电子商务对财政投入、人力资本两个中介变量的作用路径和作用强度来了解电子商务影响农村扶贫的效率。

淘宝村的形成是农村电子商务发展模式快速推进的产物,也已成为当今社会关注的热点。学者们主要关注了淘宝村的形成过程(曾亿武等,2015a,2015b,2019;张嘉欣等,2018)、淘宝村发展的影响因素(朱邦耀等,2016;崔丽丽等,2014)、淘宝村发展的优势以及对经济的作用和对生活的影响等。作为新生事物,相关研究侧重典型案例分析,以微观视角解析为主,缺少宏观大尺度分析;时间跨度较小,分析多以某年数据为依据,跨时段分析较少。

2.2.1.3 涉农电子商务发展面临的挑战与问题

学者们在看好中国农村电子商务发展前景的同时,也清楚地认识到农村电子商务在发展进程中所要面临的挑战,归结起来,有以下几个方面:

(1)农产品的产品特性所带来的困难需要克服。多数农产品具有季节性和易腐性,其消费具有一定的时效性,在保鲜、运输、后处理上难度较大,使其物流环节相对于工业品要求更高,这些都加大了农村电子商务开展的困难(孟晓明,2009)。在缺乏配套物流系统的前提下,迫于产品保质期的限制与储藏成本的压力,在交易过程中网络卖家并未拥有与消费者相等的价格决定主动权,在与买家的价格博弈中处于不利地位(梁文卓等,2012)。此外,农产品的同质化问题比工业品要严重得多,也不利于电子商务优势的实现(杨静等,2008)。

(2)基础设施和配套条件不健全。目前农村地区的网络通信设施在网络技术、速度、安全保障条件等方面都无法与城市媲美,严重制约了农村电子商务活动的开展(杨静等,2008)。从区域角度看,全国农业信息化发展很不平衡,东部沿海地区农业信息化程度较高,发展较快,而中西部地区信息化基础薄弱(赵俊杰,2005)。农村电子商务所涉及的冷链物流、金融服务、法律保障等配套条件也有待完善(杨静等,2008;孟晓明,2009;郭海霞,2010)。

(3)农户直接参与电子商务的难度在加大。近年来,不少农户通过网店直接销售农产品,但价格竞争激烈,利润率不断下降,网店推广投入与经营规模不成比例,经济上不划算,部分农民网商的积极性和信心受到打击(张鸣峰等,2015)。为了加强网销农产品的质量保障,个体网商需要获得食品安全认证,但如果按照传统的食品监管体系进行认证,手续烦琐、费用较高,缺少现实可行性(苑金凤等,2014)。

(4)电商企业之间的竞争日益激烈。农产品电商的发展愿景美好,但不少农产品电商企业的生存状况却十分艰难,"大把烧钱"的企业多,真正赢利的企业少(王胜等,2015)。

(5)电商专业人才缺乏。农村电子商务的发展离不开一批精通网络营销的专业人才和运营商。但目前有开发能力和高水平应用能力的人才非常有限(查金祥等,2006)。多数高校电子商务专业的人才也不愿意到农村去,使得农村电商人才严重缺乏,影响了农村电子商务的发展和应用(杨静等,2008)。

2.2.2　国内有关中国农民利用电子商务创业创新研究文献

本小节检索主题为"电子商务""农民"和"创业",考虑到电子商务从2002—2009年开始进入可持续发展的稳定期,因此发表时间选用2009年到现在,共检索到5780条相关结果,关于农民电子商务创业的文献分析主要集中于2015—2019年。从时间分布上来看,所选的文献主要集中分布于2015—2019年,即近年来关于这一问题的研究开始变多;从研究的方法上看,多数文献采用定性分析,其次是案例分析,运用计量模型分析较少;从研究的内容上看,主要是对农村电商形成动因和发展前景、创业优势和积极影响及现有的发展模式和案例的分析。如表2.2所示。

表 2.2　国内有关农民电子商务创业研究的代表性文献

研究内容	代表文献
农民电商创业动因	王新春等（2016）；檀学文（2016）；梁强等（2016）；王金杰等（2017）；雷兵等（2017）；刘亚军等（2017）；于海云等（2018）；韩飞燕等（2018）
农民电商创业优势、积极影响	鲁钊阳等（2016）；谢天成等（2016）；陈永富等（2018）；韩飞燕等（2018）；曾亿武（2018）；肖葛根等（2019）；王金杰等（2019）；李琪等（2019）
农民电商创业模式的典型案例分析	曾亿武等（2015b）；曾亿武（2015a）；檀学文（2016）；田真平等（2017）；刘亚军等（2017b）；于海云等（2018）；肖葛根等（2019）

资料来源：根据收集的文献整理得到。

2.2.2.1　农民电子商务创业动因研究

首先，电商的创业集聚可分为萌芽、形成、发展、成熟四个阶段，而四个阶段在形成过程中离不开地区文化传统、创业带头人的榜样示范效应、基础设施状况的改善和制度支持与政府的引导（于海云等，2018）。例如，山东博兴的湾头村农民的电子商务创业依托独有的天然条件和世代相传的编制手艺，正因得益于当地的文化传统，当"创业致富"与"电子商务"碰撞到一起的时候，湾头村的草编事业得到了迅速的发展（王新春等，2016）；另外在政府政策的支持下，农民工的返乡热潮兴起，大批的农民工返回家乡明显增强地区的创业活力，其中创业类型就包括发展农村电子商务（檀学文，2016）；由政府牵头，为农民创造了创业条件，提高了创业能力，激发了创业动机，扶持各种创业活动（梁强等，2016）。

其次，以农民的需求为导向进行电子商务的创新，也是电商形成的一个重要因素（韩飞燕等，2018）。电子商务使得农民对于学历教育的依赖性降低，他们尽可能地依赖电子商务带来的全球化、数据化、平台化的市场信息与知识；电子商务增加了基于亲缘地缘交流中的有效内容，使得默会知识对农村居民创业选择的积极影响得以增强；电子商务降低了农村居民创业选择对于互联网学习的依赖性，而是依赖农村电子商务所提供的更为精准的、可定制的在线知识获取方式（王金杰等，2017）。雷兵等（2017）通过对"东风村""消泾村"和"青岩刘村"等我国3个典型淘宝村进行研究，发现农村电子商务产业集群形成的主要原因是农村社会创业决策的"羊群效应"，形成"羊群效应"的关键则是电子商务发展初期创业的低门槛特性；资金投入较低、网销知识较少、生产工艺容易掌握、经营场所不加限制等因素也在一定程度上激励着农民主体的创业热情。

最后，技术创新与商业模式创新交替升级，创业者的"双网学习"，以及网商竞争与合作分别构成了"淘宝村"产业演化的遗传、变异与选择机制，企业家精神也是"淘宝村"产业演化的内生动力（刘亚军等，2017）。

2.2.2.2 农民电子商务创业优势、积极影响研究

创业优势上,陈永富等(2018)以江苏省沭阳县花木产业集群为例,"互联网+农业"的发展模式下,沭阳花木成本低廉、品种丰富以及历史悠久早已闻名全国,由此不难发现农业产业集群在引进电子商务上具有一定的自然优势。农业产业集群在引进电子商务上具有一定优势,而电子商务的引进为农业产业集群带来新的需求条件、竞争环境、供应网络和服务体系,并使土地与空间得到进一步利用,农民企业家才能得到提升,政府扶持思路和行为发生调整,进而促进农业产业集群升级(陈永富等,2018)。已有研究还发现,以青年淘宝店主为代表的返乡青年,形成了一种不同于农民工被动融入城市的新模式:他们一方面对城市文化和生活具有认同感和归属感,并在行动中展开了融入城市的新实践;另一方面对乡村经济和社会具有依赖性,电子商务经济的发展使其嵌入村域经济和乡村伦理。这种双向吸引和嵌入,加强了城乡交流,使青年淘宝店主成为城乡交融的获益者(肖葛根等,2019)。

电子商务的迅猛发展,为农村的发展和建设带来了不容忽视的正面效应。首先,电子商务改善了农村居民异质且广泛的社会网络,降低了农村居民对亲缘信任关系的依赖,部分地破除传统社会资本对农村居民创业的限制,从而促进了农村居民创业(王金杰等,2019)。其次,电商扶贫作为创新扶贫模式,不仅带动了网络创业,而且赋予贫困农民网络消费能力并改变其价值观念(韩飞燕等,2018)。再者,农村电子商务快速发展,对于推进农业供给侧改革、创新创业、农民增收就业和扶贫攻坚具有重要作用,成为农村经济发展的新动力(谢天成等,2016)。研究还发现,电子商务采纳能够对农户农业收入产生显著的促进作用,利润率和销量的提升构成增收效应的来源机制(曾亿武等,2018)。最后,电子商务发展及其空间溢出对农民收入增长具有显著的正向影响,且政府支持力度越大其作用越强,欠发达地区可以利用电子商务带来的"后发优势"有效提高农民收入水平。但是,农村网商集聚对当地农民收入增长的关系呈现为"倒U型",其空间溢出效应尚不明显(李琪等,2019)。实践已经证明,农产品电商的发展,不仅可以极大地丰富城镇居民的生活、增加农村居民的收入,对激发农产品产—供—销一体化利益链条上各利益主体的创业热情也具有显著的促进作用(鲁钊阳等,2016)。

2.2.2.3 农民电子商务创业模式的典型案例研究

现有相关研究发现:淘宝村的形成过程包含引进项目、初级扩散、加速扩散、抱团合作和纵向集聚五个环节,可分为两个阶段。第一阶段单纯依靠民间自发力量完成淘宝村的萌芽和初步发展;第二阶段是淘宝村发展到一定规模以后,政府开始介入,行业协会成立,各类服务主体进驻村庄(曾亿武等,2015)。以江苏沭阳的"淘宝村"为例,在发展模式上,地方政府的政策制定侧重于基础设施投入、创业带头人的培育及产业集群的引导和治理,并重视创新创业文化氛围在促进农民创业和农村经济增长方面的作用,从而推动乡村振兴战略的实现(于海云等,2018)。乡村草

根创业者将低成本的创业环境、本地非农产业基础以及农特产品的资源优势等乡村本土要素与互联网、电子商务结合,使得乡村得以突破传统区位约束,参与全国乃至全球的产业分工,实现规模与职能的跃迁式发展。资本下乡和人才培育为电子商务作用下的乡村城镇化升级提供了重要保障。结合产业集群生命周期演进的特点,有学者提出以创业导向为核心的产业集群成长机制理论;也有学者认为"淘宝村"之所以具有旺盛的生命力,源于其自组织性、变异彻底性和弱路径依赖性,其实质是通过农户电子商务创业,以"点"(商业模式)的创新及裂变复制带动"面"(区域产业)的发展所引发的生产关系的变革(田真平等,2017;刘亚军等,2017)。

关于接下来农村电商新的发展方向,学者们认为应当引导返乡创业的高能要素不断集聚,扶持返乡创业的产业企业融合发展,完善返乡创业的包容性制度政策体系,健全返乡创业的普惠性公共服务体系,以此构建支持农民工等人员返乡创业四种类型的长效机制;加强基础设施建设,进一步提升农村创业的成本优势,充分挖掘当地传统产业的潜能,鼓励有意向的新生代外出务工人员和大学毕业生返乡(曾亿武等,2015;檀学文,2016)。

2.2.3 国内有关电子商务与区域经济发展研究文献

本小节检索主题为"电子商务"+"区域经济"和"农村电子商务"+"区域经济",这主要是因为前者研究相对较为丰富,但后者的研究相对较少。从研究内容上来看,大致可以分为电子商务与区域经济发展之间的关系研究、区域内电子商务的发展模式及区域分布特征。从研究方法上看,多数学者采用了实证分析,也有部分学者选择了案例分析。如表2.3所示。

表2.3 国内有关电子商务与区域经济发展研究的代表性文献

研究内容	代表文献
电子商务与区域经济发展	刘跃 等(2009);毛园芳(2010);戴卫明(2013);董志良 等(2015);付东普 等(2015);鲁钊阳 等(2016);郑新煌 等(2016);李春鹏 等(2016);郑思齐 等(2017);林孔团 等(2017)
区域内电商发展模式与区域分布特征	钟海东 等(2014);唐远雄(2015);浩飞龙 等(2016);朱邦耀 等(2016);马海涛 等(2016);孙锐(2014);张永明 等(2017);刘亚军 等(2017);周静 等(2017);徐智邦 等(2017);苏为华 等(2017);陈祥兵 等(2018);于延良 等(2018);万文海 等(2019)

资料来源:根据收集的文献整理得到。

2.2.3.1 电子商务与区域经济发展研究

首先,有学者通过建立区域电子商务发展指数测度模型和评价指标体系等对电子商务与各省域经济增长进行实证研究,结果表明电子商务对各省域经济增长具有促进作用(林孔团等,2017;刘跃等,2009)。

其次,在作用机制上,电子商务主要通过改善市场条件、吸引资本投入两个

因素推动集群发展,而电商产业在集聚中也表现出对资本和市场的强大依赖性
(郑新煌等,2016),同时电子商务还有助于产业集群扩大市场容量,快速响应市
场,整合区域资源,促进知识在集群内的溢出与传播,提升集群企业协作水平与
竞争强度(毛园芳,2010)。电子商务产业的协同发展对京津冀区域经济协同发
展作用明显(董志良等,2015),例如关于河北省的研究发现,与传统贸易模式相
比,电子商务的销售更依赖于城市外的消费市场,这意味着电子商务能够有效促
进城市外向功能,即不仅促进了城市内经济的发展,同时外围区域经济也得到了
发展(郑思齐等,2017)。

最后,现有研究也表明区域内经济发达程度同样影响电子商务的发展,例如
区域内的品牌效应(付东普等,2015;戴卫明,2013)。为进一步发挥电子商务与
区域经济的协同作用,应充分发挥区域优势,通过抱团发展、优化人才培养模式、
整合线上线下渠道等方式,促进泉州中小企业电子商务的发展(李春鹏等,
2016)。在农村区域问题中,要促进农产品电商发展区域创业效应的发挥,必须
高度重视对现有农产品电商发展的扶持,尽可能地将农产品电商的发展与地方
政府经济发展战略相结合,还要竭力避免全国各地农产品电商发展整齐划一的
做法,在农产品电商发展过程中体现出区域特色(鲁钊阳等,2016)。

2.2.3.2　区域内电商发展模式与区域分布特征研究

中国省域电子商务发展水平区位和发展类型存在差异(陈祥兵等,2018)。伴
随中国电子商务的迅猛发展,中国区域发展失衡现象映射到网商群体的分布上,明
显呈现出东部发达西部落后的局面,省域层级呈现出自东部沿海向西部内陆由高
到低的阶梯状分布特征(唐远雄,2015;浩飞龙等,2016)。城市层级东部沿海三大
经济区与内陆之间、各省(自治区、直辖市)主要地级市与次要地级市之间两种分异
并存。区域内电子商务发展水平的等级规模结构呈现省域层面均衡分布,首位省
(自治区、直辖市)的垄断性较弱;城市层面发展水平差距较大。城市电子商务主要
处于“低网购—低网商”和“高网购—高网商”两种发展状态,电子商务发展的“两极
化”现象比较严重(浩飞龙等,2016)。2013—2015 年中国“淘宝村”发展迅猛,以江
浙沪为核心向邻近区域扩散;且“淘宝村”在空间分布上呈现显著的阶梯特征(徐智
邦等,2017)。研究发现 C2C 卖家的分布有着明显的空间聚集特征:卖家数量从西
向东、从南到北递增,由沿海向内陆递减,从经济区域、省域和城市层次来看,C2C
卖家分布均呈现出向沿海地区和特大型城市聚集的特征(钟海东等,2014)。

现有相关研究也聚焦了近几年在中国农村电子商务发展过程中出现的“淘
宝村”空间格局分布不均衡现象。研究发现:“淘宝村”整体呈现组团状集聚格
局,区际差异较大,空间分布具有沿南向北扩散的格局;“淘宝村”集聚区域呈现
地域梯度和连片化特征,其实质是县域尺度“淘宝村”的空间分布具有正自相关
性,其实质是通过农户电子商务创业,以“点”(商业模式)的创新及裂变复制带动
“面”(区域产业)的发展所引发的生产关系的变革(朱邦耀等,2016;刘亚军等,

2017)。且随着各种互联网新技术发展以及新商业模式的不断涌现,淘宝村处于不断演化的状态(周静等,2017)。而淘宝镇目前主要集中在东部沿海六省,呈南北向条带状分布格局,空间分布与县域网商水平有着较高相关性,发展还受到产业基础、基础设施、商业文化和海外市场等多方面的影响(马海涛等,2016)。对于日后的农村电商发展模式,在发展早期,政府应积极推动互联网和道路交通建设,为农村电子商务发展营造良好的制度环境,加速优势资源向农村电子商务集聚;在发展中期,以优秀农村电商的示范作用将带动创业热情,提升区域农村电子商务发展水平;在发展成熟期,政府转变角色,积极履行监管和规范市场责任,引导农村电子商务健康发展(周冬等,2019)。

2.2.4 国外涉农电子商务发展研究文献

2.2.4.1 农村电子商务发展模式和平台影响效应研究

国外关于农村电商的宏观研究文献较少,更多的是关于微观层面涉农电子商务的研究(见表2.4)。部分文献分别针对某种电商模式展开了深入研究:有学者专门研究 B2B 模式,包括定性分析农业 B2B 电子商务发展的影响因素(Leroux et al.,2001;O'Keeffe,2001),定量评价中小涉农企业 B2B 电子商务发展绩效(Janom,et al,2003),实证分析涉农企业采用 B2B 电子商务的影响因素(Ng,2005;Montealegre et al.,2007;Cloete et al.,2008)。也有学者专门研究 B2C 模式,主要涵盖农产品 B2C 电子商务网站质量的评价(Volpentesta et al.,2007),农业企业参与 B2C 电子商务的影响因素(Hobbs et al.,2003),以及海关手续对食品 B2C 电子商务的影响效应(Boyd et al.,2003)。Huang et al.(2009)提出了一种基于电商平台的新 C2B 模式:消费者在平台上下订单给商店,平台会自动对接工厂和原材料供给者,最后由工厂直接发货给消费者。Huang(2006)认为,电子商务必将冲击传统休闲农场的商业模式,农场主理应通过发展电子商务来提升客户服务能力和保持营销联盟。

部分文献关注农业企业网站的质量状况及其影响因素。例如,Giustiniano et al.(2002)对意大利葡萄酒和橄榄油中小企业的调查发现,企业跨境网络营销的绩效一般,互联网还不是促进中小企业国际化进程的有效工具,因为多数企业开展电子商务的时间还不长,仅仅将互联网视为辅助的分销渠道,而不是一种全新的商业系统。Ernst et al.(2006)以 30 家食品杂货网店为例,发现产品质量信号显示、购买的方便性、产品的多样性是驱动消费者使用网购的重要因素;Volpentesta et al.(2007)以意大利 211 家中小型农业企业为样本,对企业网站的界面进行了研究,发现多数网站的界面并不具有支付交易功能;Bodini et al.(2011)以意大利三家葡萄酒网店为例分析认为,网站导航的效率、网页上产品内容和供应信息的准确性是网店成功的关键;Andreopoulou et al.(2008)和 Tsekouropoulos et al.(2012)分别以希腊 40 家和 100 家涉农企业的网站为例分析发现,网站被部分企业简单地当作广告的工具或用于纯粹满足客户的信息需求,而好的网站具有方便客户、收集投诉、支付服务等功能。Zou et al. (2013)通过建立指标体系评价了农产品网络营销的绩效。Wang et al. (2015)构建了一个动态折现流模型,用以推导生鲜农产品电商投资的最优时间,认为投资时间点取决于城市化率和消费者从实体店到网店的购买转换率。

表 2.4　国外涉农电子商务发展研究的代表性文献

研究内容	代表文献
农村电子商务发展模式和平台影响效应研究	Leroux et al. (2001);O'Keeffe (2001);Giustiniano et al. (2002);Janom et al. (2003);Hobbs et al. (2003);Ng(2005);Ernst et al. (2006);Montealegre et al. (2007);Volpentesta et al. (2007);Cloete et al. (2008);Andreopoulou et al. (2008);Boyd et al. (2003);Huang et al. (2009);Huang(2006);Bodini et al. (2011);Tsekouropoulos et al. (2012);Zou et al. (2013);Wang et al. (2015)
涉农企业采用电子商务的影响因素研究	Hobbs et al. (2003);Ng(2005);Henderson et al. (2005);Molla et al. (2010);Hsiao et al. (2007);Cloete et al. (2008);O'Keeffe(2001);Fritz et al. (2008);Jiong et al. (2013);Stritto et al. (2013);Bacarin et al. (2008);
电子商务对农村经济发展的影响效应研究	Thysen (2000);Stenberg (2000);Mueller (2000);Wilson (2000);Mueller(2001);Wen(2004);Ehmke et al. (2004);Offer(2003);Carpio et al. (2013);Manouselis(2009);Nadarajan et al. (2011);Gan et al. (2011);Leroux et al. (2001);Pociask (2005);Montealegre et al. (2007);Clasen et al. (2006);Burke (2010);Kwak et al. (2015);

资料来源:作者根据收集的文献整理得到。

2.2.4.2　涉农企业采用电子商务的影响因素

Ng(2005)通过多案例研究,归纳出影响企业选择 B2B 电子商务的因素,包括可利用资源、目标市场细分和市场范围、产品属性、技术设施和知识、电商模式认知、组织结构与文化、商业战略类型等内部因素,以及战略性合作伙伴的影响、产业类型、竞争者的影响、市场趋势等外部因素。Henderson et al. (2005)研究发现,拥有全球视野的大型涉农企业更倾向于采用电子商务策略。

Cloete et al. (2008)发现,55.4%的被调查农业企业采用电子商务;回归分析表明,对电商的认知、技术设施等变量,显著影响企业采用电子商务的意愿。Molla et al. (2010)的研究表明,技术能力、财务承诺、对环境有效性的感知、组织规模对涉农企业的电子商务应用有直接影响,而且对环境有效性的感知还通过作用于技术能力对涉农企业的电子商务应用产生间接影响。Hobbs et al.(2003)和 Hsiao et al. (2007)指出,阻碍农业企业采用电子商务的因素,包括跨境销售、关税减免、进入农村和网络安全等方面存在的困难,以及机会主义、交易抵赖等。从应用效果看,那些合作开发增长性机会的企业更能充分发掘 B2B 的价值;在生鲜农产品行业中,这种价值建立于对信誉和关系型资产投资的基础上(O'Keeffe,2001)。

电子商务是联结供应链上不同垂直主体的有效手段,部分文献从供应链的角度分析了农村电子商务存在的问题。Fritz et al.(2008)认为提高供应网络中企业的电子商务采用率,需要通过建立信任和信心来促进企业做出转变交易方式的决定。Jiong et al.(2013)从农产品生产、加工和销售三个环节建立指标体系,采用等级综合评价方法分析发现,销售环节是四川农产品电子商务发展的薄弱环节,生产者的电商意识缺乏和能力不足、物流成本高是主要影响因素。将电子商务引入农业供应链,首先需要对内部和外部环境进行评价,包括各种情境因素、不确定性因素,评估物流能力,其次是做出物流决策,最后是制定供应链战略,实现供应链发展(Stritto et al.,2013)。另有学者关注农业供应链主体间的线上合同谈判,认为在网络服务的帮助下,商业合作伙伴之间的协同能力得到增强,同时培养了独立性(Bacarin et al.,2008)。

2.2.4.3 电子商务对农村经济发展的影响效应研究

国外涉农电子商务方面的研究文献侧重从微观视角探讨电子商务对农村经济发展的影响效应研究,这主要是由于电子商务最早诞生在欧美发达国家,而这些国家的农村经济经营主体多为农场组织经营形式,因此学者更多地关注 E-Business 对农场经济的影响。例如,在电子商务发展之初,文献侧重探讨信息技术的迅猛发展给农产品生产者经营模式(制度)带来的变革效应(Thysen,2000;Wen,2004),而电子商务的发展对农场生产效率的提高、交易成本的下降、农产品价格的稳定(Mueller,2000;Mueller,2001;Wilson,2000;Cole et al.,2004)以及农民生产过程中的要素购买以及产品销售渠道决策(Carlos et al.,2013)均起到了较重要的作用。也有少量学者通过涉农电子商务案例调查研究发现,涉农电子商务发展水平对农产品国内外贸易发展有显著影响(Manouselis et al.,2009;Nadarajan et al.,2011;Gan et al.,2011)。部分学者还具体探讨了农业中应用不同电子商务模式的决定性影响因素(Leroux et al.,2001),如 Fernando et al.(2007)从供应链管理的角度采用 Logistical 回归模型实证分析了影响涉农企业电子商务实施成功的关键因素,社会经济特征如农村与城镇经济的差距、农场规模、组织形式以及农场主的教育程度均会影响农场电子商务的发展(Clasen et al.,2006;Burke et al.,2010)。Kwak et al.(2015)发现,通过改善教育、卫生、政府、金融和其他服务的机会,互联网带动农村区域的发展,有很大的潜力减少当地贫困。

而与国外研究不同的是,我国学者对涉农电子商务的经济影响作用关注相对较晚,一方面由于我国"三农"问题的特殊性,另一方面我国电子商务发展演化路径与国外的模式也存在非常大的差别,因此,现有的国内相关文献中对电子商务在农村经济发展中的作用探讨还处在初级阶段,更多的国内学者关注的是电子商务对宏观经济增长的贡献与作用(范玉贞等,2010;杨坚争等,2011;桂学文,2013)。但值得关注的是,近年来随着"淘宝村""淘宝镇"在农村地区的崛起以及国家政策层面对涉农电子商务的重视与扶持,也有少量学者开始从区域的角度或采用对个别案例剖析的分析方法来研究中国涉农电子商务对当地农村经济增长的影响。如张海茹等(2013)分析了电子商务对黑龙江农业经济发展的影响;而汪向东(2013)通过对"沙集模式"的实地调研认为,中国农村电子商务正在步入新的发展阶段,电子商务给农村人口带来发展理念和基本素质的改变,堪称农村经济社会的"转基因工程",在助推农村经济社会转型上发挥着越来越大的作用,他同时认为涉农电子商务能够解决农民"卖难"与大市场对接的问题,能够促进农村经济的转型升级(汪向东等,2014)。但全面综合研究不同区域特征的涉农电子商务对农村经济发展影响的文献还未曾发现。

2.3　已有相关研究文献述评

综上所述,国内外迅猛发展的涉农电子商务已成为学者关注的重要研究课题,已有文献从不同视角分别对此领域进行了研究,并取得了丰富的研究成果。但同时也可以看出:(1)尽管由于电子商务发源于欧美等发达国家,国外对农村电子商务的研究起步稍早,但这些国家学者的关注力度非常有限,甚至显示出后劲不足的状态。近几年中国学者在国际期刊上发表的有关中国农村电子商务方面的研究更为突出(Cui et al.,2017;Qi et al.,2019;Zeng et al.,2019)。这主要是因为,对于发展中国家而言,电子商务正在逐步帮助解决其普遍存在的小农对接大市场问题,电子商务与中国农村的融合发展彰显出电子商务带来的巨大变革效应。同时我们也判断,随着其他发展中国家信息技术基础设施和配套条件的完善,农村电子商务势必将受到越来越多的关注。(2)目前国内学者对涉农电子商务相关研究集中在对涉农电子商务模式及其对农村经济发展的作用的定性讨论,而对不同区域特征的涉农电子商务发展机制较少涉及,对电子商务促进农村经济健康发展的路径选择也未曾见到。同时,在已开展的相关研究文献当中,国内学者采取的研究方法多局限于定性描述分析,仅有部分学者采用计量经济学方法构建简单的回归模型或者构建统计指标模型来概括地度量电子商务对宏观经济的影响程度,缺乏利用能体现农村区域市场特征的研究模型进行分区域的定量分析。这主要是因为一方面国内涉农电子商务的研究较之国外细致的规范理论研究还处在初期阶段;另一方面该主题的交叉学科特征也决定了理论研究开展的难度与深度。

3 中国涉农电子商务发展历程梳理及区域现状分析

农业历来是中国最为传统与基础的产业,中国是农业大国,政府一直高度重视"三农"问题(农村、农业、农民),自 2004 年以来,连续 16 年的中央一号文件都聚焦于"三农"问题,这关系着粮食安全、社会稳定以及民族振兴。近年来,我国农业发展进入新常态阶段(杨建利等,2016),农业生产成本不断攀升,但农产品价格不断触顶,农业资源约束趋紧,农村环境污染日益严重,农村空心化、农民老龄化、农业兼业化等"三农"问题日益突出,农民收入持续增长难度不断加大。值得关注的是,随着信息技术在农村的普及,目前最为热点的互联网经济产物——电子商务与中国"三农"深度融合,不仅培育了农业农村发展的新动力,而且催生了现代新农人(农民)、农村新模式与农业新业态。互联网作为一种新型生产力的核心要素融入现代农业产业体系和价值链,为我国农业发展插上了信息化的翅膀,成为打造现代农业升级版的新引擎。中国涉农电子商务的发展已从"星星之火"的典型区域"燎原"到全国各地,为我国传统农业的转型升级、现代新型农业经济体系的构建、农村的"三化"融合等方面提供了新的发展思路。

本章将从分析中国涉农电子商务发展的不同历史阶段及其特征入手,归纳总结中国涉农电子商务发展的具体原因,并从区域的视角研究中国涉农电子商务发展现状及其区域差异特征。这将为后面章节分别研究不同区域的农民利用电子商务创业、农村选择和发展不同电子商务模式与路径优化奠定理论基础。

3.1 中国涉农电子商务发展历程梳理分析

以本书第一章界定的广义涉农电子商务定义为标准,中国涉农电子商务起源于 1994 年,至今已有 25 年的发展历史,与中国电子商务的发展历程高度吻合。基于已有学者的文献研究(汪向东等,2014;贺小刚等,2016),大致可以把中国涉农电子商务的发展分为萌芽期、探索期和发展期三个阶段(见表 3.1)。

在此基础上,本书以电子商务模式为核心,分别以中国电子商务发展标志性阶段为划分标准,如"三金工程"的实施,淘宝网的诞生,"淘宝村"的发现与界定,大致将中国涉农电子商务发展阶段划分为三个时期:萌芽期、创新扩散、产业集群,具体分析如下。需要说明的是,这三个时期的划分是针对中国涉农电子商务整体的发展阶段而言,各区域之间的差异和不均衡现象仍然存在,例如有些区域并未进入第三个发展时期,因此在后续章节的实证研究中将会针对不同区域不同阶段的涉农电子商务发展特征与模式进行具体研究。

表 3.1　中国涉农电子商务发展的历程

阶段	标志	动力机制	核心业务	应用效果
萌芽期:信息服务 (1995—2004 年)	集诚现货网	政府主导、 国家投入	官办平台、 信息服务	能力闲置、 应用初级
探索期:在线交易 (2005—2014 年)	草根网商	两类并存、 各自为政	市场化平台 在线交易	市场示范、 野蛮生长
发展期:服务体系 (2015 年至今)	三级服务 体系	多元发力、 两类合流	O2O 结合, 上下行贯通	快速覆盖

资料来源:贺小刚等(2016)。

3.1.1　萌芽期:涉农电子商务 1.0

该阶段为 1994—2003 年。早在 1994 年 12 月,国家为加速和推进农业农村信息化开始着手建立"农业综合管理和服务信息系统",并在"国家经济信息化联席会议"第三次会议上提出"金农工程"①。在此背景下,中国农业信息网和中国农业科技信息网相继开通,信息技术开始向涉农电子商务领域渗透。1995 年年底,郑州商品交易所集诚现货网成立,标志着中国涉农电子商务的萌芽;1998 年全国棉花网上交易市场成立。1998 年,第一笔粮食交易在互联网上实现(王帅,2015),同年"山东金乡农民网上卖大蒜"开启了农产品互联网营销之路。

该阶段的主要特征是政府引导、农民零星试水,以电子商务信息交易模式为主。主导电子商务发展模式为 G2C 和 G2B,即依托官方信息平台,开展信息服务,农民借助在网上获取的信息开始销售农产品。随后的 10 年中,随着互联网在中国的渗透率逐年上升,涉农电子商务也慢慢发展起来,各地零星出现利用电子商务自发创业等"星星之火"。在萌芽时期,电子商务对农业的直接影响并不明显,但仍从市场的零售端影响了农产品交易方式,为涉农电子商务在中国大地全面铺开奠定了基础。

3.1.2　创新扩散:涉农电子商务 2.0

该阶段为 2004—2008 年,其标志是农村开始出现网站订单农业、生鲜农产品开始全面对接互联网大市场、部分农民自己开始在淘宝网上创业开店。以生鲜电商平台和草根农民网商为代表,是中国农村电子商务发展史上重要变革之一。

---

① "三金工程"为中国在 1993 年开始提出的金桥工程、金卡工程、金农工程的总称。该工程奠定了中国发展信息化道路的基础。

与前一个阶段相比,该阶段的涉农电子商务呈现出市场驱动、市场主体自主投资、利用市场化电商平台、自下而上发展的特点。该阶段参与主体开始呈现出多元化特征,不仅仅是由政府主导来推动,而是多元主体(资本、市场、农民个体)驱动,政府与市场并存,电子商务在农村外部和内部以一种技术创新形态迅速扩散。有学者[①]总结该阶段涉农电子商务呈现出"四新",即:交易主体新(农民成为网商)、交易模式新(农产品线上交易的出现)、交易理念新(农村直接面对互联网大市场)、交易市场生态新(聚集了电子商务各产业生态系统)。

一方面,中国电子商务在该阶段开始尝试垂直型电子商务模式。垂直电子商务是指在某一个行业或细分市场深化运营的电子商务模式。垂直电子商务网站旗下商品都是同一类型的产品。这类网站多为从事同种产品的 B2C 或者 B2B 业务,其业务都是针对同类产品。如当当网(书籍影像制品)、京东(家电)、凡客诚品(服装)等一批 B2C 电商企业飞速发展,资本领域的关注也带动了农业电商企业,如和乐康、中粮我买网、沱沱工社等一批 B2C 电商网站开始进行生鲜农产品的网上交易。这些电商平台的发展带动了背后的农业生产基地或农村合作社与互联网的融合,使得电子商务交易模式在一些典型区域迅速扩散。

另一方面,2003 年淘宝网在阿里巴巴集团内部诞生,改变了中国无数草根网民的命运,C2C 电子商务模式的包容性创新向全国每个角落扩散开来,其中,中国农民草根网商是万千网商中一个重要的群体。2004 年以后,在江苏、浙江、山东、河北等不同区域均出现了个别农民开始利用淘宝网进行自主创业,逐渐成为专职网商的事例,不仅实现了个人非农收入的增加,而且带动了村庄内部农民开始在网上创业,形成示范效应,为后面淘宝村的形成奠定了基础。

3.1.3　产业集群:涉农电子商务 3.0

该阶段为 2009 年至今。涉农电子商务在该阶段的主要特征是农村产业集群的出现。2009 年,"淘宝村"一词最早见诸报端,2009 年媒体报道了江苏徐州市睢宁县沙集镇东风村农民利用电子商务创业的事迹。这个苏北的小村庄原本并没有家具产业,但在几年时间里,当地已经形成一个以数千名网商为核心,周边辅以快递企业、代运营、五金配件、原料供应、包装供应等服务商在内的生态圈,极大地带动了当地农村经济的发展。和东风村同时期崛起的淘宝村还包括河北清河县东高庄村、浙江义乌市青岩刘村。随后,阿里巴巴研究院给出了定义:"淘宝村"指的是大量网商聚集在农村,以淘宝为主要交易平台,形成规模效

---

① 张学超. 农村电商"四新"和三方面改变[EB/OL]. (2016-03-14)[2020-03-09], https://www.zg3n.com.cn/article-6655-1.html.

应和协同效应的电子商务生态现象(阿里研究院,2013)。判断淘宝村的主要依据是以下三条原则:(1)农村:农村草根网商自发形成。(2)规模:网商数量达到当地家庭户数的 10% 以上,且电子商务交易规模达到 1000 万元以上。(3)协同:形成相对完整的产业链,具有协同发展的特征。截至 2018 年 10 月,我国淘宝村数量实现了 6 年内从 20 个到 3202 个的快速增长(如图 3.1 所示),且广泛分布于 24 个省(自治区、直辖市)、330 余个县。一些偏远地区,如青海、贵州、宁夏、新疆、云南都实现了淘宝村"破零",同时某些省(自治区、直辖市)也出现了一定数量的淘宝镇(由 10 个或以上相邻的淘宝村构成,也称"淘宝村集群"),从2013 年的 4 个发展为 2018 年的 363 个,每年增长率均超过 150%,未来淘宝村的发展也将以集群的方式扩张。

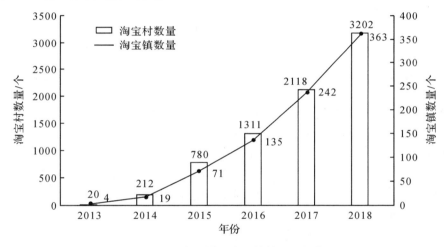

图 3.1　我国淘宝村和淘宝镇数量增长情况
数据来源:作者根据阿里研究院研究报告数据整理得出。

　　淘宝村起源于浙江省义乌市青岩刘村,之后向周边扩散。从 2014 年和2018 年的淘宝村地理分布特征图来看(见图 3.2),淘宝村大量分布于东部沿海地区,并呈现出逐渐向周边地区扩张的趋势。淘宝村的空间分布极为不均衡,但其具有很明显的区域性集聚的特征。集聚程度最高的,同时也是淘宝村最多的地区是浙江省和江苏省,40% 以上的淘宝镇和淘宝村集聚于此,一方面是由于这两个地区的个体经济和乡镇企业最发达,同时也是电子商务的起源地,另一方面是其位于长三角核心区域的地理优势。南部区域和广东地区也呈现相对独立的集聚块,主要由于其在改革开放以来,逐渐形成了食品、电子、服装、玩具等优势产业,为电子商务打下了良好的基础,而电子商务又在一定程度上补充了其经营形式和销售渠道。在西部和东北地区虽然淘宝村数量不多,但绝大部分省份已经实现了淘宝村数量的"破零"。

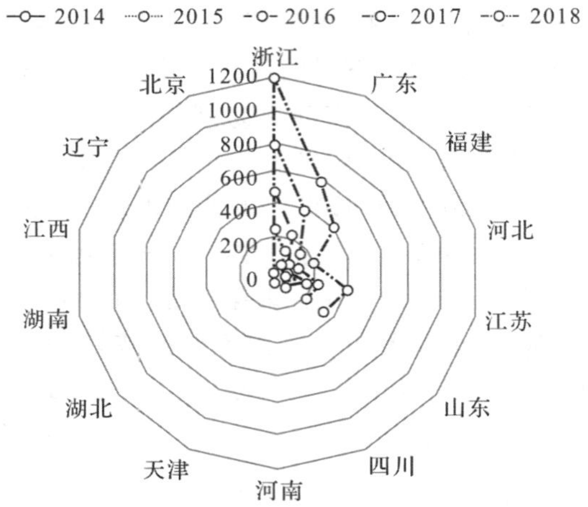

图 3.2　2014—2018 年全国排名前十淘宝村空间和数量分布

数据来源:作者根据 2014—2018 年中国淘宝村研究报告数据整理。

　　我国淘宝村按产业类型主要可分为三种。一是农产品淘宝村,网商经营对象以农副产品为主,如阳澄湖大闸蟹、沭阳花卉、洪湖莲藕等。二是工业品淘宝村,主要经营产品有服饰、家具、3C 数码等轻工业品。三是工艺品淘宝村,主要以手工工艺品为主,一半就地取材、手工制作,如安徽宣城的宣纸,山东曲阜的篆刻、碑帖,还有福建安溪的藤条等。但从不同的淘宝村数量上来看,淘宝村类型还是以前两种为主。浙江、广东、江苏、山东、福建五省的淘宝村数量已经占据了全国淘宝村总量的 88.6%,另外河北、河南、天津、江西、湖北等地区出现了一定比例的淘宝村。从表3.2 可知我国淘宝村经营产品以服饰、箱包、鞋、电子产品、食品、家具、日用百货、农副产品为主,其中浙江的服饰、箱包、鞋类店铺和日用百货类店铺,广东的电子产品类店铺,江苏的家具类店铺,山东的农副产品类店铺均形成了显著的行业领先优势。

表 3.2　2017 年我国各地区各类型淘宝店铺数量分布　　　　　单位:家

地区	主营产品						
	服饰、箱包、鞋	电子产品	护肤用品	食品	家具	日用百货	农副产品
浙江	3832	986	434	783	754	1782	598
广东	846	8643	243	167	198	679	163
江苏	433	562	68	385	2978	567	454
山东	684	265	54	79	542	226	687
福建	3486	763	255	154	335	114	75
河北	汽车用品、箱包、羊绒制品						
河南	家电、鞋						
天津	自行车零配件、乐器						
江西	羽绒服、家具						
湖北	绿松石、日用百货						

数据来源:作者根据中国电子商务数据库数据整理得到。

从上述区域的产业特征来看,上述典型区域淘宝村的形成一方面在于其拥有本地和周边地区大量的传统农业生产优势,另一方面在于其强大的供应链和物流优势。但同时也存在另外的原因,如沙集淘宝村从网销家具小饰品到集家具生产、供应、销售一整套完整的产业链,且品类也覆盖了板材、实木、钢木等主流品类,但当地并不生产木材;以及浙江丽水缙云"北山模式"借助带头人淘宝创业的带动效应创建了全国户外用品的网络集散地,实现了"从无到有"的发展模式。这表明淘宝村的形成具有多方面的影响因素,但与当地的区域经济特征、社会特征以及淘宝创业模式的特征都有强关联性。

3.2 中国涉农电子商务迅猛发展的主要原因分析

3.2.1 农业农村信息化程度不断提升,为涉农电子商务产生奠定坚实基础

信息化是农业农村现代化的制高点。中国自 20 世纪 90 年代引入互联网信息技术以来,信息化程度得到了迅速提高,尤其是政府相继提出了"互联网＋""智慧城市""数字中国"等一系列信息化发展战略,旨在通过 ICT 技术(Information Communication Technology)普及与应用促进中国经济社会的全面发展(程名望等,2019)。"十二五"时期,农业部编制了第一个全国农业农村信息化发展五年规划,成立了农业部农业信息化领导小组,全面加强农业农村信息化工作的统筹协调和组织领导,推动了信息技术向农业农村渗透融合。表 3.3 总结了"十二五"时期中国农业农村信息化发展取得的主要成果。

表 3.3 "十二五"时期农业农村信息化取得的成果

信息化发展途径	"十二五"时期已达成目标
生产信息化	➢物联网、大数据、空间信息、移动互联网等信息技术在农业生产的在线监测、精准作业、数字化管理等方面得到不同程度的应用。 ➢在大田种植上,遥感监测、病虫害远程诊断、水稻智能催芽、农机精准作业等开始大面积应用。 ➢在设施农业上,温室环境自动监测与控制、水肥药智能管理等加快推广应用。在畜禽养殖上,精准饲喂、发情监测、自动挤奶等在规模养殖场实现广泛应用。 ➢在水产养殖上,水体监控、饵料自动投喂等快速集成应用。国家物联网应用示范工程智能农业项目和农业物联网区域试验工程深入实施,在全国范围内总结推广了 426 项节本增效农业物联网软硬件产品、技术和模式。

续表

信息化发展途径	"十二五"时期已达成目标
经营信息化	➤农业农村电子商务在东中西部竞相迸发,农产品进城与工业品下乡双向流通的发展格局正在形成。 ➤农产品电子商务进入高速增长阶段,2015年农产品网络零售交易额超过1500亿元,比2013年增长2倍以上。 ➤网上销售农产品的生产者大幅增加,交易种类尤其是鲜活农产品品种日益丰富。 ➤农业生产资料、休闲农业及民宿旅游电子商务平台和模式不断涌现。农产品网上期货交易稳步发展。 ➤农产品批发市场电子交易、数据交换、电子监控等逐步推广。 ➤国有农场、新型农业经营主体经营信息化的广度和深度不断拓展。
管理信息化	➤金农工程建设任务圆满完成并通过验收。 ➤建成国家农业数据中心、国家农业科技数据分中心及32个省级农业数据中心,开通运行33个行业应用系统。 ➤视频会议系统延伸到所有省份及部分地市县,信息系统已覆盖农业行业统计监测、监管评估、信息管理、预警防控、指挥调度、行政执法、行政办公等七类重要业务。 ➤农村土地确权登记颁证、农村土地承包经营权流转和农村集体"三资"管理信息系统与数据库建设稳步推进。 ➤农业部行政审批事项基本实现网上办理,信息化对种子、农药、兽药等农资市场监管能力的支撑作用日益增强。农产品质量安全追溯体系建设快速推进。 ➤建成中国渔政管理指挥系统和海洋渔船安全通信保障系统,有效促进了渔船管理流程的规范化和"船、港、人"管理的精准化。 ➤农业各行业信息采集、分析、发布、服务制度机制不断完善,创立中国农业展望制度,发布《中国农业展望报告》,市场监测预警的及时性、准确性明显提高。 ➤农业大数据发展应用开始起步。
服务信息化	➤"三农"信息服务的组织体系和工作体系不断完善,形成政府统筹、部门协作、社会参与的多元化、市场化推进格局。 ➤农业部网站及时准确发布政策法规、行业动态、农业科教、市场价格、农资监管、质量安全等信息,日均点击量860万人次,成为服务农民最具权威性、最受欢迎的农业综合门户网站,覆盖部、省、地、县四级的农业门户网站群基本建成。 ➤12316"三农"综合信息服务中央平台投入运行,形成部省协同服务网络,服务范围覆盖到全国,年均受理咨询电话逾2000万人次。 ➤启动实施信息进村入户试点,试点范围覆盖到26个省份的116个县,建成运营益农信息社7940个,公益服务、便民服务、电子商务和培训体验开始进到村、落到户。 ➤基于互联网、大数据等信息技术的社会化服务组织应运而生,服务的领域和范围不断拓展。

农业农村 信息化	"十二五"时期已达成目标
基础支 撑能力	➤行政村通宽带比例达到95％,农村家庭宽带接入能力基本达到4兆比特每秒(Mbps)。 ➤农村网民规模增加到1.95亿,农村互联网普及率提升到32.3％。 ➤农业信息化科研体系初步形成,农业信息技术学科群建设稳步推进,建成2个农业部农业信息技术综合性重点实验室、2个专业性重点实验室、2个企业重点实验室和2个科学观测实验站。 ➤大批科研院所、高等院校、IT企业相继建立了涉农信息技术研发机构,研发推出了一批核心关键技术产品,科技创新能力明显增强。 ➤先后两批认定了106个全国农业农村信息化示范基地。政府引导、市场主体的农业信息化发展格局初步建立,农业互联网企业不断涌现。 ➤农业监测预警团队和信息员队伍初具规模。 ➤农业信息化标准体系建设开始起步,启动了一批国家和行业标准制定项目。 ➤农业信息化评价指标体系研究取得新进展,框架构建基本完成,主要指标通过测试。

资料来源:根据农业部《"十三五"全国农业农村信息化发展规划》整理得到。

"十三五"时期,《中华人民共和国国民经济和社会发展第十三个五年规划纲要》提出推进农业信息化建设,加强农业与信息技术融合,发展智慧农业;《国家信息化发展战略纲要》提出培育互联网农业,建立健全智能化、网络化农业生产经营体系,提高农业生产全过程信息管理服务能力;《全国农业现代化规划(2016—2020年)》《"十三五"国家信息化规划》也对全面推进农业农村信息化做出总体部署。表3.4显示了"十三五"时期农业农村信息化发展的主要指标。

表3.4 "十三五"农业农村信息化发展主要指标　　　　　　　单位:％

主要指标	2015年(实际)	2020年(预期)	年均增长率
农业物联网等信息技术应用比例	10.2	17	10.8
农产品网上零售额占农业总产值比重	1.5	8	40.3
信息进村入户村级信息服务站覆盖率	1.4	80	126.2
农村互联网普及率	32.3	>51.6	>9.8

资料来源:根据农业部《"十三五"全国农业农村信息化发展规划》整理得到。

从2000年左右国内学者逐渐开始关注信息化对农村经济影响问题,孙雨生、蔡雪(2017)已对相关研究做了一个较全面的回顾。大多数国内学者从宏观层面分析互联网普及对地区经济增长的影响,研究发现农村信息化程度的提升,尤其是互联网信息技术的普及能够显著提高农村经济发展水平。如在增加农民收入方面,一些学者研究表明互联网使用能够显著促进农村居民非农就业、丰富农民收入来源,从而提高农村发展水平(周冬,2016;刘晓倩等,2018);另一些学者认识到互联网等信息技术在促进城乡间公共服务公平性和缩小城乡信息不对称性方面发挥着重要作用,认为ICT的快速发展为解决城乡鸿沟带来机遇(郑世林等,2014;张晓燕,2016;宋晓玲,2017),信息化发展对农户农业全要素生产率具有显著促进作用(邓晓兰等,2017;朱秋博等,2019)。

近年来,随着互联网等信息技术与经济的深度融合,数字经济已经成为中国经济社会发展的重要推动力,而推进数字乡村建设已成为乡村振兴"换道超车"的新方向。数字乡村既是乡村振兴的战略方向,也是建设数字中国的重要内容。2019年1月中央一号文件再次明确提出数字乡村建设意义并要求全面实施数字乡村战略,5月14日中央办公厅、国务院办公厅颁发的《数字乡村发展战略纲要》也明确提出了我国数字乡村发展战略目标。数字技术及数字基础设施的建设将支持农业现代化发展,提升农村信息化应用水平,推进农村新型发展方式转变。表3.5展示了2018年中国不同区域数字农业农村发展水平基本情况。

表3.5　2018年中国不同区域①数字农业农村发展水平基本情况

各项指标内容	全国	东部地区	中部地区	西部地区
数字农业农村发展总体水平/%	33	36	33	30
设立农业农村信息化专门机构的区域比例/%	77.7	79.8	80.8	73.6
全国县域农业农村信息化财政投入/亿元	129	53	39	37
全国县域城乡居民人均电信消费/(元/年)	507.5	680	419	572
农业生产数字化水平/%	18.6	20.6	19.3	13.9
行政村电子商务站点覆盖率/%	64.0	65.4	66.5	59.8
农产品网络零售额占农产品交易额比重/%	9.8	12.1	9.0	7.5
已建成益农信息社覆盖行政村比例/%	49.7	—	—	—
实现"三公开"的行政村比例/%	63.1			

数据来源:根据农业农村部信息中心发布的《2019全国县域数字农业农村发展水平评价报告》数据整理得到。

---

① 根据国家统计局的划分标准:全国31个省(自治区、直辖市)分为东部、中部、西部三个地区,其中,东部地区包括北京市、天津市、河北省、辽宁省、上海市、江苏省、浙江省、福建省、山东省、广东省和海南省等11个省(直辖市),中部地区包括山西省、吉林省、黑龙江省、安徽省、江西省、河南省、湖北省、湖南省等8个省,西部地区包括内蒙古自治区、广西壮族自治区、重庆市、四川省、贵州省、云南省、陕西省、甘肃省、青海省、宁夏回族自治区、新疆维吾尔自治区(兵团)、西藏自治区等12个省(自治区、直辖市)。

以浙江省为例,截至 2016 年年底,已经在浙江省各区域建立了"智慧农业"云平台(如表 3.6 所示),该平台对当地农业农村信息化程度的提升起到了较好的辅助作用。

表 3.6　浙江省"智慧农业"云平台重点建设案例

案例序号	对象	主要内容
案例 1	浙江省智慧农业云平台	(1)智慧农业云平台的核心功能
案例 2	丽水市智慧农业云平台	▶整合省市县各类涉农资源,建立农业数据库
案例 3	兰溪市智慧农业云平台	▶将省技术标准分发市县,实现全省涉农数据共建共享
案例 4	金东区智慧农业云平台	▶通过数据分发完成市县数据中心建设
案例 5	黄岩区智慧农业云平台	▶整合全省物联网应用基地及生产数据,实现集中管理
案例 6	三门县智慧农业云平台	▶集成多个信息系统,接入多个物联网监测点信号 (2)智慧农业云平台的建设对当地农业经济的影响
案例 7	秀洲区智慧农业云平台	▶提升现代农业管理效率 ▶优化农业产业生产结构
案例 8	德清县智慧农业云平台	▶增加当地农业产业竞争力

数据来源:作者根据调研资料整理得到。

基于上述分析,可以得到以下两点基本结论:(1)中国农业农村信息化基础设施已趋完善。农业部发布的《中国农业农村信息化发展报告 2010》显示:截至 2010 年,全国已实现"乡乡能上网""村村通电话""广播电视村村通"等基本农村信息化工程。这为电子商务在农村的发展奠定了技术基础。(2)与农业农村生产信息化、数字化相比,中国农业农村经营信息化、数字化程度更高。表 3.1 和表 3.3 的数据表明了这一点。这也是涉农电子商务更早作为农民创业,推动农产品进入互联网交易过程,带动当地农业经济发展的主要表现之一。

3.2.2　互联网赋能"三农",助推电子商务与"三农"的深度融合

自 1995 年以来,互联网飞速融入中国经济发展,深刻改变了中国经济。电子商务在中国逐渐扎根成长,经历了工具、渠道、基础设施、经济体等四个发展阶段,已经成为影响中国经济增长和发展方式的重要力量。占地最广、人口最多的农村与电子商务相结合,产生了巨大的核聚变效应。目前中国经济正在步入新常态,自 2015 年"互联网+"理念被提出以来,通过互联网与各个行业的融合、渗透、颠覆,不断赋能各行各业,不仅催生了新产业,而且推动了传统产业的转型升级。农村网民也借助互联网(见表 3.7)提升了自身的信息化素养,开展了商务交易。

表 3.7 2014—2015 年农村网民各类互联网应用使用率

互联网应用类别	应用	2014 年		2015 年		用户规模增长率/%
		使用率/%	用户规模/万户	使用率/%	用户规模/万户	
信息获取类	网络新闻	74.20	13247	77.80	15196	14.70
	搜索引擎	72.80	12987	77.70	15187	16.90
交流沟通类	即时通信	87.20	15558	88.20	17243	10.80
	微博	29.90	5333	25.40	4969	−6.80
	电子邮件	29.00	5184	25.50	4988	−3.80
	论坛/BBS	14.80	2635	11.40	2228	−15.40
网络娱乐类	网络音乐	69.70	12444	68.30	13352	7.30
	网络游戏	54.00	9637	53.50	10458	8.50
	网络视频	60.90	10875	66.90	13078	20.30
	网络文学	40.70	7261	37.60	7354	1.30
商务交易类	网络购物	43.20	7714	47.30	9239	19.80
	团购	16.30	2914	15.60	3049	4.60
	旅行预订	22.60	4028	24.00	4687	16.40
网络金融类	网上支付	35.20	6276	47.70	9320	48.50
	网上银行	31.90	5700	36.60	7161	25.60
	网上炒股	—	—	4.40	851	—

资料来源：根据 CNNIC《2015 年农村互联网发展状况研究报告》整理得到。

"互联网＋三农"诞生了"互联网＋农民""互联网＋农村""互联网＋农业"。互联网赋能"三农"，催生了涉农电子商务（围绕农民、农村、农业的电子商务）。涉农电子商务作为一种新型商务模式，既是经济欠发达地区实现增加农民收入、消除贫困的有效途径（汪向东，2016），也是引导农村供给侧结构性改革、促进乡村振兴的重要力量。农村电子商务的飞速发展使得新农民、新农村、新农业模式不断涌现，催生了新就业形态，吸收了大量农村剩余劳动力，并实现了农产品上行与工业品下行，极大程度上带动了农村一、二、三产业的发展与融合，促进了区域经济发展。首先，电子商务的交易成本低、进入壁垒低等包容性特征，能够让其迅速成为农民自发创业的主要方式，推动了各地电子商务创业带头人以及农民网商群体的出现；其次，电子商务的跨地域特性，借助各大电商平台，能够快速帮助农村居民打破以往有形市场的空间局限，有效拓展全国乃至全球市场，推动了农产品通过电子商务进入更大的市场，同时也拉动了农村消费市场，改变了农村社会生活方式与习惯；最后，电子商务与农业的深度融合，形成了大量的农村电子商务集群以及发展模式，带动了农民就业机会和收入的持续增加。

3.2.2.1 电子商务加速向农村渗透，成为农民自发创业的主要方式

农民通过电子商务的形式自主创业，一方面是由于我国电子商务基础设施的不断完善和农村地区各种优势的充分发挥，例如农产品产源地、创业低成

本、商品稀缺性等;另一方面也是由于电子商务提高了交易的效率,农民大量通过电子商务创业,也代表着新的商业形式对旧的商业形式的补充或者替换。而电子商务之所以成为农民自发创业的主要方式,主要有以下几方面原因。

互联网和电子商务开始加速向农村渗透。根据中国互联网网络信息中心(CNNIC)统计:截至2018年12月,我国网民总数达8.29亿人,农村网民占比为26.7%,规模为2.22亿人,较2017年年末增加1300万人;农村互联网普及率从2006的4.3%持续增加到2018年的38.4%,年均增长61.1%。

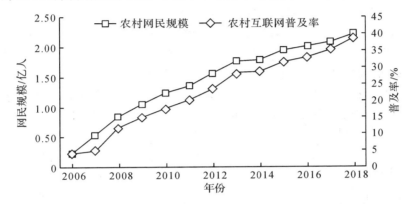

图 3.3 2006—2018 年中国农村网民规模与农村互联网普及率

数据来源:根据历年 CNNIC 发布的互联网统计报告和《2015 农村互联网发展状况研究报告》整理得到。

农村地区的基础设施改善为农民升级做网商开创了便利条件。如前所述,近年来,国家各级政府加大对农村地区信息化建设的扶持力度,涵盖公路、电力、用水、电话网、有线电视网、互联网等在内的"村村通"工程的实施。这里需要指出的是,在农民选择电子商务进行创业和基础设施完善的关系方面,两者出现明显的协同效应。例如全国各地多个淘宝村的案例表明,往往是当地淘宝村的出现,刺激了对基础设施的巨大需求,进而加快了基础设施的建设速度。

电子商务创业在农村内部较容易扩散,农村的社会属性更适宜网商群体的良性发展。中国农村是一个区别于成熟市场经济的特殊形态社会。社会学家费孝通曾经指出,中国传统的乡村社会是"熟人社会",熟人社会不仅有公认一致的规矩,而且信息全对称。这种"熟人社会"对于网商的成长和扩散,具有天然的优势。一个农村网商先发展起来,就会形成涟漪效应,向周边的亲友、邻居扩散,最终形成具有规模效应的淘宝村。

大量的外出务工人员返乡会采取电子商务创业。阿里研究院《2016 年返乡电商创业研究报告》统计结果显示,2016 年电商创业者迁出数量最多的十大城市分别是广州、杭州、上海、深圳、北京、东莞、金华、温州、苏州、惠州,且这些返乡创业者返乡创业方向绝大部分和电子商务有关。2017年中国小微企业调查显示,淘宝村平均创业比例为18.9%,而非淘宝村平均创业比例为11.1%,并且有网商的村落自发创业比例为81%,无网商的村落自主创业比例为78%。所以淘宝村的形成和农村地区的电商创业都一定程度带动了农民创业,电商创业凭借人力成本低、进入门槛低等优势获得了广大农村创业者的青睐,另外也为农村的本土企业、本土特色产品提供了更大的销售空间。涉农电子商务的发展不仅孵化了大量的草根创业者,同时也为农村地区提供了大量的就业机会(如图3.4所示)。仅以淘宝村的统计数据为例,截至2018年10月全国淘宝村活跃网店数超50万家、单个网店人员平均数量2.8人,淘宝村的发展为农村地区提供了137.2万的就业机会。同时淘宝村的快速发展也带动了上游传统企业、电商服务企业等快速发展,间接地提升了传统企业和电商服务企业的就业机会。同时从我国淘宝村和其他村落外出务工人员比例来看,淘宝村外出务工人员平均比例是11.3%,其他村落外出务工人员平均比例为25.7%,可见淘宝村内部的电商创业行为为村落提供了大量的就业机会,大大减少了外出务工人员的比例。

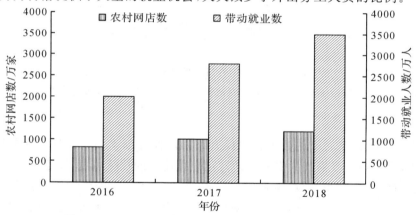

图3.4 2016—2018年中国农村网店数与带动就业人数

数据来源:根据农业农村信息部统计数据整理得到。

农村电子商务逐渐集聚创业人才、电商服务、配套政策等,成为创业的热土。以农村淘宝创造的就业机会为例,农村淘宝还在农村创造了一种新的就业:村小二和淘帮手。村小二中超过三分之一是女性,接近90%在21~35岁,超过40%在26~30岁,文化程度多为大专和高中。

一个淘宝村,就是一个草根创业孵化器。截至2016年8月底,全国1311个淘宝村活跃网店超过30万个。在淘宝村的电脑前、车间里、仓库边,到处可见电商创业者忙碌的身影。江苏沭阳拥有31个淘宝村,电商创业氛围浓厚,吸引大学生、退伍军人、外出务工人员等返乡创业。截至2016年3月,全县共4700余人返乡创业。其中,通过电子商务平台销售花木,是村民们返乡创业的主要方向。广东汕头的 58 个淘宝村大多基于当地支柱产业,比如玩具、内衣,因此,网商们在品质、价格等方面具有明显优势,加之当地创业环境持续改善,汕头的淘宝村吸引了众多外地创业者入驻。不论是村民返乡创业,还是外地创业者入驻,都显示出这些淘宝村对创业者拥有巨大的吸引力。

网商低成本创业、快速成长,创造直接就业机会,然后带动上下游产业发展,进一步创造间接就业机会。截至 2016 年 9 月,江苏睢宁拥有 40 个淘宝村,电商创业带动就业效果显著,全县共有 30289 个网店,直接带动就业约 8 万人,间接带动就业约 13 万人。其中,从安徽、河南等地来睢宁就业的约 2 万人。在淘宝村里,电商发展创造的就业机会具有"多样、灵活、就近"等特征。常见的既有电子商务直接相关的岗位,如网店客服、营销推广专员、打包发货专员,也有电子商务间接带动的岗位,如服装行业的裁缝、家具行业的木工、快递员、摄影师等。近年,在部分淘宝村还涌现出为网商服务的律师、会计、专利代理人等。在淘宝村,农村青年返乡就业、大学生回乡创业已经成为新潮流。浙江临安的白牛村人口有 1500 余人,已有 200 多名在外务工青年和大学生返乡就业和创业。截至 2017 年 9 月,江苏沭阳拥有 41 个淘宝村,电商创业氛围浓厚,共有 6500 余人返乡创业,包括大学生、退伍军人、外出务工人员等。

3.2.2.2　第三方电子商务平台涉农业务战略推动了农村电子商务高速发展

随着农业农村信息化程度的不断提高,农产品电子商务开始逐渐受到各类平台的重视和投入。电商平台巨头纷纷布局农村,涉农电子商务成为资本投资和业务战略布局的热点。2014 年,阿里巴巴、京东、苏宁分别推出涉农业务发展战略(如表 3.8 所示)。这三大平台将本身的物流、工业品、其他品类逐渐融入农村,占领农村的电商购买份额,同时解决物流售后服务点,覆盖农村市场。以阿里巴巴为例,2012 年阿里巴巴 B2B 公司拆分为 CBU 和 ICBU 两个公司后,开始全面布局涉农业务。表 3.9 展示了阿里巴巴集团涉农业务布局情况。

表 3.8　中国主要电子商务平台涉农业务战略

涉农业务 发展战略	阿里巴巴	京东	苏宁	拼多多
	2014 年	2014 年	2014 年	2018 年
业务 战略	农村淘宝——千县万村计划	3F 战略——工业品进农村战略、农村金融战略,以及生鲜电商战略	苏宁农村电商	农村电商扶贫项目

续表

涉农业务发展战略	阿里巴巴 2014 年	京东 2014 年	苏宁 2014 年	拼多多 2018 年
战略内容	➤3～5 年内投资 100 亿元 ➤建立 1000 个县级服务中心和 10 万个村级服务站 ➤覆盖全国 1/3 的县及 1/6 的农村地区。阿里巴巴的农村淘宝县级服务中心	➤品牌打造、自营直采、地方特产、众筹扶贫等模式 ➤赋能品牌商家、赋能县域产业、赋能家庭农户	➤工业品进村 ➤农产品进城	➤社交扶贫——拼多多模式 ➤多多农园
典型发展模式	➤以"协会＋公司"的"地方性农产品公共服务平台",以"农产品电子商务服务商"的定位探索解决农村(农户、合作社、农企)对接市场的问题。 ➤推出"赶街——新农村电子商务服务站",以定点定人的方式,实现在农村实现电子商务代购、生活、农产品售卖,基层品质监督执行等功能,让信息化农村更深入地对接与运用。 ➤"政府＋农户＋合作社＋网店协会＋淘宝网"的合作机制。 ➤C2C＋B2C＋B2B	➤京东县级服务中心 ➤京东便利店:用京东商业理念赋能的线下门店,提供优质货源、输出品牌、模式和管理 ➤京东帮服务店:主营大家电配送与安装服务,盈利模式宝库配送服务费用、安装服务费用、代客下单佣金等 ➤线上特色馆:农产品品牌直营特色 ➤B2C＋O2O	➤苏宁易购直营店 ➤线上中华特色店 ➤苏宁零售云项目。采用"合伙人制"的加盟运营,面向县镇开展加盟店业务,目前的门店类型主要为家电综合店和手机潮品店。苏宁零售云平台对加盟商门店进行改造,提供苏宁品牌形象、供应链支持、货源产品支持、物流售后服务、IT 系统支撑、供应链金融等相关服务,加盟商使用零售云APP 一站式实现产品订购、移动开单、人员管理、绩效管理等相关功能。 ➤B2C＋O2O	➤依托社交关系推进农村电商,促进同类兴趣的细分顾客聚集,帮助小众商品更加容易突破销售瓶颈。 ➤"C2B＋预售制"模式。帮助农民实现"以销定采",通过预售制提前聚集海量订单,再把大单快速分解成大量小单,直接与众多农户对接。

资料来源:根据各平台以及电子商务研究中心公开资料整理得到。

表 3.9　2012 年阿里巴巴集团涉农业务布局情况

旗下公司	涉农业务部门	涉农业务目标
CBU	网站运营部—行业运营部—农业频道	国内农产品批发
ICBU	信息平台部—深度服务—农业类目	国际农产品批发
淘宝网	新农业发展部	探索绿色生态农产品的电子商务模式
	食品类目—特色中国项目	打造中国地方土特产专业市场
天猫	食品类目	食品及农产品的销售
	商家业务部—商家服务	发展涉农运营服务商
	物流事业部—规划部—邮 E 站项目	部署农村网点,发展代购业务
聚划算	生鲜类目	生鲜农产品销售
支付宝	新农村事业部	农村便民支付和农村金融服务

资料来源:汪向东,梁春晓."新三农"与电子商务[M].北京:中国农业科学技术出版社,2014:8.

在电商平台和资本的共同推动下,农村电子商务发展迅猛。

一方面,农村网络零售额持续增长,图 3.5 显示了 2013 年以来农村网络零售额及其变动情况,但也体现出区域增长不平衡的特征(如图 3.6 所示)。

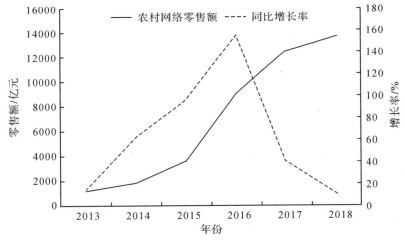

图 3.5　2013—2018 年中国农村网络零售额与同比增长率

数据来源:根据历年农业农村信息部统计数据整理得到。

根据统计数据分析可以看出:(1)2013 年以来,农村网络零售额持续增长,由 2013 年到 1125 亿元增加到 2018 年的 13700 亿元,年均增长 186.3%,短短 6 年时间,增加了 11 倍。(2)2017 年全国农村实现网络零售额首次突破万亿大关,达到 12448.8 亿元,同比增长 39.1%。其中,农村实物类产品网络零售额达 7826.6 亿元,同比增长 35.1%,占农村网络零售总额的 62.9%;服装鞋包、家装家饰、食品保健位居农村实物类产品网络零售额前三位;农村服务类产品中,在线旅游、在线餐饮表现尤为突出,对农村网络零售额增长贡献率分别为21%和17.2%。(3)以天猫生鲜、京东生鲜为代表的平台电商,以易果生鲜、每日优鲜为代表的垂直电商,以盒马生鲜、永辉超级物种为代表的新型零售电商,以百果园、多点为代表的线下企业转型电商等,继续推动生鲜电商市场拓展,加快模式转型。(4)从地区分布来看,东部地区农村网络零售市场份额远远领先于其他地区,达到78.63%,东北地区农村电商发展较为落后,仅占到2.24%,发展空间较大。

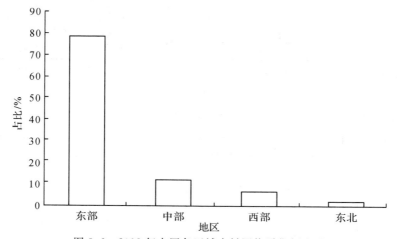

图 3.6　2018年中国各区域农村网络零售额比重
数据来源:根据《2017—2018年中国农村电子商务发展报告》整理得到。

另一方面,电商平台带动了各区域优势农产品的直接销售,一定程度上解决了由于信息不对称以及市场分割带来的农产品"卖难"问题。

电商平台与政府紧密合作共同推动了涉农电子商务的迅猛发展。2015年11月国务院办公厅发布了《关于促进农村电子商务加快发展的指导意见》,2016年2月17日,国家发展改革委与阿里巴巴集团在京签署结合返乡创业试点发展农村电商战略合作协议。协议包括:(1)2016—2019年,双方共同支持300余试点县(市、区)结合返乡创业试点发展农村电商。(2)国家发展改革委加强统筹规划、综合协调,不断改善试点地区创业环境,并组织试点地区对接阿里巴巴。阿里巴巴则提供包括农村淘宝在内的农村电商项目落地支持,对接试点地区,实现项目落地生根。(3)对于国家级贫困县,阿里巴巴结合当地实际情况辅以重点资源倾斜。协议约定,国家发展改革委整合资源,推动、引导试点地区先行与阿里巴巴农村淘宝项目合作。同时,鼓励试点地区开展针对政府相关服务人员、农村淘宝合伙人、淘帮手等农村电商服务体系参与人员的培训活动,做好宣传引导等相关工作。此次合作一方面助力试点地区发展农村电商,另一方面还能通过发展农村电商进一步吸纳更多农民工等人员返乡创业就业。届时,随着农村电商产业链(如图 3.7 所示)、生态链和生态圈的发展,将会吸纳更多人员返乡借助电子商务平台创业就业。

图 3.7　2016 年中国农村电商产业链图谱
资料来源:中国电子商务研究中心。

3.2.2.3　各区域因地制宜形成了大量涉农电子商务发展模式

电商基础设施的完善和消费力下沉,带动了农村消费实现跨越式发展,但用户需求满足后,更深层次的价值在于掀起农村产业的变革,中国各区域因地制宜形成了大量涉农电子商务发展模式(如表 3.10 所示)。这些典型模式大致可以分为以下两种类型:(1)"从无到有"型。一般这些区域涉农电子商务的发展均始于少数农民创业带头人的扩散效应,多数区域最初的电子商务主要交易品可能都不是该地区的优势农产品或工业品。以沙集模式为例,2006 年东风村高中毕业生孙寒、王飞等几个年轻人摒弃了父辈们传统的经商观念,在网上开店卖起了家具,并且生意越做越红火,把本村及周边村镇一大批土生土长的农民带到了网络致富的道路上来,围绕着家具网店,板材厂、家具加工厂、五金配件厂、电脑销售与培训、物流运输等一批配套产业在东风村周围迅速发展起来,一个带动了数千人就业的产业链正在悄然形成。"沙集现象"迅速推动了中国广大农村融入互联网大潮。类似的发展模式还有浙江"北山模式"、山东"曹县模式",均体现了农民创业带头人对该区域电子商务发展路径的重要作用。(2)"从有到优"型。一般这些区域均在已有的产业基础(农业或农村工业)上借助电子商务平台销售产品或走品牌化道路。以吉林省"通榆模式"为例,通榆县直接利用电子商务平台进行品牌化运作,为当地的农产品取了一个好名字叫"三千禾",并直接进驻天猫旗舰店。利用成立的县域电子商务协会和专业的第三方主体进行运营。"三千禾"在全程产业链上进行标准化运作,统一采购、统一包装、统一运营、统一配送、统一售后,并发挥通榆拥有的得天独厚的地理位置,增加品牌附加值,目前在电商平台上主要售卖来自世界三大黑土地之一的杂粮杂豆、葵花籽、具有国家地理标识的草原红牛肉等。类似的发展模式还有河北"清河模式"、江苏"沭阳模式"、福建"安溪模式"、浙江"临安模式"等。

表 3.10 中国部分典型区域涉农电子商务模式、特征及应用

典型模式	模式产生区域	模式特征	模式应用
沙集模式	江苏	➢ 工厂＋农民网商 ➢ 沙集镇农民网商自发式产生、裂变式成长、包容性增长模式	➢ 自发式产生指沙集农民创办的网店销售及加工业从产生、发展到壮大,基本是依靠当地农民自组织的力量,自发式地萌芽和成长。 ➢ 裂变式成长指从 2006 年东风村的第一个农民网商出现到现在全沙集镇数千家网店互帮、互带的快速复制,带动整个家具产业链从无到有达到年销售额近 20 亿元的迅猛普及发展的过程。 ➢ 包容性增长一方面指当地农民能够和城里人一样享受数字经济带来的便捷和商业机会,另一方面也指村里的男女老少都能够参与到网店销售和加工的火热局面。
遂昌模式	浙江	➢ 生产方＋网络服务商＋网络分销商区 ➢ "看得到、想要买、买得到"模式(赶街网电子商务平台＋农村电商代购点＋农户) ➢ 遂昌形成以农特产品为特色、多品类协同发展、城乡互动的县域电子商务"遂昌模式"	➢ 在初期的"遂昌现象"之后,遂昌探索的步伐并未停止,逐渐提升为"遂昌模式",即以本地化电子商务综合服务商作为驱动,带动县域电子商务生态发展,促进地方传统产业特别是农产品加工业,"电子商务综合服务商＋网商＋传统产业"相互作用,形成信息时代的县域经济发展道路。 ➢ 遂昌"赶街"项目的推出,打通信息化在农村的最后公里,让农村人享受和城市一样的网购便利与品质生活,让城市人吃上农村放心的农产品,实现城乡一体。 ➢ 多产品协同上线,以协会打通产业环节,政府政策扶持到位,借助与阿里巴巴的战略合作,依靠服务商与平台、网商、传统产业、政府的有效互动,构建了新型的电子商务生态,可以助力县域电商腾飞。

续表

典型模式	模式产生区域	模式特征	模式应用
清河模式	河北	➢专业市场＋电子商务 ➢垂直 B2C 网站 ➢网络品牌	➢协会＋监管＋检测,维护正常市场秩序 ➢孵化中心＋电商园区,培训提高,转型升级,全线出击,建成新百丰羊绒(电子)交易中心,吸引国内近 200 家企业进行羊绒电子交易。 ➢建立 B2C 模式的"清河羊绒网"、O2O 模式的"百绒汇"网,100 多家商户在上面设立了网上店铺。 ➢实施品牌战略,12 个品牌获中国服装成长型品牌,8 个品牌获得河北省著名商标,24 家羊绒企业跻身"中国羊绒行业百强"。
沭阳模式	江苏	➢"互联网＋三农"县域电商发展模式 ➢原有花木产业基础＋淘宝平台 ➢淘宝村	➢2000 年,当"互联网浪潮"卷向这座苏北大县,敏锐的沭阳人立刻嗅出了这个新兴"概念"的商机。起初,最先意识到这种商业应用方式的花农,积极利用论坛等形式进行花木推销。虽然对当地花木交易的实质性帮助有限,但正是这一批"最先吃螃蟹"的人,让当地的花农与政府都看到了"弯道超车"的希望。 ➢全国首批"电子商务进农村综合示范县",沭阳拥有网店 3.5 万家,年网络销售额达 85 亿元,4 个乡镇获评中国淘宝镇,41 个村(居)跻身中国淘宝村。2017 年,全县花木种植面积达 52 万亩,实现花木销售额 97 亿元,分别比 2016 年增长 4 万亩和 12 亿元。截至 2018 年,沭阳家庭园艺交易量占全国电商的 20%,盆景占 80%,干花与月季花的电商交易量都保持全国同行业第一位。
博兴模式	山东	引导青年回乡利用电子商务创业模式	
临安模式	浙江	智慧农业＋生态宜居＋乡村文化文明模式	
成县模式	甘肃	农户＋网商模式	
通榆模式	吉林	生产方＋电商品牌模式	
武功模式	陕西	电子商务园区＋农业龙头人才＋政策＋配套(集散地＋电商)模式	
安溪模式	福建	网商＋制茶大师＋魅力茶园＋五星茶企＋创新创意模式	

资料来源:由作者根据相关参考文献、公开资料、实地调研资料整理得到。

3.2.3 国家政策助推涉农电子商务持续健康发展

如果说中国涉农电子商务的产生主要是一种自发式创业与裂变,同时依靠电子商务平台的拉动,那么中国涉农电子商务的迅猛发展则离不开国家政策大力支持带来的推动效应。自 2004 年以来,中央一号文件持续关注"三农"问题

（如表 3.11 所示），根据统计，截至 2019 年 6 月，以党中央、国务院和中央部委名义下发的各类涉农电商文件超过 80 份（贺小刚等，2016）。农村电子商务已成为我国脱贫攻坚、实现乡村振兴战略的重要方式之一。自 2015 年起，中央一号文件已连续四年明确提出发展农村电子商务，2019 年中央一号文件持续利好涉农电子商务发展，提出要继续深入推进"互联网＋农业"，扩大农业物联网示范应用；推进重要农产品全产业链大数据建设，加强国家数字农业农村系统建设；继续开展电子商务进农村综合示范，实施"互联网＋"农产品出村进城工程。

表 3.11　历年中央一号文件中与涉农电子商务相关的政策

年份	相关政策内容
2019	"继续发展农村电子商务，继续实施电子商务进农村"的综合示范工作
2018	大力建设农村电子商务发展的基础设施，创新新型农业产业模式，深入实施电子商务进农村综合示范
2017	加快建立健全适应农产品电商发展的标准体系；支持农产品电商平台和乡村电商服务站点建设；深入实施电子商务进农村综合示范；鼓励地方规范发展电商产业园；全面实施信息进村入户工程；推进"互联网＋"现代农业行动等
2016	鼓励大型电商平台企业开展农村电商服务，支持地方和行业健全农村电商服务体系；深入开展电子商务进农村综合示范；加大信息进村入户试点力度
2015	支持电商、物流、商贸、金融等企业参与涉及电子商务平台建设；开展电子商务进农村综合示范
2014	启动农村流通设施和农产品批发市场信息化提升工程，加强农产品电子商务平台建设
2013	大力培育现代流通方式和新型流通业态，发展农产品网上交易、连锁分销和农民网店；加快宽带网络等农村信息基础设施建设
2012	充分利用现代信息技术手段，发展农产品电子商务等现代交易方式
2010	大力开拓农村市场；大力发展物流配送、连锁超市、电子商务等现代化流通方式，支持商贸、邮政等企业向农村延伸服务，建设日用消费品、农产品、生产资料等经营网点
2009	加快农村基础设施建设，发展农村信息化
2008	整合资源，共建平台，健全农村信息服务体系；推进"金农""三电合一"、农村信息化示范和农村商务信息服务等工程建设，积极探索信息服务进村入户的途径和办法
2007	加强农村一体化的信息基础设施建设，创新服务模式，启动农村信息化示范工程
2006	积极推进农业信息化建设，充分利用和整合涉农信息资源，强化面向农村的广播电视电信等信息服务，重点抓好"金农"工程和农业综合信息服务平台建设工程
2005	鼓励发展现代物流、连锁经营、电子商务等新型业态和流通方式；改造现有农产品批发市场，发展经纪人代理、农产品拍卖、网上交易等方式，增强交易功能

资料来源：贺小刚等（2016）。

2015 年也被学界称为"农村电子商务元年"。自 2015 年开始,国家层面涉及农村电子商务的政策层出不穷,表 3.12 整理了 2015 年 1 月—2019 年 6 月主要涉农电子商务政策文件内容。

表 3.12　2015 年 1 月—2019 年 6 月中国涉农电子商务相关政策文件主要内容

颁布时间	政策文件	相关内容
2015 年 1 月	《中共中央国务院关于加大改革创新力度加快农业现代化建设的若干意见》中发〔2015〕1 号	创新农产品流通方式,支持电子商务、物流、商贸等企业参与涉农电子商务平台建设。
2015 年 4 月	《国务院关于深化供销合作社综合改革的决定》中发〔2015〕11 号	提升农产品流通服务水平,顺应商业模式和消费模式深刻变革的新趋势,加快发展供销合作社电子商务,实现线上线下融合发展。
2015 年 5 月	《国务院办公厅关于大力发展电子商务加快培育经济新动力的意见》国办发〔2015〕24 号	积极发展农村电子商务,鼓励电子商务平台服务"一村一品",促进品牌农产品走出去,鼓励农业生资企业发展电子商务。
2015 年 7 月	《国务院关于积极推进"互联网+"行动的指导意见》国发〔2015〕40 号	积极发展农村电子商务,开展电子商务进农村综合示范,支持新型农业经营主体和农产品、农资批发市场对接电子商务平台,积极发展以销定产模式,发展个性化定制服务。
2015 年 11 月	《国务院办公厅关于促进农村电子商务加快发展的指导意见》国办发〔2015〕78 号	积极培育农村电子商务市场主体。扩大电子商务在农业农村的应用。改善农村电子商务发展环境。
2015 年 11 月	《中共中央国务院关于打赢脱贫攻坚战的决定》	提出加大"互联网+",电子商务扶贫力度。
2016 年 1 月	农业部《关于扎实做好 2016 年农业农村经济工作的意见》农发〔2016〕1 号	大力发展农产品加工业和市场流通,鼓励农村经纪人和新农民搞活农产品流通。
2016 年 1 月	农业部办公厅《关于印发农业电子商务试点方案的通知》农办市〔2016〕1 号	积极探索"基地+城市社区"鲜活农产品支配、"放心农资进农家"等农业电子商务新模式,加快推进农业电子商务建卡发展,在北京等 10 省(自治区、直辖市)开展农业电子商务试点。
2016 年 9 月	《"十三五"全国农业农村信息化发展规划》农市发〔2016〕5 号	加快发展农业农村电子商务,创新流通方式,打造新业态,培育新经济,重构农业农村经济产业链、供应链、价值链,促进农村一、二、三产业融合发展。

续表

颁布时间	政策文件	相关内容
2016 年 11 月	《国务院办公厅关于支持返乡下乡人员创业创新促进农村一、二、三产业融合发展的意见》国办发〔2016〕84 号	通过发展电商平台,实施"互联网＋"现代农业行动,开展网上创业。
2016 年 12 月	《国务院办公厅关于完善支持政策促进农民持续增收的若干意见》国办发〔2016〕87 号	实施"互联网＋"现代农业行动,大力发展农产品电子商务,提高农村物流水平。
2017 年 1 月	《中共中央国务院关于深入推进农业供给侧结构性改革加快培育农业农村发展新动能的若干意见》中发〔2017〕1 号	深入实施电子商务进农村综合示范,推进"互联网＋"现代农业行动,鼓励地方规划发展电商产业园。
2017 年 1 月	《国务院关于印发"十三五"促进就业规划的通知》国发〔2017〕10 号	推动发展"互联网＋现代农业",大力发展农产品电子商务、休闲农业、创意农业、森林体验、森林康养和乡村旅游等新业态。
2017 年 1 月	商务部等 5 部门印发《商贸物流发展"十三五"规划》	加强农村物流网络体系建设,支持建设县、乡镇综合性物流配送中心和末端配送网点。
2017 年 2 月	商务部等 7 部门印发《关于推进重要产品信息化追溯体系建设的指导意见》	到 2020 年,初步建成全国上下一体、协同运作的重要产品追溯管理体制、统一协调的追溯标准体系和追溯信息服务体系
2017 年 5 月	财政部、商务部《关于开展 2017 年电子商务进农村综合示范工作的通知》	以示范县创建为抓手,在总结前一阶段工作的基础上,深入建设和完善农村电商公共服务体系,进一步打牢农村产品"上行"基础。
2017 年 5 月	《国务院办公厅关于印发兴边富民行动"十三五"规划的通知》国办发〔2017〕50 号	实施"互联网＋"产业扶贫、科技助力精准扶贫、电商扶贫、光伏扶贫、乡村旅游扶贫工程,拓宽农民增收致富渠道。
2017 年 8 月	商务部、农业部发布《关于深化农商协作大力发展农产品电子商务的通知》	加快建立线上线下融合、生产流通消费高效衔接的新型农产品供应链体系。
2017 年 12 月	商务部等 5 部门印发《城乡高效配送专项行动计划(2017—2020 年)》	完善城乡物流网络节点,降低物流配送成本,提高物流配送效率。
2018 年 1 月	《中共中央国务院关于实施乡村振兴战略的意见》中发〔2018〕1 号	提出实施数字乡村战略,大力建设具有泛性的促进农村电子商务发展的基础设施,深入实施电子商务进农村综合示范。

续表

颁布时间	政策文件	相关内容
2018 年 1 月	《国务院办公厅关于推进电子商务与快递物流协同发展的意见》国办发〔2018〕1 号	深入实施"互联网＋流通"行动计划,提高电子商务与快递物流协同发展水平。
2018 年 5 月	商务部、财政部、农业部等部门《关于开展 2018 年电子商务进农村综合示范工作的通知》财办建〔2018〕102 号	推动农村电子商务深入发展,促进农村流通现代化,助推脱贫攻坚和乡村振兴。
2018 年 5 月	工业和信息化部印发《关于推进网络扶贫的实施方案(2018—2020 年)》	进一步聚焦深度贫困地区,更好发挥宽带网络优势,助力打好精准脱贫攻坚战,促进产业兴旺、生活富裕。
2018 年 5 月	商务部印发《关于推进农商互联助力乡村振兴的通知》	进一步加强产销衔接,发挥农产品流通对促进农业生产和保障居民消费的重要作用,推进农业供给侧结构性改革。
2018 年 6 月	《中共中央国务院关于打赢脱贫攻坚战三年行动的指导意见》	实施电商扶贫,优先在贫困县建设农村电子商务服务站点。继续实施电子商务进农村综合示范项目。动员大型电商企业和电商强县对口帮扶困县,推进电商扶贫网络频道建设。
2019 年 2 月	《中共中央国务院关于坚持农业农村优先发展做好"三农"工作的若干意见》	"继续发展农村电子商务,继续实施电子商务进农村"的综合示范工作。
2019 年 5 月	《数字乡村发展战略纲要》	着力发挥信息技术创新的扩散效应、信息和知识的溢出效应、数字技术释放的普惠效应,加快推进农业农村现代化
2019 年 6 月	《关于促进乡村产业振兴的指导意见》国发〔2019〕12 号	深入推进"互联网＋"现代农业,加快重要农产品全产业链大数据建设,加强国家数字农业农村系统建设。全面推进信息进村入户,实施"互联网＋"农产品出村进城工程。推动农村电子商务公共服务中心和快递物流园区发展。

资料来源:作者根据中华人民共和国中央人民政府、商务部、农业部、财政部等网上公开资料整理得到。

自 2017 年起,各地政府开始对当地各类电商企业和电商创业行为给予了充分的政策引导和支持。如 2017 年安徽省人民政府印发的《农村电商全覆盖提升行动方案》,其中就提出了全省农产品网络销售额达到 400 亿元,建设 20 个以上省级农村电商示范县,创建 50 个省级电商示范县和 300 个省级电商示范村的目标。浙江省在 2017 年也印发《浙江省农村电子商务工作实施方案》,该方案提出全省电子商务经营主体达 20 万个、农产品销售额达 500 亿元的总目标,全面建成农产品销售体系、农民消费服务体系、青年电商创业服务体系。具体行动包括建成 100 个以上的县镇级电子商务产业园和 1 万个村级电子商务服务点。2017年江苏省在《关于加快推进农村电子商务发展的实施意见》提出在"十三五"期间在全省范围内打造省级农村电子商务示范区 400 个、县市级示范区 30 个、乡镇级示范区 100 个,村级示范区 300 个,并着力打造具有影响力和品牌效应的农村电商企业和品牌,最终实现农村电子商务销售额 1000 亿元的目标。国家的大力支持一方面释放大力发展农村电商的信号,另一方面也为农村电商发展提供良好的商业环境。

近年来涉农电子商务已成为转变农业发展方式的重要手段,是乡村振兴、精准扶贫的重要载体。国家层面通过鼓励大众创业、万众创新,发挥市场机制作用,加快农村电子商务发展,把实体经济与电子商务有机结合,使实体经济与互联网产生叠加效应,有利于促进农村消费、扩大内需,推动农业升级、农村发展、农民增收。

3.3 中国各区域涉农电子商务发展现状分析

3.3.1 电子商务测度指标说明

3.3.1.1 国外主要电子商务测度指标体系

从当今社会电子商务的发展状况和人们对电子商务的重视程度来看,在实际统计中,指标的可度量性是决定统计工作可操作性及统计数据质量可靠性的关键。电子商务统计指标体系由三部分组成,即准备度(Readiness)、应用度(Intensity)和影响度(Impact)三个方面。

(1)电子商务准备度:这部分主要反映互联网服务提供商、电信服务提供商、电话线路状况以及使用互联网和外联网途径、阻碍电子商务的因素、掌握信息技术的雇员人数、电子商务(信息化)建设支出、互联网主机数目等。电子商务的准备度衡量电子商务发展所必需的技术、商务和社会基础设施如何,测度重点为电信基础设施及整个社会掌握信息技术的能力。

主要指标:固定和移动电话用户数、互联网服务商规模、互联网上网人数、网站数量等。

(2)电子商务应用度:这部分主要反映互联网使用量和频率,对互联网使用的预期,互联网普及率、电子商务交易次数和价值。电子商务应用度衡量电子商务发展的规模和应用程度。该指标反映电子商务交易活动的规模、增长速度,以及电子商务事务处理或业务活动的主要性质。

主要指标:电子商务销售额、采购额,采用电子商务交易方式的企业数、占比,商务活动中使用计算机和互联网的企业数、频度、占比,哪些产品或服务使用电子商务较为广泛等。

(3)电子商务影响度:这部分主要反映电子商务对公司业绩的影响(成本、利润、时间等),以及对国民经济的促进等。该指标表明了电子商务的附加价值和乘数效应,例如电子商务对服务业创新的影响研究,电子商务对企业业务流程的影响,电子商务对经济增长方式的转变、对社会经济活动效益的提高、对新兴产业的形成等。

随着时间的推移,特别是各国信息化水平的提高,全社会对于三个方面的电子商务指标的需求也在发生变化。具体关系可以用图 3.8 中"S"形曲线来表示。

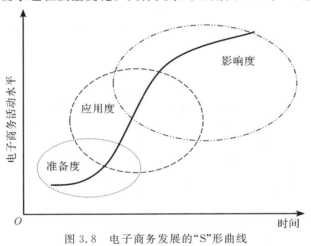

图 3.8 电子商务发展的"S"形曲线

对于企业、政府和家庭部门的电子商务发展过程来讲,图 3.8 中的准备度、应用度和影响度等三方面指标都是适用的。实际上,一个国家经济中的行为主体(企业、政府、家庭等各部门)可以分别处于不同的发展水平上。在某个发展阶段用于考察电子商务的指标,经常可以在另一个阶段以相同的或略微不同的方式加以应用。附录二中以 OECD 构建的指标体系,在衡量电子商务方面的优先度进行了比较(具体请参见附录二)。

3.3.1.2　国内主要电子商务测度指标体系

目前,中国国内有关电子商务的统计调查综合起来看,已经涉及电子商务内容或仅包含电子商务一些指标的统计调查主要有四个:

一是从网民角度开展的《中国互联网络发展状况统计调查》由中国互联网络信息中心(CNNIC)组织实施。

二是从地区和全国角度开展的《CⅡ中国电子商务总指数指标体系研究与指数测算》统计调查和综合测评。由国家统计局国际统计信息中心(ISIC)与中国互联网研究与发展中心(CⅡ)共同进行。

三是侧重于企业应用环境和发展规模情况的《企业互联网应用和电子商务发展水平统计调查》。由国家经济贸易委员会贸易市场局同中国社会科学院信息化研究中心,以及北京大学网络经济研究中心进行。

四是从侧重于企业经营与销售规模及设备情况的《企业电子商务发展现状调查》。由赛迪顾问有限公司(CCID)实施。

具体测算指标请参考附录二。

3.3.1.3　区域电子商务发展水平测算指标

根据已有相关研究文献,对于特定区域的电子商务发展水平测度主要有两个使用较为广泛的指数。分别为中国电子商务发展指数和阿里巴巴电子商务发展指数(aEDI)。

其中,中国电子商务发展指数由清华大学电子商务交易技术国家工程实验室联合有关单位[1]编制并定期发布,自 2016 年发布第一份报告以来,目前已分别发布了 2016 年、2017 年、2018 年三份《中国电子商务发展指数报告》。包括规模指数、成长指数、渗透指数和支撑指数四个方面。

阿里巴巴电子商务发展指数(aEDI)由阿里研究院编制,自 2013 年起,每年发布一次,包括电子商务应用指数、网购指数、电子商务发展指数三方面。

由于 aEDI 可以具体到县域电子商务[2]发展层面,因此,根据本研究需要,本课题拟采用阿里巴巴电子商务发展指数(aEDI)来对各区域涉农电子商务发展水平进行宏观测量与分析。该指数的指标体系如表 3.13 所示。

表 3.13　aEDI 体系

指标体系	一级指标(权重)	二级指标(权重)	指标计算过程
aEDI	网商指数(0.5)	网商密度指数(0.6)	网商数量/人口数量
		网商交易水平指数(0.4)	网络交易额/网商数量
	网购指数(0.5)	网购密度指数(0.6)	网购消费者数量/人口数量
		网购消费水平指数(0.4)	网购消费额/网否消费者数量

资料来源:作者根据阿里研究院公布资料整理得到。

3.3.2　各区域涉农电子商务差异水平测度指标

为考虑中国涉农电子商务发展的区域差异,本节利用变异系数(也称离散系

---

[1]　《中国电子商务发展指数发展报告》在国家发改委高技术产业司的指导下,由清华大学电子商务交易技术国家工程实验室、中央财经大学中国互联网经济研究院、中国社会科学院、中国国际电子商务研究中心研究院、亿邦动力研究院联合编制。

[2]　县域电子商务与涉农电子商务的关系参见本书第一章说明。

数,Coefficient of Variation)和泰尔指数(Theil)对涉农电子商务的区域差异程度进行测算。变异系数(CV)指数模型可表示为:

$$CV = \frac{\sqrt{\frac{1}{n-1}\sum_{i=1}^{n}(x_i - \overline{x})^2}}{\overline{x}} \tag{3.1}$$

该指数反映区域经济发展水平之间的相对差异程度,用数列标准差与均值的比值表示。变异系数越小,数列离散程度越小,平均数的代表性越高,区域差距越小,反之则越大。在本小节的测算中,x_i表示第i个县域电子商务发展指数,$\overline{x}$表示全国1920个县域[①]电子商务发展指数平均值。

3.3.3 各区域涉农电子商务发展水平空间分布及差异特征分析

3.3.3.1 各区域[②]涉农电子商务发展水平空间分布特征分析

结合图3.9和表3.14的数据分析结果来看,可以得到以下三方面的结论。

首先,从电子商务发展指数来看:(1)东部地区的县域在第一区间(1~100)和第二区间(101~500)分布较多,指数均大于10,这表明东部地区的县域电子商务发展水平处于领先地位。同时从纵向发展的情况来看,图3.10和图3.11也列出了2013—2018年全国百佳县[③]电子商务发展指数区域分布特征,与图3.9的分布特征趋于一致。从具体的县域指数数据分析结果来看,东部地区的浙江省金华义乌市、江苏省苏州常熟市、福建省泉州市石狮县等区域表现尤为突出,在百佳县中的数量占到75%左右,这表明区域间的电子商务发展水平呈现出不均衡的状态。(2)中部地区的县域电子商务发展水平主要集中在第三区间(501~1000)和第四区间(1001~1500)内,电商指数在2~5。从具体的县域指数数据分析结果可以看出,中部地区的河南、湖北、湖南、山西、安徽等县域电子商务有较大发展空间,尤其是随着国家不断推进电子商务支持政策,2017—2018年度,中部地区的百佳县占比由前几年的7%左右提升至24%,这表明了电子商务综合示范进村等政策取得了一定的正强化效应。(3)西部地区的县域电子商务发展水平相对较落后,主要集中在第四区间(1001~1500)和第五区间(1501~1920)内,aEDI在0.3~3。这不仅说明西部地区整体发展水平不高,同时也表明在西部地区

[①] 由于缺乏中国香港、澳门、台湾地区的县域数据,因此本数据来源中不包含这三个区域的数据。

[②] 本小节按照国家统计局标准对东部、中部、西部地区进行划分。其中,东部地区包括北京、天津、河北、辽宁、上海、江苏、浙江、福建、山东、广东、海南11个省(直辖市);中部地区包括山西、吉林、黑龙江、安徽、江西、河南、湖北、湖南8个省;西部地区包括内蒙古、广西、重庆、四川、云南、贵州、西藏、陕西、甘肃、青海、宁夏、新疆12个省(自治区、直辖市)。

[③] 2013—2018年数据均由阿里研究院发布。需要说明的是,2017—2018年的数据为农村电子商务综合示范县(共计750个样本),与前面2017年的1920个样本略微有些差别。

内部的县域之间差异较大,如贵州、云南、四川、新疆四个区域的电子商务发展水平较其他西部地区更高。后续章节将具体分析这些区域内部的差异情况。

其次,从电子商务应用指数(也称为"网商指数")来看,与 aEDI 区域分布格局有一定的差异,主要表现为中部地区分布在第二区间的县域显著增加,但西部在第六区间的县域数量较 aEDI 区域更多。这表明,电子商务在中国县域层面已全面开始应用与发展,东部地区以浙江、江苏为核心区域,形成了由东部沿海向中西部不断扩散的空间分布格局。这与前面分析涉农电子商务在中国的发展阶段特征基本吻合,同时也表明了该阶段电子商务已经开始由东部内部县域开始向中西部空间溢出,但中部地区的承接效应更为明显,西部地区稍显落后。

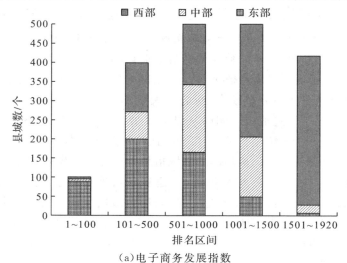

(a)电子商务发展指数

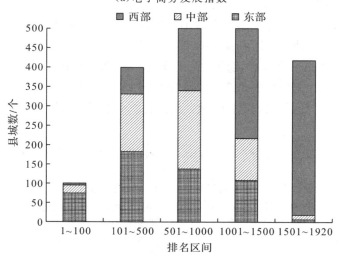

(b)电子商务应用指数

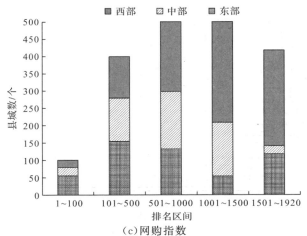

（c）网购指数

图 3.9 中国各县域电子商务发展水平空间分布

表 3.14 电子商务发展水平指数分布与排名

技术指标	1～100	101～500	501～1000	1001～1500	1501～1920
aEDI	42.114～11.986	11.885～5.451	5.450～3.937	3.936～2.720	2.705～0.382
电商应用指数	9.988～7.798	7.792～4.426	4.421～2.589	2.588～0.867	0.862～0.000
网购指数	31.138～11.731	11.717～6.604	6.599～4.750	4.749～3.536	3.535～0.430

资料来源：作者根据阿里研究院 2016 年发布的《中国县域电子商务发展报告》整理得到。

最后，从网购指数来看，其与 aEDI 的区域分布格局也存在一定的差异，但与电子商务应用指数分布格局呈现较为一致的特征。主要表现在中部地区网购指数分布在第一、二区间的县域呈现增加的情况。以第一区间为例，中部和西部地区的县域占到 43%，结合具体的县域指数数据来看，中部地区的江西省与浙江省、福建省处在第一区间的县域均较多，这里面是否存在一定的空间关联性？从已有文献（刘晓阳等，2018）的研究结论来看，中国县域电子商务发展水平存在空间溢出效应，也表现出一定的空间关联度。

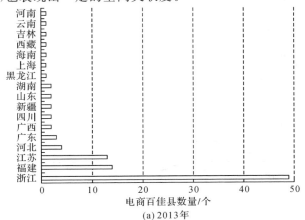

电商百佳县数量/个

（a）2013年

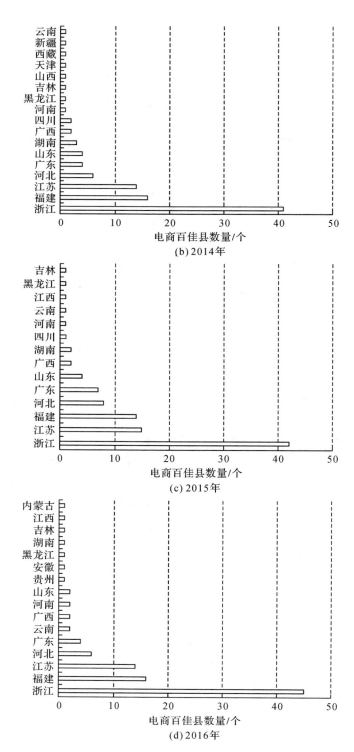

(b) 2014年

(c) 2015年

(d) 2016年

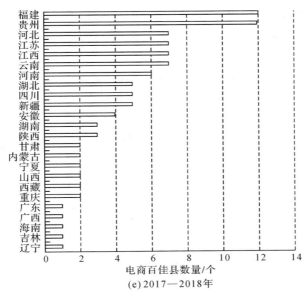

(e) 2017—2018 年

图 3.10 2013—2018 年各省(自治区、直辖市)电商百佳县数量分布

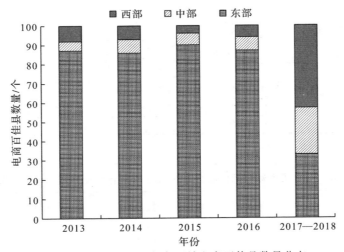

图 3.11 2013—2018 年各区域电商百佳县数量分布

资料来源:作者根据 2013—2016 年阿里研究院发布的中国电商百佳县数据、2017—2018 电商示范百佳县数据整理得到。

3.3.3.2 各区域涉农电子商务发展水平差异特征分析

根据式(3.1),表 3.15 和表 3.16 分别计算了区域层次和省(自治区、直辖市)层面三个电子商务发展指数的差异特征。

首先,在电子商务发展指数(aEDI)方面,从分地区来看,东部地区分异系数最高,主要表现为河北、浙江、广东、福建四省的分异系数较高。但从分省(自治区、直辖市)的数据结果来看,西部地区省份的县域电子商务发展情况差异较大,西藏、云南、青海均较为突出。整体呈现出长三角、珠三角、西部地区内部差异相对较大,中部地区相对较小。

其次,在电子商务应用方面,从分地区来看,与 aEDI 差异区域特征一致,即东部最高,中部其次,西部最低。但从具体的县域来看,西部地区的青海、甘肃、云南、西藏内部的变异系数较大,高于东部和中部地区。

最后,在网购指数方面,与前面两个指数的区域差异特征有所不同,主要表现在西部省(自治区、直辖市)的县域之间的差异较大,中部省(自治区、直辖市)的县域网购变异系数处于中等水平,东部省(自治区、直辖市)的县域则处在较低水平。

表 3.15　中国各县域电子商务区域差异测度(CV 系数)

指数	区域	均值	标准差	变异系数
aEDI	全国	3.739	1.523	0.556
	东部	7.030	3.752	0.534
	中部	4.305	1.531	0.356
	西部	3.446	1.889	0.548
电商应用指数	全国	1.856	1.671	0.900
	东部	6.147	4.279	0.696
	中部	3.222	1.773	0.550
	西部	2.291	2.244	0.979
网购指数	全国	5.622	2.671	0.475
	东部	7.919	3.799	0.480
	中部	5.388	2.217	0.411
	西部	4.598	2.466	0.536

资料来源:作者整理得到。

表 3.16　中国各省(自治区、直辖市)电子商务区域差异测度(CV 系数)

区域	省份	aEDI			电商应用指数			网购指数		
		均值	标准差	CV	均值	标准差	CV	均值	标准差	CV
东部	浙江	12.943	5.389	0.416	12.553	7.317	0.583	13.333	3.812	0.286
	河北	5.777	2.460	0.426	5.132	3.280	0.639	6.421	2.298	0.358
	辽宁	4.297	1.457	0.339	3.925	1.851	0.472	4.670	1.869	0.400
	山东	6.058	1.404	0.232	5.590	1.532	0.274	6.542	1.973	0.302
	江苏	9.191	3.144	0.342	7.845	2.886	0.368	10.538	4.196	0.398
	福建	8.401	3.249	0.387	6.157	3.507	0.570	10.645	3.458	0.325
	广东	5.654	2.364	0.418	4.659	2.579	0.554	6.649	2.469	0.371
	海南	4.472	1.084	0.243	2.888	1.484	0.514	6.055	1.609	0.266

区域	省份	aEDI			电商应用指数					网购指数
		均值	标准差	CV	均值	标准差	CV	均值	标准差	CV
中部	湖北	4.417	1.045	0.237	3.584	1.482	0.414	5.249	1.187	0.226
	湖南	4.349	1.677	0.386	3.925	1.671	0.426	4.772	2.230	0.467
	河南	4.563	1.649	0.361	3.648	1.622	0.445	5.477	2.410	0.440
	吉林	4.094	1.730	0.423	3.474	1.892	0.545	4.713	1.880	0.399
	黑龙江	3.933	1.306	0.332	2.845	1.656	0.582	5.021	2.081	0.415
	山西	4.241	1.545	0.364	2.041	1.620	0.794	6.441	2.343	0.364
	江西	5.298	1.294	0.244	4.697	1.761	0.375	5.899	1.559	0.264
	安徽	5.201	1.312	0.252	5.003	1.582	0.316	5.399	1.487	0.275
西部	陕西	3.195	1.002	0.313	1.556	1.363	0.876	4.834	1.578	0.326
	新疆	3.223	1.906	0.591	1.935	2.257	1.166	4.512	3.142	0.696
	西藏	2.008	1.668	0.830	1.207	2.432	2.015	2.810	2.241	0.798
	甘肃	2.535	1.347	0.531	0.891	0.967	1.085	4.180	2.293	0.549
	青海	1.899	1.574	0.828	0.608	1.428	2.349	3.092	2.514	0.813
	宁夏	3.331	1.815	0.545	1.887	1.833	0.971	4.774	2.781	0.583
	四川	3.654	2.058	0.563	2.564	2.042	0.797	4.745	2.919	0.615
	云南	3.202	2.125	0.664	2.418	2.666	1.103	3.985	2.470	0.620
	贵州	3.119	1.371	0.440	1.549	1.302	0.841	4.690	1.825	0.389
	广西	3.575	1.734	0.485	2.472	1.938	0.784	4.678	1.921	0.411
	内蒙古	3.739	1.523	0.407	1.856	1.671	0.900	5.622	2.671	0.475

注:本表测算的数据年份为 2015 年。北京、上海和天津仅有一个县城层次的数据,故剔除。

资料来源:作者整理得到。

以上结果表明,从中国整体区域格局来看,县域电子商务发展呈现出区域不均衡的状态,差异水平较大。一方面涉农电子商务在以江浙为中心的一带区域发源较早,可能与当地的区域经济基础较好,为电子商务的应用提供了良好的土壤,同时当地居民可支配收入较高,网上消费较为活跃有关;而相对应,中西部很多县域的电子商务发展受到互联网信息基础设施、区域产业基础、物流、金融等服务体系的制约,电子商务应用有限,网上消费相对也有限。另一方面,东部地区和西部地区内部的区域差异相对较大,而中部地区则相对较小。这可能是因为中部地区的地理特征,逐步吸收了东部地区电子商务发展的空间溢出效应而导致其持续发展。

3.4　本章小结

本章在第二章的理论基础上,首先,将中国涉农电子商务发展历程分别划为三个时期:萌芽期(涉农电子商务 1.0)、创新扩散(涉农电子商务 2.0)和产业集群(涉农电子商务 3.0),并分析了每个时期的代表特征。其次,分别从农业农村信息化发展、互联网如何赋能"三农"助推电子商务与"三农"的深度融合以及国家政策的推动效应三个方面深入分析了中国涉农电子商务迅猛发展的原因。最后,本章基于区域研究视角,采用县域层次的电子商务发展指数,对各区域涉农电子商务发展水平空间分布格局及其差异特征进行了分析,结果表明从中国整体和分区域来看,涉农电子商务呈现出由东向西逐步递减的不均衡发展状态,西部内部发展差异较大,中部地区相对较小。

4 中国农民电子商务创业的动力机制、路径选择及影响因素研究

在中国涉农电子商务发展初期,农民通过淘宝网创业,不仅进入门槛低、技术难度小、启动需求资金少,而且可以拥有淘宝网的海量客户,使农民摆脱了创业高门槛和地域的限制。利用"淘宝"进行创业成为近年来我国农民创业的重要创新方式(崔丽丽等,2014)。近年来中国农村电子商务的迅猛发展不仅打通了农产品上行和工业产品下乡的双向流通渠道,同时农村地区借助互联网的强大外部链接能力,将其与自身的特色产业及资源禀赋有机结合,激活了农村产业发展过程中各生产要素的新动能,在全国范围内形成了大量极具中国特色的"淘宝村"。作为"互联网+农村经济"的典型模式,"淘宝村"既有利于农村农产品"走出去"、工业品"走进来",也有利于解决农村闲置人口的就业问题,同时还吸引了大批农民返乡创业,为乡村振兴战略的实施提供了核心要素支撑。"淘宝村"的形成可以解释为"互联网+农业"这一商业模式创新在农村内部被大量复制。在2009年前后,最早一批淘宝村初步成型,分别为江苏睢宁东风村、浙江义乌青岩刘村、河北清河东高庄村。之后淘宝村数量呈现爆炸式的增长,从2009年的3个,到2018年年底已达到3202个(阿里研究院,2018)。这一"星星之火"的模式创新随着时间的演进在中国农村大地上已逐渐呈现出"燎原"之势,那这种创新的模式是如何在村庄内部形成与扩散的?主要的动力因素有哪些?不同类型的村庄内部创业扩散是否有差别?这是本章将重点探讨的三个问题。

本章内容安排如下:首先分别从影响农民创业的内部特征因素和外部特征因素进行文献回顾,并基于创新扩散理论探讨了中国农民电子商务创业扩散动力机制;其次在此理论机制分析的基础上,分析了不同阶段农民电子商务创业扩散的路径;最后运用结构方程模型(SEM)实证研究了影响农民电子商务创业扩散的主要因素。

4.1 相关文献回顾

4.1.1 影响农民创业的内部特征因素

4.1.1.1 自身特征因素

自身特征因素是指直接影响农民创业的素质与能力,主要包括性别、年龄、接受学校正规教育年限、家庭收入等。韦吉飞等(2008)在对西北五省(自治区、直辖市)调查的实证分析中发现,青年农民创业意向更易受到家庭收入和性别影

响。而中老年农民则对地理条件、资源禀赋、年龄等因素更为敏感,且专业培训、社会经历、社会背景、人力资本等对农民的创业行为有正向影响。吴易雄等(2010)以湖南省 24 个县的农民为样本,研究发现年龄、受教育程度与职业技能培训对创业决策行为影响显著,但性别不显著。朱明芬(2010)在研究农民创业行为发现年龄和接受学校正规教育年限对远郊农民创业有显著影响,近郊农民只要想创业,基本上不受自身条件的限制;而对于远郊农民而言,则需要有适宜年龄和较高文化程度才可能创业。同时,石智雷等(2010)研究发现家庭财富积累较高和文化程度较高的农民,自主创业的意愿就更强烈。罗明忠等(2011)指出与农村男性创业者的特质相比,农村女性的创业特质并没有很大的区别,都强调较强的创新意识和社会关系网络、较高的成就感与领导力等,但农村女性创业者一个最大的特点是更需要得到家庭方面的支持与鼓励。

4.1.1.2 区域特征因素

当地的地理环境、资源禀赋、传统文化、创业榜样、社会资本和信息渠道等都是农民创业行为产生的原因。罗明忠等(2011)对已有农民创业影响因素的研究进行了文献评述,归纳出农村地带的传统文化,特别是创业文化,对本地农民创业决策产生了非常重要的作用。首先,一开始农民的创业积极性并不高,但是当一个创业带头人出现时,就会提高其积极性;同时农村所在的地理位置对农民创业的信息获取及创业基础产生影响;其次,受自然资源天然禀赋约束,如果农民选择资源型创业会形成硬约束,从而影响农民的创业行为(周菁华等,2012)。蒋剑勇等(2012)研究了农民社会网络、当地创业榜样与机会识别的逻辑关系,结果显示农民个体的社会网络规模和关系强度、创业榜样的数量和农民创业机会识别呈正向关系。张春梅等(2014)认为由于农民获取信息的渠道有限,导致其缺乏市场意识和风险评估意识,并提出农民获取信息的渠道和信息的质量能够对农民创业行为起到促进作用。罗琦等(2016)发现农民创业大多以"模仿创业"为主,因为通过"模仿创业"能够减少成本、降低风险,实质是农民的从众心理产生的一种羊群效应,并以 9 个省的农民创业者为样本进行实证检验,结果表明农民创业模仿性高,羊群效应非常显著。

4.1.2 影响农民创业的外部环境因素

4.1.2.1 创业环境因素

良好的创业环境不仅可以激发农民的创业激情,同时也可以扩散农民创业行为。农民创业环境因素主要集中在创业项目、创业氛围、创业培训、创业协会和创业产业园等方面。焦晓波等(2012)基于国内关于农民创业的文献研究提出,农民缺乏创业意识,没有系统的创业理念、系统的创业培训和政策宣传能够唤起农民的创业意识及提供其全面的创业理念。张益丰等(2014)基于 389 名农民创业者的一手调研数据,发现创业项目与本地资源的契合度、政府支持力度都会对创业行为产生显著的影响,而且创业项目与本地资源的契合度表现得更为显著。张应良等(2015)利用 Probit 模型对农民创业影响因素进行实证分析,发现周边创业氛围对农民创业意向产生显著的影响。淘宝村处于农村地带,互联网和电商类型的人才相对较为缺乏,对部分村民的进入形成了一定的壁垒。

4.1.2.2 政策环境因素

金融支持和政策支持是政府帮助农民创业的两大重要方式。郭军盈(2006)从支持农民创业的金融支持方面进行研究,提出要倾斜农民创业融资政策,增加农村资金供给,改革内部经营机制,改进服务方式、服务手段,既保证农民在创业时能借得到、还得起,又保证创业信贷资金放得出、收得回。朱红根等(2013)从金融环境和政策支持角度的研究发现,好的金融环境能够提高农民的资金可获得性,减少资金束缚,激发创业热情;而政策支持既能够减少创业的交易成本、降低风险,又能够激发农民创业热情。但由于农村金融改革滞后,造成了农民创业过程中贷款难,资金融通渠道受到限制,增加了农民创业中的资金制约程度。目前政府对农村发展电子商务的支持主要集中于资金、技术、配套的资源和服务,且各地市、镇级都成立了相应的网络创业服务部门,在村庄这一级别通过电子商务来对其进行服务和管理,并且通过不同形式的网络工具对网络创业和当地特色产品进行宣传,这在一定程度上降低了农民的创业成本,也提升了其创业的信心。

4.2 案例样本的选择与研究过程

4.2.1 案例样本村基本情况描述

本小节分别选取浙江省缙云县壶镇镇北山村和龙泉市安仁镇黄石玄村、江苏省沭阳县新河镇周圈村、安徽省泾县丁家桥镇李园村作为样本来源地区。选择的依据为:(1)阿里研究院 2013 年首次发布的《淘宝村研究微报告 1.0》中公布了 20 个淘宝村,浙江省和江苏省淘宝村数量占到总数量的一半,其中浙江省缙云县壶镇镇北山村作为首批淘宝村位列其中,形成了典型的由农村创业带头人形成的"北山模式",这是中国首批被定义的"淘宝村",对其展开研究具有较强的代表性。(2)江苏省沭阳县是全国闻名的花木之乡,具有 400 余年的花木种植历史。花农网上开店近万家,年销售额占全县花木销售额的一半。全县形成了由网络中介公司、淘宝店以及花木经纪人、花农等组成的完整的富民产业链。沭阳县被评为"省级电子商务进农村综合示范县"。本文调研的新河镇周圈村在2014 年被评为全国"淘宝村","沭阳模式"是一个典型的"农村本地资源优势+互联网创新"模式,作为样本村具有典型性。(3)浙江省龙泉市安仁镇黄石玄村与安徽省泾县丁家桥镇李园村分别是 2015 年、2016 年新公布的"淘宝村"。但鉴于本文采取对比分析的研究方法,这两个村与北山村、周圈村分别处在中国淘宝村发展的不同时间阶段,农民创业过程与环境以及模式均有所差异,因此满足了对所选研究样本进行对比研究的需求。

目前我国现有淘宝村的发展模式主要分为四种——产业驱动型、龙头企业驱动型、产品创意驱动型、区位优势驱动型,其中前三种类型占主导地位。从淘宝村所经营产品类型来看,淘宝村分为三种类型——工业品淘宝村、农产品淘宝村、文化产品淘宝村,其中工业品淘宝村最多,农产品淘宝村其次。本小节在案例选择上考虑了目前淘宝村三种主要发展模式和三种主要产品类型,其中周圈村、北山村、黄石玄村分别符合产业驱动型、龙头企业驱动型、产品创意驱动型的发展模式,黄石玄村、周圈村、李园村分别符合工业品淘宝村、农产品淘宝村、文化产品淘宝村所经营产品的类型。表 4.1 显示了样本村的基本情况。

表 4.1　四个案例样本村基本情况

样本村(定义为"淘宝村"年份)	是否有产业基础	主营产品	淘宝村基本情况简介
北山村(2013 年)	无	户外用品	成为淘宝村之前村民大多以走街串巷卖烧饼为生,2006 年有村民开始在淘宝网上销售户外用品,2008 年创建了"自建品牌＋网络销售＋生产外包"的商业模式。2013 年被评为淘宝村,现村内自主品牌 10 余个,天猫店 12 个,从事网络销售及相关人员 500 余人,年销售额达 1.2 亿。
周圈村(2014 年)	有	花卉、苗木、盆景	新河镇成为"花木之乡"源于周圈村,全村种植花卉苗木近 400 年,90％以上村民以种植花卉苗木为业,2007 年有村民开始通过淘宝网销售花木,2014 年被评为淘宝村。全村 1800 户从事花木种植及网络销售,淘宝店 400 余个,天猫店 19 家,2016 年线上销售额达 8000 万。
黄石玄村(2015 年)	有	木制、竹制玩具和家具;食用菌	黄石玄村位于山区,交通不便,但林木和竹子资源丰富,成为淘宝村之前村民大多以种植食用菌为业,2008 年开始有人利用村内的林木、竹木原料从事家具、玩具的生产与网络销售,2012 年食用菌也开始"上线",2015 年被评为淘宝村。现村内 300 余人从事食用菌和家具、玩具的生产与销售,淘宝店 80 余个,天猫店 8 个,2016 年销售额达 3300 万。
李园村(2016 年)	有	以宣纸为主的文房四宝	李园村从 20 世纪 90 年代起,部分村民就以家庭为单位,从事宣纸、书画纸生产加工,2010 年有村民在淘宝网上销售宣纸,2016 年被评为淘宝村。目前村里有宣纸、书画纸加工企业 100 余家,淘宝店 200 余家,天猫店 40 余家,从事宣纸生产制造和销售人员达 800 余人,2016 年线上销售额达 3000 万。

资料来源:作者根据调研数据整理得到。

4.2.2 本章采用的研究方法与研究框架

本章选择一手资料和二手资料收集的两种方法。一手资料获得方法包括:(1)课题组到不同"淘宝村"进行田野调查,包括现场访谈、现场考察以及体验农户网商销售服务;(2)与当地村委会及农村电商协会负责人进行座谈,座谈主题为本村农民创业动力机制,课题组对访谈进行全程录音。二手资料收集包括:(1)在淘宝村发展的过程中,发表过的有关淘宝村农民创业的主要文章;(2)直接从当地县级政府获得的材料,特别是关于当地相关负责人撰写的报告和其他有关当地"淘宝村"的报告。

本章对分布于浙江、江苏、安徽三个省份的四个淘宝村展开实地调研,调研过程中首先对 63 名淘宝村内部创业者进行半结构式访谈(访谈问卷参见附录四),主要内容为淘宝村整体情况和创业者自身创业信息来源及其在创业扩散中所扮演的角色,基于创新扩散理论,通过案例分析法,总结归纳了淘宝村内部创业动力因素,并构建其动力机制模型。然后基于访谈数据,通过 UNICET、Netdraw 等软件构建淘宝村内部创业扩散路径,最终对不同扩散阶段展开论述。同时,在调研过程中采取了问卷调查的形式对淘宝村村民进行了调研(调查问卷参见附录五),通过线上、线下发放问卷的方式获取问卷 310 份,其中有效问卷 278 份,并在已有文献和调研数据基础上,构建淘宝村内部创业影响因素结构方程模型,通过 AMOS、SPSS 等软件对模型进行进一步的验证与修正。图 4.1 显示了本章的研究过程。

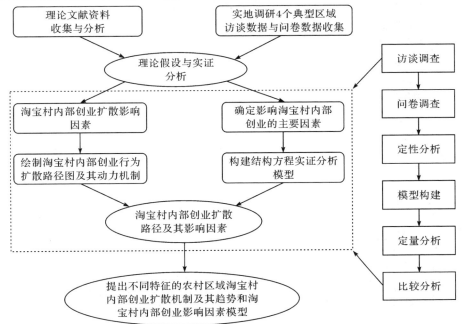

图 4.1 农民电子商务创业扩散动力机制、路径及影响因素研究过程

4.3 农民电子商务内部创业扩散动力机制研究

基于创新扩散理论,创新的扩散包括四大因素:创新、时间、传播渠道、社会系统。基于此,本研究认为淘宝村内部的创业扩散可以看成"互联网＋农村经济"这一商业模式的创新,通过创业带头人、村内关系网络、政府、电商平台等传播渠道,在一定时间范围内,在以单位村为扩散中心的社会系统内进行扩散。

根据前面章节的理论分析,本部分将从内部动力机制和外部动力机制两个方面,内部因素、自身属性、平台辅助、政府支持四个角度来具体分析"淘宝村"内部创业扩散的动力机制。(1)内部动力机制:创新扩散理论认为,创新扩散过程的关键内部因素为创新自身属性、信息渠道、时机以及所处的社会系统(曾亿武等,2016,2019)。基于创新扩散理论,本研究将"淘宝村"内部创业扩散的内部动力分为"淘宝村"商业模式的自身属性与"淘宝村"创业的内部因素。(2)外部动力机制:根据创新扩散理论,外部动力主要来自外部社会网络,社会创新主体通过与外部社会网络的合作、沟通建立关系并进行扩散。因此,本研究将"淘宝村"内部创业扩散外部动力机制归纳为外部电子商务平台的辅助与政府的支持。

图 4.2 概括了"淘宝村"内部创业扩散的动力机制之间的关系:"淘宝村"的自身属性特征是影响创业扩散的创新动力;村庄的内部因素决定了创业扩散的区域范围;外部电子商务平台的辅助是创业扩散的有力抓手;政府支持则是"淘宝村"内部创业可持续发展的重要支撑。

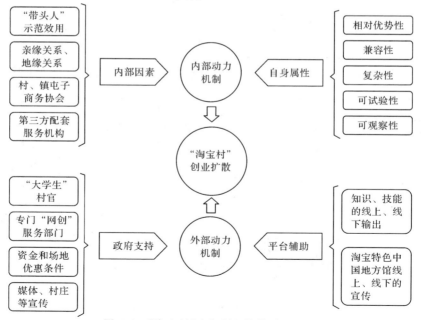

图 4.2 "淘宝村"内部创业扩散动力机制

4.3.1 内部动力机制分析

创新扩散理论认为：创新扩散过程的关键内部因素为创新信息传播渠道、自身属性、时间点以及所处的社会系统（Rogers，1983）。本研究基于创新扩散理论，将"淘宝村"内部创业扩散内部动力分为该模式的自身属性与"淘宝村"创业的内部因素。

4.3.1.1 "淘宝村"商业模式的自身属性

创新之所以能够被广泛地传播，来源于其独特的自身属性（焦晓波等，2012）。借鉴已有的研究框架，本文将"淘宝村"这一商业模式的创新从五个方面来定义，即相对优势性、兼容性、复杂性、可试验性、可观察性。

相对优势性即通过淘宝网创业相对于以前的发展更具优势。我们发现通过淘宝网创业不仅能够解决村民的市场供求信息和客户数据的缺乏、交通不便等问题，还能帮助村民拓宽销路，减少销售成本、提高资金周转率。如周圈村花木的销售一直都是周圈村村民的难题，之前都是通过销售人员全国各地"拉单子"，但是通常销售人员会压低花木的收购价格，而且每年花木的需求数量和种类的变化都很大，导致农户"有的卖不出去，有的缺货"。通过淘宝网销售，不仅销售成本低，能够随时掌控用户消费和需求数据，而且还能打破地域限制向全国消费者进行销售。同样在李园村和黄石玄村也有着相似的效果（如表4.2所示）。

表 4.2 "淘宝村"商业模式的自身属性分析

样本村	产业基础	相对优势性	兼容性	复杂性	可试验性	可观察性
北山村	无	——	扩大市场，提高农民需求	低	高	通过熟人社会关系观察创新
黄石玄村	有	降低销售成本，打破地域限制	扩大市场，提高农民需求，节约成本	低	高	通过熟人社会关系观察创新
周圈村	有	降低销售成本，打破地域限制	扩大市场，提高农民需求，节约成本	低	高	通过熟人社会关系观察创新
李园村	有	降低销售成本，打破地域限制	扩大市场，提高农民需求，节约成本	低	高	通过熟人社会关系观察创新

资料来源：作者根据对样本村村委会和电子商务协会负责人的访谈内容整理得到。

兼容性是指创新与现有观念和需求有一定的共同点。根据我们调研的结果发现，不管样本淘宝村之前有无产业基础，村民都会有提高收入的需求。另外对于有产业基础的地区,如周圈村、李园村、黄石玄村,通过淘宝网销售其产品,扩大了其销售市场,而且一定程度上节约了中间费用,所以通过淘宝网这一创新与村民的需求存在一定程度的一致性。

复杂性是指接受和运用这一创新的难易程度。淘宝村内部创业者年龄大多在 20~40 岁,而且文化水平基本都在初中以上,且平时都有上网习惯,甚至有人经常在淘宝网上购物,所以接受这一创新对于他们较为容易。

可试验性是指该创新能够在已有基础上进行试验。村民可以花 10 分钟通过自己的身份信息在淘宝网上注册自己的店铺,然后上传商品,自己的店铺和商品就可以在淘宝网上被看见和被搜索到。

可观察性是指该创新能够被直观地看到。村民可以在淘宝网上随意搜索任意一家店铺和商品信息,也可以通过身边朋友和熟人的店铺看到对应商品信息和销售数据。

4.3.1.2 "淘宝村"创业的内部因素

本研究发现"淘宝村"创业的内部因素主要集中于带头人示范效应、亲缘和地缘关系、村或镇电子商务协会、第三方配套服务机构,如表 4.3 所示。

表 4.3 "淘宝村"创业的内部因素分析

样本村	带头人示范效应	亲缘和地缘关系	村或镇电子商务协会	第三方配套服务机构
北山村	吕振鸿作为北山村网络创业的"老大哥",手把手地教村民运营知识和技巧。	村民接受电商经营的概念和运营技巧 54％ 来自亲戚、朋友、邻居。	培训,经验交流,对网商集中管理,与第三方配套机构谈判。	运营服务、培训、物流
黄石玄村	刘英在村中亲自培育自己的分销商,让村民们从了解电子商务到学会实操。		培训,经验交流,对网商集中管理,与第三方配套机构谈判。	运营服务、培训、物流,电商产业园
周圈村	在村支书胡道本的带领下,让村民将视线从线下渠道转到线上。		外聘讲师培养更多的电商人才。	运营服务、培训、物流,电商产业园
李园村	曹凯通过自己摸索着开起了网店,同时将经验传授给其他村民。		培训,经验交流,对网商集中管理。	运营服务、培训、物流

资料来源:作者根据对样本村村委会和电子商务协会负责人的访谈内容整理得到。

创业带头人指首批在村内从事电子商务,具备一定影响力,且经营上取得一定的成果的个人或者企业。我们发现在淘宝村形成初期,创业带头人是新商业模式的唯一执行者和传播者,通过与村民不同形式的交流传播新的商业模式和创业技能,通过自身的创业成功的案例引起村民关注,使得村民竞相模仿。真正的周边创业者仅仅是一个或少数几个人,而且他们从创业经验和技能上都普遍优于其他人,所以其他人对创业带头人的信任度会影响到创业可行性(张益丰等,2014)。这一点在我们的实地调研中也得到了验证。例如:吕振鸿作为北山村网络创业的"老大哥",从2006年在家开了北山村的第一家淘宝店,在网上代理销售各类户外用品,2008年正式成立自己的公司,开始打造自己的品牌"北山狼户外",通过"自主品牌+生产外包+网络销售"的全新模式在北山村"一炮而红"。吕振鸿手把手地教村民运营知识和技巧,并且安排村民在他的公司当学徒工。

蒋建勇等(2012)提出好的创业氛围和复杂的社会网络能够加快创业的扩散,使得在村民间快速、广泛地产生创业意向。其中复杂的关系网络就包括农村地区亲缘、地缘关系。在淘宝村形成的早期,电子商务协会还未形成,政府和第三方服务机构还未介入,村民接受电商概念和运营经验、技巧绝大部分来自身边的亲人、朋友、邻居。本调研数据显示,村民接受电商经营的概念和运营技巧54%来自亲戚、朋友、邻居,18%来自电子商务协会,20%来自第三方培训机构,说明农村的亲缘、地缘关系作为传播渠道在创新的传播方面起到了很大的作用。

电子商务协会一般是由村民自己组织,其主要职能是农民网商间相互交流、学习、合作,同时也方便政府对网商的集中管理。已有的研究也表明电子商务协会能够促进淘宝村的发展(曾亿武等,2016)。目前在所调研的周圈村、北山村、黄石玄村和李园村都已经成立了自己的电子商务协会。在淘宝村内村民可以通过电子商务协会随时获取各种知识、信息,且相比其他传播方式,电子商务协会内部的信息传播范围更加广、效率更加高,同时电子商务协会也会以协会的名义和第三方配套服务商谈判,要求其提供更加低价、便捷的服务,周圈村、北山村、黄石玄村电子商务协会已经做到了以协会名义要求物流上门收货,并且每单收取更便宜的价格。电子商务协会还同时整合了电商讲师、银行、政府人员,共同加强协会的协作、合作,例如周圈村电子商务协会已经开始委托沭阳县当地职校培养更多的电商人才,为当地电子商务的发展提供人才支持。我们在实地调研过程中也发现淘宝村村民创业的模式和产品类型都非常相似,导致村民间竞争非常激烈,且经常出现恶性竞争和不诚信的现象,电子商务协会就能对村内出现的问题进行集中讨论、处理、解决,为村民提供和谐的创业环境。所以电子商务协会既是知识、信息的集散地,也是资源的获取地,又是集中管理、协作的区域,能够在村民间产生"向心力"。

第三方配套服务机构包括运营服务、培训、物流,电商产业园,一般第三方配套服务机构在淘宝村形成的后期才会介入。截至2018年年底,周圈村所在新河镇已有物流公司23家,黄石玄村所在安仁镇已有物流公司6家,物流公司也能在村民间进行电商理念、知识的传播,例如物流公司会建立自己的QQ群、微信群,也会加入当地的电子商务协会群去宣传物流服务,帮助村民答疑解惑,打消村民心中疑虑。但是李园村作为新晋淘宝村,第三方配套服务正在不断完善中,目前已经计划建立电商产业园来集中管理村内零散网商。

4.3.2 外部动力机制分析

4.3.2.1 电子商务平台的辅助

目前淘宝主要通过淘宝大学向村民提供线上的电商培训服务,另外淘宝大学也和县域一起成立了阿里巴巴服务中心,不仅为当地的电商发展出谋划策,而且为当地培训了更多的电商人才和电商创业者。现今,周圈村所在的沭阳县,北山村所在的龙泉市均已成立了阿里巴巴服务中心,村民既可以在政府的支持下免费参加阿里巴巴服务中心的电商培训课程,也可以邀请淘宝大学认证讲师深入其所在村进行授课。在淘宝村形成的后期,村民渐渐脱离创业带头人和亲戚、朋友、邻居,而更多地去接受平台提供的专业化的电商知识培训。村民进行网络创业普遍存在资金、资源缺乏问题,没有太大能力进行高浏览量的宣传活动,现今阿里巴巴已经在全国各个县域进行了"淘宝中国特色馆"的招募。"淘宝中国特色馆"是由当地人民政府、淘宝网联合打造的一个以当地特产为核心的地方特色馆,充分融合当地文化、旅游、民俗等特色产品进行整体品牌构建,并将其与淘宝网平台进行有效对接,整合本地资源,打造地理名片。如目前李园村所在的宣城市、黄石玄村所在的龙泉市、北山村所在的缙云县均已建立了当地的淘宝中国特色馆。淘宝中国特色馆的主要作用在于对当地特色产品的打造、包装,以及凭借其线上平台进行产品推广。

4.3.2.2 政府的支持

政府的支持主要分为四个部分:招聘大学生"村官",成立专门的网创部门,提供低息贷款和场地,在媒体和村庄内部宣传。表4.4归纳了四个样本村中政府对农民在淘宝创业的支持政策与所采取的主要方法。如周圈村所在的新河镇已经在为其他各村招聘本土电子商务专业的大学生为大学生"村官"。这些大学生"村官"接受过专业的电子商务教育,拥有专业的知识,一方面能更加快速、高效地在村民中间进行电子商务创业宣传,另一方面能针对农民网上的规范化管理提出有效的解决办法。李园村已经建立了自己的电子商务产业园,北山村也正在建设过程中。电子商务产业园涉及网商、网货,包括品牌、设计、加工、物流、融资、培训等诸多领域,不仅能为创业者提供一站式服务,也能促进创业者间的资源共享,同时也让网商的管理变得更加方便、高效。本研究所调研的四个淘宝村均已在市、镇级成立了自己的网创服务部门,其主要职能是为淘宝村的发展"找方向、指方向",为其搭建必要的基础设施,在村民中间和公众媒体上大力宣传网络创业,对淘宝村网商进行日常的管理工作。

表 4.4 样本村中政府支持政策与方法

样本村	支持政策与方法
北山村	建立电子商务大楼
	在村内公共区域建设各种和淘宝创业有关的设施和图文
	积极接受外来媒体的采访
	聘请"阿里巴巴淘宝大学"为村民培训
黄石玄村	提供电商创业专门的低息贷款
	通过优惠条件引进外来电商企业
	引导电商创业向村内优势产业发展,并给予支持
	引进第三方服务机构
周圈村	招聘大学生"村官"
	在市、镇设立专门的网创服务部门
	建设村内专门花卉信息网站,并在百度和政府人员朋友圈、微博进行展示
	政府给予补助,提供免费的电商培训
李园村	通过会议和村内微信群对电商创业进行大力宣传
	引进培训机构
	建立电子商务产业园和电商创业孵化园
	成立电子商务服务部门

资料来源:作者根据实地访谈资料整理得到。

4.3.3 案例研究结论

上述研究基于"创新扩散"基本理论对浙江省、江苏省和安徽省四个不同类型的淘宝村内部创业的动力机制进行了实证研究。案例研究结果表明:(1)淘宝村内部创业扩散的内部动力来自淘宝村这一创新的商业模式的自身属性,包括相对优势性、兼容性、复杂性、可试验性、可观察性;以及"淘宝村"的内部因素,包括带头人示范效应、亲缘和地缘关系、村和镇电子商务协会、第三方配套服务机构。(2)淘宝村内部创业扩散的外部动力主要来源于外部电子商务平台的辅助和政府支持政策效应。(3)淘宝村有产业基础会加快农民创业扩散的过程。有产业基础的淘宝村的农民,会更熟悉产品的生产和销售,因此更加容易尝试其他销售途径;且相较于没有产业基础的淘宝村,其从事新产业的成本低、创业风险低且创业意愿更大。如表 4.5 所示。

表 4.5 多案例研究的分析结果

两个层面	四个方面	动力因素	主导作用的动力因素	
			有产业基础	无产业基础
内部动力机制	自身属性	相对优势性	√	
		兼容性	√	√
		复杂性		√
		可试验性	√	
		可观察性	√	√
	内部因素	带头人示范效应		√
		亲缘、地缘关系影响	√	√
		电子商务协会作用	√	
		第三方配套服务机构	√	
外部动力机制	政府支持	大学生"村官"		√
		服务部门	√	
		资金和场地优惠条件	√	
		媒体等宣传	√	√
	平台辅助	线上辅助	√	√
		线下辅助	√	√

资料来源:作者根据分析结果整理得到。

4.4 农民电子商务内部创业扩散路径分析

在实地调研的过程中,笔者发现对应不同的创业时期,影响内部创业的核心动力因素有所区别,不同时期的扩散路径也表现出不同的特征。基于此,在分析"淘宝村"内部创业扩散动力机制的基础上,为动态了解内部创业扩散的路径,本研究先将淘宝村内部创业扩散分为三个阶段——点扩散阶段、多点扩散阶段、面扩散阶段,分别对应"淘宝村"内部创业的初期阶段、发展阶段和成熟阶段,随后对四个样本村中的村民进行随机分层抽样,选取了"开始创业的淘宝村内部创业带头人、早期跟随者、后期跟随者"三个阶段中共计 63 位淘宝村村民进行了半结构式的访谈。访谈内容包括其创业的过程、动因以及村民对不同动力因素在淘宝村形成的不同阶段的评分,共计 16 个问题。随后基于访谈问卷数据资料,利用 UNCIET、Netdraw 等可视化软件对其进行处理,从而得到淘宝村内部创业扩散路径图(见图 4.3)。

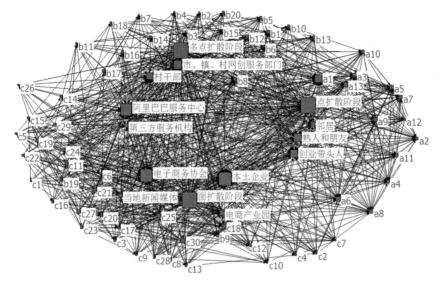

注:a、b、c 分别表示在不同时间节点开始创业的淘宝村内部创业带头人、早期跟随者、后期跟进者。

图 4.3 "淘宝村"内部创业扩散路径

数据来源:作者根据实地问卷调研数据得到。

4.4.1 点扩散阶段

点扩散阶段的传播源和传播渠道主要是创业带头人、熟人和朋友、邻居。传播源和传播渠道的节点大小代表其扩散能力的大小,从图 4.3 可知,在点扩散阶段村民更多地依靠创业带头人、熟人和朋友来获取网络创业的概念和知识,在此阶段网络创业的概念和知识由创业带头人产生,创业带头人带动身边的朋友、亲人和创业积极分子,进而这批人又通过自身来影响身边的朋友、亲人、邻居,从而形成阶梯式的传播效应。

4.4.2 多点扩散阶段

在多点扩散阶段,其传播源和传播渠道主要包括市、镇、村网创服务部门、村干部、阿里巴巴服务中心、第三方服务机构,在此阶段政府、平台、第三方配套服务开始介入。政府主要为创业者提供必要的基础设施和大力提倡、宣传网络创业;平台为创业者提供专业的电商创业的培训服务;第三方配套服务商为拓展其业务从其自身角度在村民中间大力宣传和鼓励村民进行网络创业;村干部也承担了一定的宣传和组织工作。此时村内扩散源和传播渠道已经不限于创业带头人,反而创业带头人的扩散作用逐渐弱化。由节点大小可知,阿里巴巴服务中心的扩散能力更强,这也源于阿里巴巴服务中心提供的培训服务相比较其他扩散源和传播渠道更加的集中、专业化。

4.4.3 面扩散阶段

在面扩散阶段,此时淘宝村开始建立自己的电子商务协会和电商产业园,电子商务协会可以直接对接到地方政府、阿里巴巴服务中心,为协会成员提供专业的知识、信息和资源;电子商务产业园则可集中第三方配套服务商和产业链上下游企业为创业者提供创业的一站式服务;地方媒体和公众媒体也会参与到网创部门、村干部、第三方配套服务商的行列,对淘宝村特色产品和所取得的惊人成绩进行宣传。此时经过一段时间的经营,也会有一批初具规模的电商企业出现,此类企业有足够的资金和人才,会尝试向产业链上下游扩张,或者向同类产品扩张。本土企业的业务尝试和扩张,也为尝试网络创业的村民提供新的发展模式和机会。从节点大小来看电子商务协会和本土企业的扩散能优于当地新闻媒体和电商产业园。

4.5 农民电子商务内部创业影响因素研究
——基于浙江、江苏、安徽典型村庄的比较分析

4.5.1 研究设计与研究假设

如前所述,本研究选择的案例样本分别来自浙江省、安徽省、江苏省等地(具体样本选择的原因以及样本的基本情况请参考 4.2 章节的内容)。本研究首先对淘宝村 63 位农民网商展开了关于创新扩散全过程及其影响因素的半结构式的访谈,随后通过线下和线上回收了 310 份关于淘宝村内部创业影响因素调查问卷,根据研究需要,剔除无效问卷,得到有效问卷 278 份。

目前,已有关于农民创业的研究文献较为丰富,这为本文后续变量的选择提供了良好的理论基础,同时考虑到"淘宝村"形成机制(周应恒等,2018;曾亿武,2019),本小节分别从影响农民创业的内部因素、外部因素以及农民自我认知三个方面出发,选取自身资本、当地资源禀赋、创业氛围、带头人示范效应、对未来经营状况的评估、政府支持、创业门槛、自身需求、创业文化、平台支持和创业行为 11 个因素进行分析,旨在探析其对淘宝村农民创业的影响作用,进而提出"淘宝村"农民内部创业影响因素的研究假说,如表 4.6 所示。

表 4.6　淘宝村内部创业影响因素间关系假设

编号	研究假设	文献支持
H1a	自身资本对未来经营状况的评估起到正向作用	吴小立等,2016;傅春等,
H1b	当地资源禀赋对未来经营状况起到正向作用	2008;彭艳玲等,2011
H1c	创业氛围对未来经营状况起到正向作用	孙红霞等,2013;
H1d	低创业门槛对未来经营状况起到正向作用	蒋建勇等,2012
H1e	带头人示范效应对未来经营状况起到正向作用	罗琦等,2016
H2a	政府支持对低创业门槛起到正向作用	罗明忠等,2012;朱红根等,
H2b	平台支持对低创业门槛起到正向作用	2013;吴小立等,2016
H3a	自身需求对创业行为起到正向作用	罗明忠等,2012;彭艳玲等,
H3b	对未来经营状况的评估对创业行为起到正向作用	2011;郭红东等,2013;
H3c	创业文化对创业行为起到正向作用	罗明忠等,2014

　　吴小立等(2016)在对农民创业者特质与创业行为的研究中提出,创业者个体特征及其所处的环境特征极大地促进了创业意愿和创业行为的产生,其中就包括创业者自身资本和当地资源禀赋。傅春等(2008)通过对江西省农民创业资源禀赋与创业行为的实证分析,得出资源与创业者创业经营状况的评估呈正向关系,另外彭艳玲(2011)通过对创业者自我效能感和创业意向之间关系的研究过程中得出,创业自我效能感与创业意向间呈正向关系,其中的创业自我效能感就包括自身资本。孙红霞等(2013)在东三省地区农村创业的自我效能感、创业门槛与创业意向关系的实证分析过程中提出,低创业门槛能够一定程度上对创业动机起到显著性的推动作用。蒋剑勇等(2012)提出农村地区的关系网络,如亲戚、邻居、朋友能够促进创业氛围的形成,同时也能增强此关系网络中人群的创业意向。罗琦等(2016)提出农民创业过程中容易形成羊群效应,并且大多以模仿创业为主,且良好的带头人示范效应能够促进模仿创业的产生。在实地调研的过程中也发现淘宝创业的低门槛,创业带头人的引导是农民产生创业动机的重要因素。参与创业的农民大多有网上购物经验,且文化程度大多在高中水平以上,因而支撑了其创业。不管是淘宝村还是其他农村地区大多存在强大的亲缘、地缘关系,这使得村内能够形成良好的氛围,在淘宝村形成初期,早期创业者绝大部分都与创业带头人存在亲戚、朋友的关系。另外根据现有淘宝村内部和周边产业结构来看,其大部分存在一定的产业基础或区位优势。基于以上考虑提出了 H1a、H1b、H1c、H1d、H1e 等 10 个假设。

　　罗明忠等(2012)通过对广东地区农民创业动机与政策扶持进行实证分析,发现自身能力不足、创业高风险是农民创业的主要障碍,而政府支持,如资金、技术、培训等能很好地消除这两个障碍。朱红根等(2013)对江西省农民创业意愿进行实证分析发现,在欠发达地区农民创业对政府政策非常敏感。吴小立等(2016)在对创业者个性特征与所处的环境特征和创业意愿的关系分析中提出,政府提供良好的政策支持能够在一定程度上降低农民创业风险和创业门槛。在实地调研过程中,四个样本村都获得了当地政府的各项支持,如资金、场地的优惠,配套设施建设电子商务园、免费培训等,这也成功打消了部分村民的困惑,如技术、资金、物流等问题,受到了村民的极大欢迎。另外电子商务平台也对农民创业起到很好的辅助作用,如建立当地的阿里巴巴服务中心、淘宝中国特色馆,以及阿里巴巴提供的线上、线下培训等,不仅能够为村民答疑解惑,也能为其提供技术支持,更能为本地特色产品宣传,所以电子商务平台的辅助一定程度上激发了农民的创业热情,同时也降低了电商创业的门槛。基于以上考虑提出了 H2a、H2b 等假设。

　　罗明忠等(2012)提出农民创业动机绝大部分来源于自我的生存、实现、就业等需求。彭艳玲(2011)基于对陕西省农民的实地调研,对创业自我效能感与创业意向内在逻辑关系上进行分析,提出农民自身内在的创业文化对自我效能感起到了显著的促进作用。郭红东等(2013)认为在农民自身的经验、知识、能力与创业行为中间存在一个机会识别的过程,也就是对未来市场、经营状况的评估,且这一过程对创业行为起到正向作用。罗明忠等(2014)认为农民创业者自身人格特质和持续不断的学习能够提高创业绩效,并进一步正向影响创业行为,其中的创业绩效也就是对未来经营状况的评估。在实地调研过程中发现,现有淘宝村大多处于浙江、江苏、广东等地区,有一个很重要的原因是这些地区有很浓厚的创业文化,对创业机会极其敏感,且敢于、愿意创业。基于以上考虑提出了 H3a、H3b、H3c 假设。

4.5.2 结构方程模型的构建

4.5.2.1 量表设计

为验证模型中各潜变量间关系,需要对各潜变量进行测度,并设置相应的可测变量。可测变量主要来源于相关文献研究中已经进行了相应修正的可测变量,以及我们在对淘宝村实地调研的实际基础上增加的新的可测变量,如表 4.7 所示。

表 4.7　淘宝村内部创业影响因素理论模型量表构建

潜变量	测量变量	问题条目	文献支持
Y_1 自身 资本	X_1 自身知识、能力、经验	已经拥有了创业方面的技能积累	孙红霞等(2013)
	X_2 资金状况	现有资金能够满足创业需求	
	X_3 家人和朋友的支持	家人和朋友都在各方面支持我创业	
Y_2 创业 氛围	X_4 创业人数	创业人数越多我越想跟随	蒋建勇等(2012)
	X_5 创业热情	周围人创业热情会直接影响到我	
	X_6 和谐的市场环境	和谐的市场环境让我感觉很放心	
Y_3 当地 资源禀赋	X_7 周边环境相关资源	会考虑周边的环境	孙红霞等(2013)
	X_8 交通、物流便利程度	会考虑交通、物流等基础设施的建设	吴小立等(2016)
	X_9 当地有特色产品	当地的特色产品让我不用担心货源	傅春等(2008)
Y_4 带头人 示范效应	X_{10} 对带头人的信任程度	对带头人的眼光、能力非常相信	罗琦等(2016)
	X_{11} 带头人的投入程度	带头人投入越多我会越想跟随	
	X_{12} 带头人的经营状况	带头人经营情况越好我会越有信心	
Y_5 对未来 经营状况 的评估	X_{13} 收入预测	通过网络创业将会创造更高的收入	彭艳玲等(2011)
	X_{14} 风险预测	创业风险很小	
	X_{15} 可行性	通过网络创业是完全可行的	
	X_{16} 发展前景	通过网络创业将有很大的发展空间	
Y_6 政府 支持	X_{17} 提供和引进基础设施	政府提供和引进基础设施 让创业更便利	吴小立等(2016)
	X_{18} 成立专门的帮扶小组	帮扶小组能让管理更加有序	罗明忠等(2014)
	X_{19} 低息贷款	低息贷款帮助我解决了资金困难	
	X_{20} 对内、对外的大力宣传	政府宣传是在释放发展信号	
Y_7 创业 门槛	X_{21} 技术门槛	技术门槛很低	孙红霞等(2013)
	X_{22} 人手招聘难易程度	人手招聘不会太难	朱红根等(2013)
	X_{23} 融资难易程度	融资很容易	
Y_8 自身 需求	X_{24} 尝试新的可能性	创业就是为了尝试一个新的可能性	罗明忠等(2014)
	X_{25} 家庭收入需求	家里需要更高的收入	

潜变量	测量变量	问题条目	文献支持
Y_9创业 文化	X_{26}敢于尝试	敢于去尝试新事物	吴小立等(2016) 罗明忠等(2014) 郭红东等(2013)
	X_{27}从众心理	当很多人创业时我也不能落伍	
	X_{28}攀比心理	其他人创业成功,我也要试试	
	X_{29}对市场敏感度	能快速判断其可行性和前景	
Y_{10}平台 支持	X_{30}平台提供网上创业 培训	培训让我创业技能更扎实	吴小立等(2016) 罗明忠等(2014)
	X_{31}平台对"地方馆"的 宣传	平台帮助宣传让产品销售更具优势	
Y_{11}创业 行为	X_{32}网上创业起始时间	更早地投入到创业队伍	傅春等(2008)
	X_{33}网上创业的持续时间	我能坚持更长的时间	
	X_{34}网店规模	进行更大规模的创业	
	X_{35}网上创业的投入程度	投入更多的时间、人力和金钱	

4.5.2.2 样本基本统计特征分析

通过样本基本统计特征的描述性分析,简要检验本调查问卷的抽样质量,样本各特征基本分布在合理范围内(具体调查统计结果见表4.8),说明本研究样本具有代表性。

表 4.8 样本的基本统计特征分析　　　　　　单位:%

统计指标	指标分类	北山村	周圈村	黄石玄村	李园村
年龄	20 岁以下	8.2	13.9	3.2	22.5
	21~30 岁	57.4	48.2	73.6	54.3
	31~40 岁	24.4	28.2	16.9	11.7
	40 岁以上	10	7.7	6.3	9.5
受教育年限	6 年以下	1.2	18.3	6.5	7.4
	6~9 年	5.9	17.7	17.8	22.6
	10~12 年	59.8	25.4	53.1	31.8
	12 年以上	33.1	38.6	22.6	38.2
网上开店年限	1 年以下	9.7	2.2	7.6	5.7
	1~2 年	6.2	22.8	6.7	13.8
	2~3 年	12.3	13.3	28.2	36.7
	3~4 年	43.2	38.9	33.3	16.4
	4~5 年	9.7	14.2	24.5	4.4
	5 年以上	18.9	8.6	7.4	23
淘宝店数量	1 个	18.6	5	12.4	21.4
	2 个	12.3	13.7	33.6	4.8
	2 个以上	69.1	81.3	54	73.8

续表

统计指标	指标分类	北山村	周圈村	黄石玄村	李园村
主营产品来源	市场批发	89.9	8.6	12.8	13.9
	代加工	10.1	0	0	0
	自家生产加工	0	68.6	42.7	86.1
	从本村农户购买	0	22.8	44.5	0
收入变化情况	增加	84	91.8	85.2	65.4
	减少	12.6	6.9	10.4	30.1
	持平	7	1.3	4.4	4.4
是否带动别的村民开店	是	13.3	38.7	8.6	14.5
	否	86.7	61.3	91.4	85.5

资料来源:作者根据实地调研数据整理得到。

基于以上描述性统计调查结果,可以得到以下基本结论:(1)由于互联网的使用习惯,淘宝村电商从业人员大部分集中于 21~30 岁。(2)淘宝店铺的运营存在一定进入门槛,所以绝大部分的创业者受教育程度都在高中以上。(3)四个淘宝村从开始到现在历经大概十年,但网上开店的年限 3~4 年的创业者最多,可见大多数的创业者都是在淘宝村产生的后期才开始网上开店。(4)大部分村民的店铺运营的产品都是同一种类型,这是由淘宝官方的营销规则决定的,所以绝大部分的创业者的开店数量都在两个以上。(5)淘宝村创业者货品来源不仅仅是自己和其他村民生产的农产品,还有代加工和市场批发的工业品。(6)网上开店不仅能够利用村民的空闲时间,而且还增加了本村村民产品的销售渠道,所以淘宝村创业者年收入相比较之前收入普遍有所增长。

4.5.3 模型检验与分析

4.5.3.1 问卷信度与效度检验

为确保测量结果的一致性、稳定性和有效性,在模型检验和修正之前对模型的信度与效度进行检验。从表 4.9 中可以看出,在信度方面,各个潜变量的克隆巴赫(Cronbach's α,CA)系数处于 0.632~0.863,总量表的信度为 0.921。按照其参考指标来看,$\alpha \geqslant 0.7$ 表示信度很好,$0.35 < \alpha < 0.7$ 表示尚可接受范围,仅当地资源禀赋和平台支持变量小于 0.7,其他变量的克隆巴赫系数均大于 0.7,这表明数据的一致性和稳定性较好。另外其 KMO 度量值为 0.841,Bartlett 球形检验 $\chi^2 = 780.502(p < 0.001)$,表明其通过了 Bartlett 球形检验,同时也说明本调研数据适合于做因子分析。

表 4.9 问卷信度、效度检验

潜变量	观测变量	α 系数	KMO 度量值	Bartlett's χ^2	df	p
自身资本	$X_1 \sim X_3$	0.736	0.5	78.934	1	0.000
创业氛围	X_4、X_5	0.863	0.67	35.336	14	0.000
当地资源禀赋	$X_6 \sim X_8$	0.632	0.602	121.23	6	0.000
带头人示范效应	$X_9 \sim X_{11}$	0.778	0.844	46.423	5	0.000
对未来经营状况的评估	$X_{12} \sim X_{15}$	0.791	0.72	89.545	8	0.000
政府支持	$X_{16} \sim X_{19}$	0.822	0.63	255.856	3	0.000
创业门槛	$X_{20} \sim X_{22}$	0.847	0.548	189.627	6	0.000
自身需求	$X_{23} \sim X_{24}$	0.725	0.684	25.116	6	0.000
创业文化	$X_{25} \sim X_{28}$	0.801	0.755	163.47	10	0.000
平台支持	X_{29}、X_{30}	0.688	0.67	82.277	15	0.000
创业行为	$X_{31} \sim X_{34}$	0.854	0.583	38.979	8	0.000
总量表	$X_1 \sim X_{34}$	0.921	0.841	780.502	231	0.000

4.5.3.2 探索性因子分析

为找出影响观测变量的因子个数,以及各个公共因子和各个观测变量之间的相关程度,需对调查数据进行探索性因子分析,其主要方法是主成分分析法,由表 4.10 可知存在 11 个公共因子,且对本次调研数据的解释力度达到73.325%,表明 11 个公共因子能够对此次问卷起到很好的解释作用。但是在观测变量方面,"创业热情""周边环境相关资源""风险预测""低息贷款""融资难易程度""攀比心理"六个观测变量的因子影响小于 0.5,说明其不能承担其相应的潜变量的解释作用,需在后续的模型分析过程中予以剔除。

表 4.10 各观测变量因子影响

观测变量	因子影响										
	Y_1	Y_2	Y_3	Y_4	Y_5	Y_6	Y_7	Y_8	Y_9	Y_{10}	Y_{11}
X_1	0.863										
X_2	0.667										
X_3	0.545										
X_4		0.782									
X_5		0.396									
X_6		0.671									
X_7			0.402								

续表

观测变量	因子影响										
	Y_1	Y_2	Y_3	Y_4	Y_5	Y_6	Y_7	Y_8	Y_9	Y_{10}	Y_{11}
X_8			0.733								
X_9			0.815								
X_{10}				0.689							
X_{11}				0.764							
X_{12}				0.578							
X_{13}					0.639						
X_{14}					0.458						
X_{15}					0.886						
X_{16}					0.825						
X_{17}						0.553					
X_{18}						0.612					
X_{19}						0.374					
X_{20}						0.767					
X_{21}							0.679				
X_{22}							0.784				
X_{23}							0.449				
X_{24}								0.633			
X_{25}								0.756			
X_{26}									0.584		
X_{27}									0.874		
X_{28}									0.467		
X_{29}									0.759		
X_{30}										0.662	
X_{31}										0.716	
X_{32}											0.857
X_{33}											0.647
X_{34}											0.653
X_{35}											0.775

注:提取方法为主成分分析法。

4.5.3.3 组合效度分析

为确保理论模型中潜变量的可信度和相应的观测变量对潜变量的解释程度,需对调研数据进行信度分析。从表 4.11 中可知模型的 CR 值(组合信度)处于 0.83~0.94,均大于 0.6,表明该模型的内在质量非常理想,所有潜变量对应的观测变量能够一致性地解释该潜变量。组合效度检验中仅潜变量创业氛围的 AVE 值(平均方差抽取量)略小于 0.5 外,其他均处于理想状态,且基本处于 0.6~0.8,说明模型的相对误差较小。各指标变量对于对应的潜变量的变异量都能起到很好的解释。

表 4.11　问卷的组合效度分析

潜变量	观测变量	标准化因素载荷量(λ)	误差变异量(θ)	组合信度(CR)	平均方差抽取量(AVE)
自身资本	自身知识、能力、经验	0.78	0.56	0.85	0.66
	资金状况	0.67	0.35		
	家人和朋友的支持	0.57	0.56		
创业氛围	创业人数	0.73	0.48	0.83	0.47
	和谐的市场环境	0.91	0.23		
当地资源禀赋	交通、物流便利程度	0.65	0.32	0.91	0.63
	当地有特色产品	0.76	0.49		
带头人示范效应	对带头人的信任程度	0.75	0.25	0.83	0.75
	带头人的投入程度	0.68	0.55		
	带头人的经营状况	0.71	0.64		
对未来经营状况的评估	收入预测	0.65	0.35	0.93	0.79
	可行性	0.67	0.55		
	发展前景	0.77	0.35		
政府支持	提供和引进基础设施	0.8	0.39	0.84	0.68
	成立专门的帮扶小组	0.69	0.43		
	对内、对外的大力宣传	0.89	0.5		
创业门槛	技术门槛	0.63	0.45	0.85	0.78
	人手招聘难易程度	0.78	0.29		
自身需求	尝试新的可能性	0.91	0.37	0.87	0.85
	家庭收入需求	0.68	0.49		
创业文化	敢于尝试	0.65	0.45	0.94	0.62
	从众心理	0.63	0.33		
	对市场敏感度	0.87	0.46		
平台支持	平台提供网上创业培训	0.74	0.61	0.86	0.57
	平台对"地方馆"的宣传	0.83	0.56		
创业行为	网上创业起始时间	0.66	0.67	0.86	0.77
	网上创业的持续时间	0.74	0.54		
	网店规模	0.64	0.33		
	网上创业的投入程度	0.61	0.47		

4.5.4 实证模型分析结果与分析

4.5.4.1 模型的拟合与修正

根据探索性因子分析的结果,得到了在调研数据满足一致性、可靠性、有效性下的结构方程模型,该结构方程模型由 10 条理论假设、11 个潜变量和 29 个可测变量组成,为确保模型整体的拟合程度,通过整体拟合指数对整体模型进行检验,并在此基础上对整体模型进行修正。从表 4.12 中绝对拟合指数、相对拟合指数、简约拟合指数的判定标准来看,模型的近似误差均方根(RMSEA)在 0.05~0.06 之间认为拟合效果较好,修正后的模型的整体样本模型、效度样本模型都处于这一区间,虽然测度样本模型不在这一区间内,但也满足了模型拟合的基本要求(<0.06),所以模型与样本数据的拟合程度较高;相对拟合指数(RFI)用来衡量理论模型与虚拟模型的差异度,具体包括规范拟合指数(NFI)、不规范拟合指数(NNFI)、比较拟合指数(CFI)、递增拟合指数(IFI)等五项指数,数据显示模型各项指数均在标准范围之内,可知现有理论模型的修正情况较好;简约拟合指数用以惩罚模型中的多参数来保证模型的简约性,其中省俭规范拟合指数(PNFI)和省俭拟合优度指数(PGFI)均大于 0.5,说明理论模型的复杂程度一定程度上接近于饱和模型。

表 4.12 淘宝村创业影响因素模型整体拟合指数

拟合指数	绝对拟合指数					相对拟合指数					简约拟合指数	
	χ^2/df	GFI	AGFI	RMSEA	SRMR	NFI	NNFI	CFI	IFI	RFI	PNFI	PGFI
标准	(1,3)	>0.90	>0.90	<0.06	<0.08	>0.90	>0.90	>0.90	>0.90	>0.90	>0.50	>0.50
整体样本原始模型	9.3	0.93	0.85	0.076	0.044	0.88	0.94	0.91	0.97	0.91	0.78	0.63
整体样本修正模型	4.3	0.83	0.82	0.052	0.002	0.95	0.97	0.93	0.95	0.88	0.82	0.73
测度样本原始模型	5.7	0.87	0.9	0.113	0.062	0.9	0.96	0.95	0.93	0.94	0.75	0.75
测度样本修正模型	2.5	0.9	0.87	0.045	0.033	0.94	0.95	0.93	0.94	0.95	0.71	0.69
效度样本原始模型	4.9	0.94	0.84	0.083	0.039	0.94	0.96	0.94	0.93	0.94	0.78	0.67
效度样本修正模型	2.7	0.85	0.93	0.051	0.047	0.92	0.94	0.94	0.92	0.92	0.73	0.64

注:整体样本($n=577$):原始模型,$df=126$,$\chi^2=1432.07$($p=0.0$);修正模型,$df=123$,$\chi^2=493.28$($p=0.0$)。测度样本($n=302$):原始模型,$df=126$,$\chi^2=637.74$($p=0.0$);修正模型,$df=123$,$\chi^2=356.34$($p=0.0$)。效度样本($n=275$):原始模型,$df=126$,$\chi^2=685.76$($p=0.0$);修正模型,$df=124$,$\chi^2=348.92$($p=0.0$)。

4.5.4.2 模型的路径参数估计

为检验结构方程模型变量间相关关系是否显著和变量与变量间的相关程度,通过路径系数分析对判定结果参数进行解释。由表 4.13 可知,H1a、H1b 等十条作用路径标准化估计值的 p 值均小于 0.05,表明这十条作用路径均表现为显著的正相关关系。当地资源禀赋、自身资本、创业氛围、带头人示范效应、低创业门槛与对未来经营状况的评估的作用路径的估计值依次是 0.544、0.637、0.493、0.574、0.656,表明自身资本、低创业门槛对未来经营状况评估最大,当地资源禀赋与带头人示范效应其次,创业氛围影响强度相对较小。政府支持与平台支持均与低创业门槛呈现显著正相关,其作用路径标准化估计值分别为 0.758、0.802,可见平台支持相对政府支持对于降低创业者创业门槛影响更大。对未来经营状况、自身需求、创业文化均与创业行为呈现显著正相关,其作用路径标准化估计值分别为 0.635、0.713、0.492,可见自身需求对其创业行为影响最强,对未来经营状况其次,创业文化相对最弱。

表 4.13 淘宝村内部创业影响因素为标准化及标准化路径系数

作用路径	标准化估计值	估计值	标准误(S.E.)	临界比(C.R.)	显著性(p)	对应假设	验证结果
对未来经营状况的评估←当地资源禀赋	0.544	0.493	0.041	12.024	0.006	H1b	支持
对未来经营状况的评估←自身资本	0.637	0.772	0.018	42.889	＊＊＊	H1a	支持
对未来经营状况的评估←创业氛围	0.493	0.459	0.026	17.653	＊＊＊	H1c	支持
对未来经营状况的评估←带头人示范效应	0.574	0.528	0.053	9.962	＊＊＊	H1e	支持
对未来经营状况的评估←创业门槛	0.656	0.601	0.014	42.928	0.013	H1d	支持
创业门槛←政府支持	0.758	0.773	0.063	12.269	0.018	H2a	支持
创业门槛←平台支持	0.802	0.826	0.041	20.146	＊＊＊	H2b	支持
创业行为←对未来经营状况的评估	0.635	0.554	0.03	18.467	＊＊＊	H3b	支持
创业行为←自身需求	0.713	0.705	0.057	12.368	＊＊＊	H3a	支持
创业行为←创业文化	0.492	0.521	0.019	27.421	＊＊＊	H3c	支持

从图 4.3 中可知,经过修正的淘宝村内部创业影响因素模型包括 11 个潜变

量和 29 个可测变量,且潜变量间、潜变量和可测变量间均呈现显著性的关系。通过 AMOS 软件输出了模型标准化的路径系数,该系数表明了变量对另一变量的偏好影响。

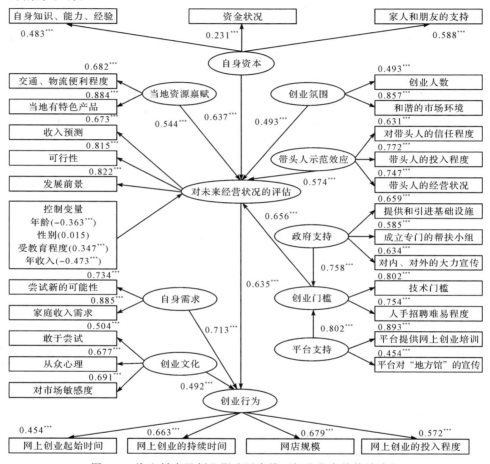

图 4.4　淘宝村农民创业影响因素模型标准化参数估计路径

4.5.4.3　结构方程模型结果分析

(1)农民电子商务创业资金依赖程度不高。在最初构建的理论模型中,潜变量"低创业门槛和政府支持"的可测变量"融资难易程度""低息贷款"均涉及创业资金的获取,但由于其因子载荷未达到理想状态(见表 4.10),因此在探索性因子检验过程中从理论模型中予以剔除。同时,本文调研的四个淘宝村所在乡镇因电商创业向银行提交贷款总额均不超过 50 万,且贷款户数均不超过十户,由此可见农民网上创业对资金的需求不高。另外,"资金状况"对于"自身资本"的影响系数为 0.231,显著低于可测变量"自身知识、能力、经验"以及"家人和朋友的支持",说明淘宝村农民在创业过程中的资金状况对自身资本的重要性相对较小,淘宝村农民创业初期对资金的依赖性不高。这可能是因为:一方面网上创业的商业模式具有轻资产性;另一方面淘宝村还处于发展演化的初级阶段,农民网商大部分处于小作坊式、家庭式生产和销售,没有足够的人才和管理经验、理念进行大规模的经营,且大部分农民都有"小富即安"的思想,所以对资金的依赖程度并不高。

(2)农民电子商务创业容易受环境影响,具有一定的盲目性。"创业文化"与"创业行为"变量呈现显著的正相关关系,且"从众心理"对于"创业文化"的偏好影响为0.677,说明淘宝村农民创业一定程度上受到身边人群选择的影响,罗琦(2016)提出在农民选择创业和产品类型的过程中,是模仿还是原生,由于农民的从众心理,总是使得少数人跟随多数人。在淘宝村内部,农民创业的模式和产品类型基本都一样,但是村民在选择是否创业的过程中会受到其他人创业行为的影响,如"创业人数"对于"创业氛围"的影响系数为0.493,也说明了这一点。且村民在跟随大众的时候,更容易受到创业带头人和直系亲朋、熟人的影响,这在一定程度上造成了农民创业的盲目性,在不具备创业基本要素的条件下选择网上创业,从而导致大量的社会资源浪费。

(3)带头人示范效应极大推动农民电子商务创业。"带头人示范效应"对于"对未来经营状况的评估"的影响系数为0.574,呈现显著的正相关关系,且其可测变量对带头人的信任程度、带头人的投入程度、带头人的经营状况的偏好影响也都处于很高的水平。在淘宝村形成初期,创业者在村民中间形成很好的示范效应,不仅能把好的商业模式、运营技巧部分传播给村民,而且能够通过个人创业成功案例的展示让村民对于新商业模式的发展趋势、未来收入、可行性看好。但是对于创业者较强的影响仅仅存在于淘宝村形成的早期,在后期带头人的示范效应会逐渐减弱,最后消失。这也与本文前面分析的创业扩散路径中的带头人示范作用在不同阶段逐渐变化的结论一致。但值得说明的是,创业带头人不局限于个人,同时也包括龙头企业,黄石玄村、北山村在龙头企业的带动下衍生多个自主品牌,而且也培训了很多的早期创业者,为淘宝村的形成打下了基础。

(4)农民电子商务创业需要加强风险意识。在理论模型潜变量对未来经营状况的评估的可测变量中加入风险预测,但由于因子载荷未达到理想状态,所以在修正后的模型中未出现风险预测这一变量,说明在做出创业决策的过程中,极少地考虑创业过程中存在的风险,而更多地关注收入预测、可行性、发展前景。所以在培育淘宝村的过程中,政府、电子商务协会与带头人不仅要做好网络创业的宣传工作,也要强化农民的风险意识。

(5)农民电子商务创业需要政府与电商平台等大力支持。在修正后的结构方程模型中,"自身知识、能力、经验"与"家人和朋友的支持"对于"自身资本"的影响系数分别为0.483、0.588,"提供和引进基础设施""成立专门的帮扶小组"对于"政府支持"的影响系数分别为0.659、0.585,"技术门槛""人手招聘难易程度"对于"创业门槛"的影响系数分别为 0.802、0.754，所以在淘宝村形成的初期，政府应该更多地给予创业者创业技术上的培训、相关人才的培养和引进、创业基础设施的组织和搭建。此外，"平台支持"对于"低创业门槛"的影响系数为0.802，"平台提供网上创业培训"对于"平台支持"的影响系数为 0.893，远超"平台对'地方馆'的宣传"的偏好影响，说明平台提供网上创业培训很大程度上降低了创业者的创业门槛。其原因在于农民在网店的运营能力方面存在很大的缺陷，而创业者能够通过平台和在政府支持下获得免费或者低价的培训服务，从而帮助农民快速、低价地打破农民进入电商领域运营技巧上的壁垒。

4.6　本章小结

本章基于结构方程模型（SEM）对浙江省、江苏省和安徽省四个不同类型的"淘宝村"内部创业的动力机制及其路径以及影响因素进行了实证研究。研究结果表明：(1)淘宝村内部创业扩散的内部动力来自"淘宝村"这一创新的商业模式的自身属性，包括兼容性、相对优势性、复杂性、可试验性、可观察性；以及"淘宝村"的内部因素，包括带头人示范效应、亲缘和地缘关系、村和镇电子商务协会、第三方配套服务机构。(2)淘宝村内部创业扩散的外部动力主要来源于外部电子商务平台的辅助和政府支持政策效应。(3)淘宝村内部创业扩散在点扩散、多点扩散、面扩散等三个阶段中存在不同的路径：点扩散阶段网络创业的概念和知识由创业带头人产生，随后创业带头人带动身边的朋友、亲人和创业积极分子，进而这批人又通过自身来影响身边的朋友、亲人、邻居，从而形成阶梯式的扩散、传播效应；多点扩散阶段的创业带头人的扩散作用逐渐弱化，阿里巴巴服务中心等平台和第三方配套服务机构的扩散能力增强；面扩散阶段电子商务协会和政府的政策引导作用对淘宝村内部创业的扩散效应会持续增强。(4)结构方程模型估计结果显示：农民自身资本、当地资源禀赋、创业氛围、创业门槛、带头人示范效应对淘宝村农民内部创业的扩散起到正向作用，但同时我们发现淘宝村农民创业初期对资金的依赖性并不高；外界环境支持，包括政府支持、外部商业环境支持对淘宝村农民内部创业的扩散起到显著正向作用；农民自身需求、内部创业文化对淘宝村农民内部创业扩散行为起到正向影响。根据模型拟合之后的参数估计可知，政府虽然提供资金上的支持和优惠政策，但创业者对资金的依赖性却很低，创业者对知识、技能的需求很大。在创业扩散的过程中创业者极少考虑风险，有很强的从众意识，从而在村内形成"羊群效应"。在淘宝村形成的初期，村民对带头人的信任程度、带头人的投入程度、带头人的经营状况都会极大地影响村民的决策和判断。

5 中国农村电子商务发展模式与路径选择研究

基于第四章的分析,可以看出随着中国各区域农民利用电子商务创业创新在农村内部的不断扩散以及互联网信息技术应用在农村区域的普及,涉农电子商务在农村区域被不断复制与模仿,在各地形成了具有显著中国特色的农村电子商务发展模式与路径(如本书第三章表3.10总结所示)。然而,由于农村地区自身经济、产业基础、人力资本质量等综合因素的影响,一些农村区域无法很好地联系本地实际选择电子商务发展模式,往往会陷入盲目无序的发展困境。这也是目前部分农村区域电子商务发展陷入僵局的主要原因之一。因此,对农村电子商务模式成功选择的影响因素及路径选择进行研究,可以为充分发挥出电子商务在促进农村地区经济发展以及提升广大农民生活水平方面的作用,推进农村区域电子商务可持续、健康发展提供理论思路与参考,也为本书第六章中国农村电子商务发展模式优化研究提供理论基础。

本书首先在理论文献和典型区域实地调研的基础上,提出将引导农村电子商务模式变化和发展的要素称为主导要素,总结归纳出"要素主导"模式的发展路径,分为特色产业主导模式、服务商平台主导模式和农户主导模式。本章将以农村电子商务模式与路径选择为研究对象,首先采取 Meta-analysis 方法构建影响因素指标体系;随后选取江苏沭阳、浙江永嘉、浙江遂昌、江苏睢宁、浙江临安和浙江缙云六个具有代表性的区域为样本调研对象,结合因子分析探索促进农村电子商务模式可持续发展因素,并在此基础上对"要素主导"模式发展路径的关键动力基本特征和不同阶段特征进行分析与总结。

5.1 "要素主导"模式的发展路径界定与分类

根据已有的理论研究文献(如第二章2.2.1.2章节所示),农村电子商务发展模式按照不同的分类标准会有不同的分类形式。例如按照电子商务对资源的依赖程度,农村电子商务模式可以分为资源型和特色产业两种经营模式;按照参与网商的角色不同,农村电子商务模式可以分为自产自销模式、"订单+网商"模式、"自产+多平台"网销模式和共生发展模式。

本研究为能更直观地体现农村电子商务应用模式发展动力,从模式发展中的主要驱动要素这个角度来考虑,通过找出在区域农村电子商务发展中起到主要引导作用的要素来界定发展模式。一般来讲,在农村电子商务发展过程中,特色产业、服务商和农户三个要素中会存在一个要素的进步领先或落后于其他两个。在本研究中,领先变化的要素被称为"主导要素",主导要素的变化不断带动其他两个要素变化,从而推进整个模式协同发展的进程。基于此,根据以上三种不同的主导要素,本研究区分出三种不同的要素主导模式,分别为:"特色产业主导模式""服务商平台主导模式""农户主导模式"。后续研究将在此分类基础上展开。

5.1.1 特色产业主导模式

"特色产业主导"是一种以特色农业为依托,以保存农村原有机理和风貌为前提,由广大农民通过电子商务创业创新实现农业升级,并在政府的合理引导下形成农村电商生态体系,促进人与土地和谐发展,实现"农民富、农业强、农村美"的"互联网+三农"区域电商发展模式,如图 5.1 所示。

所谓特色农业就是要有良好的产业基础,而良好的产业基础包含四个要点:一是所生产的农产品具有地方特色,辨识度高,二是经过长期的传播,已经形成良好的区域知名度;三是生产专业化,具有一定的技术和工艺积累;四是产业规模较大,实现连片发展,覆盖多个村庄或乡镇(吴群,2017)。由此可见,良好的产业基础有效降低了本土农户电商创业时的物质成本、

图 5.1　特色产业主导模式

风险成本和学习成本,契合草根式创业的成本导向特性,同时也在经济层面上构成本地嵌入的动因;而由产业基础所滋生的乡土情怀和经营热情本质上反映的是一种认知根植性和社会根植性(Kloosterman et al.,1999;Dayasindhu,2002),它们对于部分农民的创业决策有着重要的影响,从而在社会和文化层面上构成草根创业者本地嵌入的动因。

5.1.2 服务商平台主导模式

在前面章节的分析过程中,可以看出农村电子商务在发展过程中会通过成立电子商务协会等服务商谋求主动性集体效率,具体来讲,电子商务服务商对农村电子商务效率具有四种提升机制:一是强化集群的外部经济;二是规避产品同质化引发的恶性竞争;三是增强市场地位以应对外部竞争;四是吸取更多的外部资源。其中,这个服务商的角色可以是政府,也可以是村内龙头企业或者由农民个体自发组织的协会,如图 5.2 所示。

例如网店协会依托农村专业合作社,利用互联网营销当地的名优产品,形成以协会引领并整合优势资源,政府扶持。以区域组团在电商平台上整体营销的模式成为农村电子商务的模式中亮丽的风景线。凭借自身优越的生态环境,从政府官员到网店协会、农商、电商、农民,各个环节相互支持,相互配合,形成一个闭环,较好地解决了政府外力推动和农民内在需求

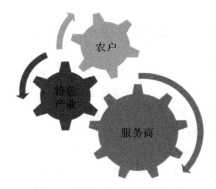

图 5.2 服务商平台主导模式

之间的关系(周建良,2016)。同时,农村电子商务形成的标志应该是成功建立起一个由网商、原料商、生产商、网批商、服务商、电子商务协会及社会环境共同构成的共生进化系统,具有开放、有序、规范的特点,以及自我强化的能力(曾亿武等,2015)。

5.1.3 农户主导模式

农户主导模式是农村经济中信息化带动产业化,产业化促进信息化的典型。具体讲,模式的核心是“网络＋公司＋农户”。其中,农户是主体,公司是基础,网络是龙头。家庭经营的农户是发挥主导作用的主体,实体公司是农村产业化的基础,而电子商务平台所代表的互联网则是带动农村产业化的引领力量,如图5.3所示。

首先,农户能够自发地使用的市场化的电子商务交易平台变身为网商,直接对接市场;网销细胞裂变式复制扩张,带动制造及其他配

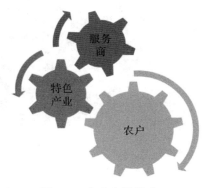

图 5.3 农户主导模式

套产业发展,各种市场元素不断跟进,塑造出以公司为主体、多物种并存共生的新商业生态;这个新生态又促进了农户网商的进一步创新乃至农民本身的全面发展。其次,农户不再是与大市场相隔离,或只能依靠别人提供的信息,或靠惯性被动盲目生产的弱势小生产者,而是在自己家中就可以直接对接市场、主动掌握信息,自主经营按需生产的平等的市场主体。最后,农户与网络的关系上,体现的是双重的社会资本,其中一重是农村特有的社会土壤,另一重就是由市场化电子商务基础设施的网络外部性形成的社会资本(周月书等,2013)。双重社会资本加在一起,为农户利用网络、对接市场和快速复制,提供了良好的条件。

5.2　农村电子商务发展模式选择的主要影响因素分析

5.2.1　主要影响因素提取的方法与过程

本部分主要利用 Meta-analysis 方法思想[①],通过文献计量法以及描述性统计分析方法,对有关"农村电子商务模式发展影响因素"或"淘宝村影响因素"的相关文献进行搜索,以得到农村电子商务模式发展的主要因素指标体系。样本来源于"中国知网(CNKI)数据库",一共获取到 19722 篇有效文献[②]。本研究首先对知网数据库所导出题录数据使用 SATI 软件进行处理,抽取摘要字段信息得出条目元素,通过频次统计文档,再分析知识单元间的共现关系和频率分布,生成共现矩阵、分布矩阵和文档词条矩阵,继而呈现对文献信息的定量分析和可视化分析,得到图 5.4。

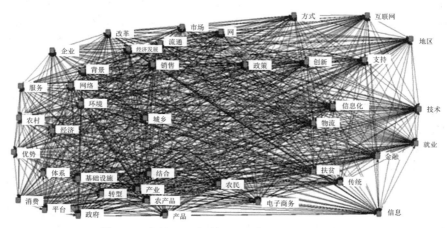

图 5.4　农村电子商务模式发展影响因素关系网

从图 5.4 可以看出,关系到农村电子商务模式发展的影响因素众多,主要包括金融、创业网、农民素质、技术创新、信息流、扶贫政策、基础设施、外部环境、电商平台和产品特色等。本部分的分析变量为"农村电子商务影响"或"淘宝村影响因素",采用词频分析法,对农村电子商务应用模式的影响进行词频分析,并通过该因素被引频次来找出较为重要的因素,再将这些因素分类归于特定类别下,提取其中较为重要的因素进行研究(见表 5.1)。

---

① Meta-analysis 方法思想可追溯到 20 世纪 30 年代,最初应用于教育学、心理学等社会科学领域是在 60 年代,70 年代初 Ligh 和 Smith 提出了可以由不同研究结果汇总原始数据进行综合分析。在 1976 年,学者 Gene Glass 首次使用 Meta-analysis 的名称,来代表通过统计分析去整合与分析众多相同主题的实证研究,以获得最具代表性的结论的过程与方法。

② 检索的时间为 2019 年 5 月 7 日。

表 5.1 农村电子商务模式选择和发展要素归纳汇总

一级指标	二级指标	三级指标
模式选择	产业基础	初期产业基础、产业进入壁垒
	产品特色	产品定位、产品地域特色、产品生长周期
	基础设施	宽带接入、固定电话接入、移动电话接入、物流平台
	电商平台	规范管理、服务水平
	创业带头人	返乡人才、龙头企业
	政府支持	资金、人才政策
模式发展	企业家精神驱动	敢于创新、善于学习、坚韧不拔、诚信意识
	需求拉动	网购需求增长、需求升级
	竞合推动	同行竞争、合作
	资本要素	专业素质的人力资本、融资难易程度
	模仿学习	基于互联网线上学习、基于社会网络线下学习
	创新应用	商业模式创新、技术创新、制度创新、品牌建立
	集群演化	分工与协同、产业链完善、行业组织
	城乡融合	经济融合、地理融合、文化融合
可持续发展	经济效益	收入增长、生活改善
	社会效益	家庭和谐、社会安定
	生态效益	环境改善、生态改善

5.2.2 农村电子商务发展模式选择的主要影响因素分析

5.2.2.1 成功优势

（1）产业基础：良好的产业基础为电商的发展提供了有力的支持。网商们会在网上销售农产品而不是其他产品的原因在于：一是销售本地农产品是就地取材，具有成本优势；二是本地农产品具有特色和区域知名度，放到网上容易得到消费者的关注、认可和信任；三是从小耳濡目染，对该行业非常熟悉，能够很好地完成产品的描述和推介，并把握好产品收购和质量两道关；四是对本地特色农产品有一种特殊的情怀。

（2）产品特色：区域特色农产品产业快速发展，农业基础设施建设加强，农业科技成果应用开发加快，重大农业项目支持加大，重点特色农产品优势区基本形成，专业化生产水平进一步提高，建成了一批现代农业产业基地强县，特色农产品的品种、品质结构进一步优化，优势产业带（区）规模化、专业化、市场化水平显著提升，对周边地区的辐射和带动能力明显增强。农民应该选择一批特色农产品进行重点培育。产品选择的主要标准：一是品质特色，产品品质独特，功能特殊，有一定认知度；二是规模优势，产品具有一定的规模，产业可延伸性强，有进行市场开发的价值；三是市场前景，目标市场相对明确，现实市场竞争优势明显或具有潜在市场需求。

（3）专业市场：拥有专业市场可以通过可共享的规模巨大的交易平台和销售网络，节约中小企业和批发商的交易费用，形成具有强大竞争力的批发价格。专业市场的优势,是在交易方式专业化和交易网络设施共享化的基础上,形成了交易领域的信息规模经济、外部规模经济和范围经济,从而确立商品的低交易费用优势。

综上,成功优势的影响因素关系网如图5.5所示。

图5.5 成功优势的影响因素关系网

5.2.2.2 成功要素

(1)基础设施:在农村电商发展的支持体系中,最重要的是硬件条件和软件条件,但硬件条件是基础,农村电商必须满足最基本的基础设施条件。农村电商必须满足的硬件支持体系至少包括交通条件、电力电信条件、网络条件等。当前农村宽带普及率不高,上网资费较贵,农民网上推销产品难度较大,上网的农民并不多。农村电商的交通条件差,目前诸多地方快递公司仅到县城级别,大多数偏远落后农村依靠邮政,但是邮政的速度慢且价格贵。从各个案例的发展来看,随着越来越多的农户投身电子商务,在规模经济效应带动下,快递公司陆续进驻村庄,这是产业集群发展对外部资源的虹吸作用。

(2)电商平台:中国农村电子商务之所以能从无到有迅速发展起来,最主要的基础条件是全国性的大型C2C交易平台的建立,为新商业模式的产生提供了基础,最具代表性的就是"淘宝网"。"淘宝网"的推出解决了多年以来困扰农产品交易和农民创业的几大关键性难题,彻底改变了传统的商业模式:农民和市场不能直接对接,销售市场小(区域性),农民不能自主定价。农民电子商务创业所选择的交易平台几乎无一例外经历了这样一个变迁的过程:初期起步阶段基于淘宝平台,发展到一定规模(年销售额达100万元以上)就会考虑进驻天猫平台,当天猫平台竞争过于激烈时,则考虑多平台同时销售,或转移平台到京东、当当等。这种规律存在的背后,是在创业成本的考量下,创业者与电商交易平台相互适应的结果。在创业初始阶段,在人力、物力、财力欠缺的条件下,选择淘宝作为交易平台,是因为它不收租金,进驻门槛低,开店和管理都比较简单、方便,"拉根网线、买台电脑就可以在家中创业"。发展到一定阶段,一方面是创业个体自身的规模和实力壮大了,有实力进驻更高的平台,另一方面是淘宝平台自身的缺陷(低品质、同质竞争激烈,展示优先级不如天猫)逼迫创业者转移平台。随着天猫平台的竞争日趋激烈,利润率下降,越来越多的创业者选择了京东、当当等交易平台(刘亚军等,2016)。

(3)产品:不管是传统环境还是电子商务环境,要想提高地方特色农产品的市场竞争力关键是突出"特色"。在电子商务环境下,企业利用网络优势,采取适合地方特色农产品的各种网络营销策略,突出地方特色农产品产品的特色、品牌的特色和渠道的特色,并努力使消费者认知和认同这些特色,最终形成独特的、竞争对手难以模仿的自己特有的优势,从而可以提高地方特色农产品的市场竞争力(严红梅,2017)。

(4)创业带头人:扶持龙头企业。通过技术改造、品牌创建、标准化生产等手段,打造特色电商品牌。注重培育引进电商人才。针对电商人才紧缺的状况,在高度重视人才引进的同时,更要靠自身开展全方位、多层次培训。一是引进高端培训机构,建设电商孵化基地,普及电商知识,培养专业人才。二是依靠自身力量,组织开展政府部门、镇村干部电商培训和农户电商培训,开展大学生、返乡青年、农民电商创业培训,为发展农村电商提供人才支持(段禄峰等,2016)。三是加大农村开展电子商务知识的宣传、推广力度,充分展示农产品电子商务的便捷性、低成本性、高效性,吸引更多农业从业者加入。

(5)资本要素:首先,区域经济水平直接决定农村区域电商设施建设质量和农村公共服务的覆盖率。其次,区域发展层次代表了区域不同的发育阶段,区域经济理论和我国电商发展规律的实践都证明,只有当区域发展到一定的阶段,农村电商才能顺利发展,因为电商发展需要一个完整的支持体系作为基础。我国中西部欠发达地区农村电商基础相对较弱,商业氛围和现代商业业态还不成熟,尤其是农村金融服务体系与物流服务体系急需改进。资本要素在农村电子商务发展中起着重要作用。

综上,成功要素的影响因素关系网如图 5.6 所示。

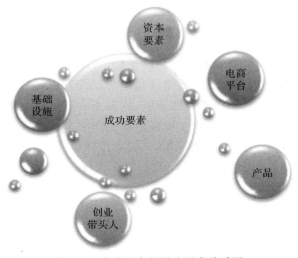

图 5.6 成功要素的影响因素关系网

5.2.2.3 关键动力要素

(1)企业家精神驱动:"淘宝村"的农民网商,最初是以农户为单位,或三五亲朋好友一起创业,发展壮大后可以成为家族企业乃至股份制企业。这些大大小小的企业是推动"淘宝村"经济社会发展的最活跃的因素。企业家精神决定了这些企业持续不断地进入市场,为企业生存发展打拼。经济发展理论认为企业家精神是一种重要的生产要素,是长期经济增长的真正源泉。从微观和中观角度,企业家精神是企业成长以及产业集群演进的内生动力。企业家精神代表了创业者的一种人格内涵,其核心要素是创新、冒险和学习等。"淘宝村"创业者的背景中,有的是曾经面朝黄土背朝天的农民,有的是扔下铁饭碗义无反顾下海的工人,有的是在外闯荡多年返乡的打工仔,有的是刚刚毕业就毅然决定回乡创业的大学生,他们在渴望致富的驱动下,在同村榜样的带动下,敢于创业,主动地向周围邻居、亲戚朋友或从互联网学习电脑、网络和商业知识,成为第一批"吃螃蟹的人"。

(2)需求拉动:市场需求是产业发展的动力。钻石模型理论把需求条件作为评价产业集群竞争力的重要方面,这是因为市场需求从根本上决定着一个产业可塑规模的大小,根据阿里研究院的认定标准,淘宝村的电子商务年交易额需要达到1000万以上交易额(产品单价与成交数量的乘积)。农产品淘宝村的主营产品是特色农产品,对外往往能获得一个相对较高的价格。近年来,农产品淘宝村开始出现并稳步发展,与相对充足的市场需求分不开。市场需求的产生与这些因素有关:一是国民经济的稳步发展,居民收入和消费水平不断提升;二是互联网的普及与移动手机用户的快速增加;三是物流配送服务覆盖范围的不断扩大;四是电子商务能够有效解决信息不对称问题,激发原潜在的需求。

(3)竞合推动:个人社会网络对于农民创业决策的影响主要体现在创业榜样和网络支持。创业榜样是指个体因为感知某种相似性而期望去效仿的成功创业者(Gibson,2003),对于农民创业决策的影响主要体现在以下几个方面。首先,成功的创业者扮演了极具吸引力的社会角色,当潜在创业者相信自己的某些特征与创业榜样相似,他就会有行为模仿的激励(Witt,1991);创业榜样提供了活生生的证据表明成功创业的目标是能够实现的,从而提高了潜在创业者的自我效能感,提高了对创业成功可能性的判断,也就更有可能做出创业的决策(Gibson,2003)。再者,潜在创业者通过观察创业榜样学习创业所需的知识和技能,为他们从事创业活动指明了行动的方向;创业榜样也可能会提供实际的指导和建议,帮助潜在创业者分析创业信息、提供创业支持。

社会网络支持可以降低潜在创业者的风险感知,并提高他们对于创业成功可能性的判断,使其更有可能做出创业的选择。由于农村社区日常交往互动的天然性以及地理区位的相邻性,农民的创业榜样往往是家人、亲戚、朋友或熟悉的社区村民,这些创业榜样会让潜在的农民创业者感觉到自己与他们非常具有相似性,从而产生"他能行、我也行"的创业自我效能感;而且,身边的创业榜样也让潜在的农民创业者有更多的机会观察学习,有意识地提升自己的创业技能。另外,农民的亲戚、朋友或者村民中的企业家,可以作为导师给予潜在的农民创业者指导和帮助。同样,潜在的农民创业者感知的网络支持越强,他们的创业信心也就越强,就越有可能做出创业的决策(蒋建勇等,2014)。

(4)政府支持:政府宏观政策对农村电子商务的发展有着重要影响。农村电商扶持指导政策主要包括电商商户扶持政策、物流政策、财政金融政策、电商集群建设等。我国政府积极推动电商进军农村、国家着力推进电商扶贫工程,出台了大量地方扶持政策和措施。如农村电商相关保障利好政策,宽带提速降费战略部署、物流行业促进政策、"互联网+"政策等。

一方面,针对政府的宏观政策,各地方实施了不同的适应当地发展的行政手段,大部分乡镇农村电商都取得了极大进展。各大电商企业也采取相应措施,实行电商下乡,取得重大成效。这一系列政策的出台,大力推动了农村电商的发展,促使2017年上半年农村网络销售额超过3100亿元,政策成效显著,由此可以看出,政府的扶持无疑是农村电商发展的一大助力。

另一方面,政府提供网商培训,普及电商知识,解决电商经营者的困惑。在不少农村地区,了解农村电商的人很少,能够实际操作电商的人更少。在这样的情况下,网商培训必不可少。农村电商公共服务中心能够为他们提供咨询服务,及时解答问题。提供创业支持,吸引更多电商创业者的加入。农村电商发展需要软件、硬件的支持,如果这些软硬件成本过高,势必导致电商创业的高门槛,农村电商公共服务中心需要整合闲置资源,为创业者提供低成本的办公场地、设施等。针对一些优秀的电商创业项目,能够为其提供资金支持或者低利息的贷款服务。而且还能够为创业者之间提供相互交流的机会,营造农村电商创业的氛围,带动更多创业者的加入。

综上,关键动力要素的影响因素关系网如图5.7所示。

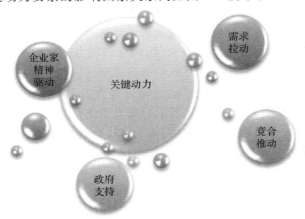

图5.7　关键动力要素的影响因素关系网

5.2.2.4 发展过程

（1）模仿学习：Nelson 和 Winter 认为，遗传（复制）是经济组织演化的重要环节，用于保存和延续创新变异的成果，其基本形式是创新的扩散和知识的学习。创业者是知识学习的最重要的主体，"淘宝村"的创业者（农民网商）的学习途径主要有两种，一种是基于互联网的线上学习，另一种是基于农村熟人社会的线下学习，本项目组将这种线上线下相结合的学习称为"双网学习"。"淘宝村"的产业之所以能够快速扩张，关键是对新模式和新产品的模仿复制速度快，而其背后的根源在于网商的这种双网学习的低成本优势：无论是线上还是线下的学习，农村电子商务创业的起点一般比较低，其学习成本也相对较低，或者比同行竞争对手要低，知识含量和隐性程度较低，从而更容易被模仿，从而体现出速度优势。

（2）创新应用：技术创新和商业模式创新是生产力水平提升的主要途径，也是产业创新变异的两大根本推动力。一直以来，技术创新被视作是产业演化的核心因素，直到近几年，商业模式作为另一重要因素才逐渐被重视。实际上，熊彼特早就提出，并非只有技术创新才是创新，新市场的开辟、资源的重新配置、要素的重新组合也是创新。商业模式的创新本质上是资源配置和要素组合的创新。"淘宝村"内部产业形成与演化，同样也是技术创新和商业模式创新相互作用的结果。从外部的创新因素来看，首先是互联网这一重大的技术创新的出现，引发了电子商务的大发展，并逐步向农村渗透，彻底颠覆了传统的农村小农经济和依托乡镇企业发展的商业模式。从内部的创新因素来看，"淘宝村"里的一些先行者抓住网络电商平台交易的新机遇，找到某种适合农民在农村创业的新模式，率先开始自主创业，由此打开了一个广阔的、前所未有的大市场。在竞争的压力和市场需求的推力下，一些竞争力较强的农户和企业不断进行产品创新和工艺创新，引领市场潮流，逐步形成区域品牌并迅速成长。

（3）集群演化：农村电商集聚园区建设是农村区域发展电商的综合性工程，也是带动性最明显的工程。农村电商集聚园通常有电商街、电商商城、电商村和县级电商中心等形态。一个功能齐全、组织合理的电商集聚园对推动地方农村电商的发展具有极为重要的意义。农村电商集聚园区建设的核心内容之一是电商服务中心（站）的建设。农村电商服务站应提供以下服务：a. 普及网上购物以及网上销售，提供电商知识培训，培养农村群众网上购物、商品销售、购买服务的新型消费习惯。b. 帮助农民网上购物，协助解决购物过程产生的纠纷问题，组织群众收集当地特色农产品，及时对外发布信息，积极销售。c. 提供水、电、上网服务，代收代发快递，对外发布村级各项服务。d. 组织当地青年参加网上创业就业，培养电子商务兴趣，投身电商工作。e. 与种子、农药等农业生产资料企业合作，为农民以便宜的价格购进生产资料，同时与收购农产品企业合作，为农民生产完成后提供销路。

　　一个运行良好的电子商务协会对促进淘宝村加快成型和持续发展具有重要的积极意义,协会自主和政府扶持相结合,确保会员对理事会具有控制权,是协会运行良好的前提。政府在保证淘宝村电子商务协会自主性的前提下,积极提供经费等方面的扶持,并与电子商务协会建立起双向信息传递和互动学习机制。创业能人的动员对于初始会员的吸收作用显著,协会应重视创业能人的带头作用,并通过向会员提供良好的服务来吸引更多的网商加入协会。为了实现较好的行业自律,电子商务协会在使用非正式规则、正式规则的同时应尽可能制定各种规则的实施机制。

　　(4)城乡融合:改革开放以来农村在中国的定位基本上是作为一个劳动力输出和支援城市发展的角色,其自身的经济地位是长期弱势的,农民在经济发展过程中失去了自我,找不到自身的价值,这也是导致中国农村经济发展长期滞后的原因之一。通过电子商务带动,农村越来越多的人加入到创业大军当中,一些原来涌入城市的农民工和大学生开始返回乡村,并成为创业的主力军。一方面,返乡创业人员通过“文化反哺”“信息反哺”和“技术反哺”为城市建设做出新的贡献;另一方面,创业的集聚带动了当地的经济发展和就业,并促进农村社会与城市经济融合、地理融合与文化融合。

　　①经济融合。通过电商创业,农民在经济体系中的角色由原来单纯的被雇佣者逐渐变得丰富起来;农民不仅成为生产者、劳动者,还可以是雇主和企业家。其职业角色也变得更加多样,有的农民集快递员、美工、技工、客服、采购、会计等角色于一身。农民身份和角色的多元化也带动了当地产业定位的创新和经济发展。例如,江苏省沙集镇东风村的发展,带动其所在的沙集镇以及周边村镇的发展,逐渐形成了小城镇的规模。

　　②地理融合。经济的发展不仅带动了交通运输的发展,也使得农村与城市的距离变得越来越近,农村逐步向小城镇迈进。到2014年年底,沙集镇电子商务年销售收入超过26亿元,并带动相关产业发展,其中仅物流快递收入就超过3000万元,吸引了近40家快递公司进驻,带动了交通运输业及相关服务业的发展。并且,在东风村的周边不仅发展起新的物流园区,也带动了周边村镇的发展,农村与城镇之间的界限越来越模糊。

　　③文化融合。电子商务的发展所带来的城乡互动也在深刻地改变着农村的乡土社会,村民们在情感上、在生活上都逐渐与周边的城镇实现融合,村里人逐渐过起了城里人的生活,生活质量和生活方式都发生了改变,也带来了文化的悄然变迁。

　　综上,发展过程的影响因素关系网如图5.8所示。

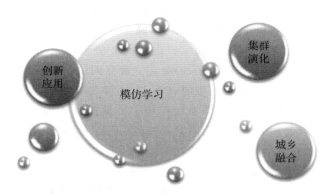

图 5.8　发展过程的影响因素关系网

5.3　不同区域农村电子商务发展路径选择的影响因素实证分析

5.3.1　农村电子商务发展路径选择框架构建

从电子商务模式形成过程的构成环节来看,农村电商可持续发展过程包含"应用模式""发展过程""可持续发展"构成环节;从形成应用模式的要素上来看,离不开一些基础要素和成功优势,以及一些推动模式形成的关键动力;从形成过程向前演进的动力机制来看,农村电子商务技术扩散得益于农村社会网络和模仿行为在降低技术采纳成本和风险、提高预期收益方面所发挥的作用;最后农村电子商务走向可持续发展道路则需要分工经济和聚集经济的推动。如图 5.9所示。

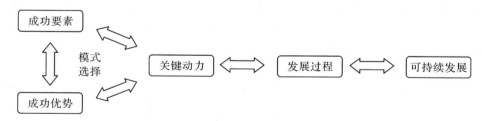

图 5.9　农村电子商务模式选择影响要素作用机理

根据产业基础和产品特征这两大关键因素,本研究总结出样本区域农村电子商务发展模式的选择框架。如图 5.10 所示。

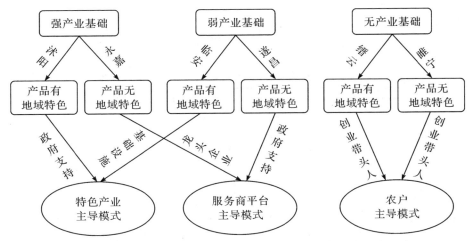

图 5.10　样本区域农村电子商务发展模式的路径选择框架

从图 5.10 中可以看出,强产业基础且产品具有地域特色的地区(沭阳)在政府支持下和弱产业基础且产品具有地域特色的地区(临安)依据良好基础设施均走向特色产业主导模式;强产业基础且产品无地域特色的地区(永嘉)在龙头企业的引领下和弱产业基础且产业无地域特色的地区(遂昌)在政府支持下均走向服务商平台主导模式;无产业基础的地区均在创业带头人的引导下走向农户主导模式。产业基础和产品特征是农村电子商务模式选取的关键和决定性因素,同时也应该看到,政府支持、龙头企业以及创业带头人对于模式的选取也有一定的影响。政府支持能激发市场活力和营造良好的发展环境。基础设施对于农村电商发展奠定了一定的基础,是农村电商健康发展的前提。农村电商的发展需要一批懂农业、农村、农民、互联网、管理的带头人。

5.3.2　农村电子商务发展路径选择的影响因素实证分析

5.3.2.1　实地调研样本特征描述性分析

（1）样本选取依据

近年来,农村电子商务发展中涌现出许多鲜活的案例和典型。大数据显示,从 2009 年至今,短短几年时间,淘宝村经历了萌芽、生长、大规模复制等几个阶段,各地迎来淘宝村快速发展时期。目前我国"淘宝村"整体呈现组团状集聚格局,区际差异较大,空间分布具有沿南北向扩散的格局,且"淘宝村"集聚区域呈现地域梯度和连片化特征,东南沿海的江苏、浙江、广东、福建等省分布密度较大,主要集聚核心地区从北向南依次为苏南聚集区、浙中聚集区、闽东南聚集区以及珠三角聚集区。

其中,浙江、江苏、广东等地凭借独特的地理和经济发展优势,发展迅速,特别是浙江和江苏地区淘宝村的数量从 2014 年的 62 个、24 个,增加到 2018 年的 1172 个、452 个,年均增长率分别达到 108.5%、108.3%(见表 5.2)。故本项目组主要选择浙江和江苏区域的淘宝村作为样本。

表 5.2　2014—2018 年部分区域淘宝村数量变化情况　　　　（单位:个）

区域	2014 年	2015 年	2016 年	2017 年	2018 年	年均增长率/%
浙江	62	280	506	779	1172	108.5
广东	54	157	262	411	614	83.6
江苏	24	127	201	262	452	108.3
福建	28	71	107	187	233	69.8

数据来源:作者根据阿里研究院发布的淘宝村研究报告数据整理得到。

基于上述理论分析和理论文献研究结果,本研究参照江苏省和浙江省首批农村电子商务示范村名单,选取浙江遂昌、浙江永嘉、江苏睢宁、浙江缙云、江苏沭阳和浙江临安六个典型区域进行对比研究(见表 5.3)。

表 5.3　样本区域选取准则

产品特色[①]	强产业基础[②]	弱产业基础	无产业基础
有产品特色	沭阳	临安	缙云
无产品特色	永嘉	遂昌	睢宁

(2)样本区域特征情况分析

本研究将这些典型的区域样本放到一起,进行对比研究,希望能通过分析农村电子商务中的应用模式来找到其发展路径及其发展的关键因素。样本区域基本情况如表 5.4 所示。

---

① 产品特色:结合自身区域自然资源禀赋形成产品特色。所谓特色就是指人无我有、人有我特的具有个性化特点的品性,当地的特色产品是在特定的地理环境下生长出来的(阿里研究院,2016)。

② 强产业基础:拥有专业的实体市场,形成规模化的产业集群。弱产业基础:初具一定的实体市场,尚未形成产业集群。无产业基础:尚未形成一定的实体市场,尚未形成产业集群(阿里研究院,2016)。

表 5.4　样本区域基本情况分析

样本	主营产品	基本情况简介
沭阳	花木	沭阳县是江苏省直管县三个试点之一,因位于沭水之北而得名,地处中国东部长江三角洲地区,享有"全国文明县城""全国卫生县城""中国书法之乡""中国花木之乡"等美誉。沭阳具有悠久的花木种植历史,素有"花乡"美誉。
临安	山核桃	临安区农林特产丰富,拥有"中国山核桃之乡""中国坚果炒货食品城""中国竹子之乡"等荣誉称号。近年来,临安区把电子商务作为战略相新兴产业,积极发展特色农产品电子商务,并逐步向三次产业延伸,带动当地就业。
永嘉	玩具、演出服、童装和皮鞋	永嘉县依托皮鞋、服装、教玩具等轻工产品集聚的先天优势,设立电子商务发展专项资金,引导传统产业广泛应用电子商务,在第三方平台上开设网店,拓宽产品销售渠道;鼓励传统产业打造垂直电商平台,提高产业知名度。在短短几年时间里,永嘉县成功培育了 11 个"淘宝村"。
遂昌	烤薯、山茶油、菊米、生鲜	遂昌县隶属丽水市,位于钱塘江上游,仙霞岭横贯全境,山地占总面积的 88.83%。独特的自然环境造就了遂昌优质的农产品。2005 年开始,遂昌就有网商自发做淘宝,主要经营竹炭、烤薯、山茶油、菊米等农产品。近年来,遂昌的电子商务也逐渐发展服装、家具等品类。
缙云	户外产品	缙云县是全国电子商务百佳县和全省电子商务示范县。在之前,缙云县农民收入主要来自种植业、养殖业。后来通过吕振鸿等创业带头人的出现开始从事农村电子商务。目前,缙云县的主要产品是家居家装、运动户外、服饰鞋包。
睢宁	简易家具	睢宁县位于江苏省徐州市宁县东部,睢宁县是我国传统农业社会和农村的典型代表,当地农民 20 世纪 80 年代的产业有农业种植、传统养殖,后来发展废旧塑料回收加工。2003 年,孙寒开起了第一家淘宝店,经营小饰品、小挂件,后受韩剧启发,经营韩式家具,取得一定收益,并带领村民走向农村电子商务发展之路。

资料来源:作者根据各样本区域电子商务协会负责人的访谈记录整理得到。

值得说明的是,本研究选取的样本区域,其农村电商主打产品包含了农产品(临安的山核桃、遂昌的生鲜、沭阳的花木)和工业消费品(睢宁的家具、缙云的户外用品、永嘉的玩具),具有一定代表性。

(3)样本量与特征描述

本研究在这六个样本区域共发放问卷 480 份,如表 5.5 所示,由于采用一对一的问答式调查,因此回收问卷 480 份,回收率为 100%。通过后期问卷整理与数据录入,确定有效问卷 462 份,有效率为 96.3%。

表 5.5 问卷发放、回收及有效数量

区域	问卷发放数量/份	问卷回收数量/份	有效问卷数量/份	问卷有效率/%
沭阳	80	80	78	97.5
永嘉	80	80	77	96.3
临安	80	80	75	93.8
遂昌	80	80	77	96.3
缙云	80	80	76	95.0
睢宁	80	80	79	98.8
合计	480	480	462	96.3

在实地调研过程中,本研究项目组成员采用一对一的问卷调查方式。在被调查者提出疑问时,项目组成员随时耐心地进行解释,从而保证问卷填写的质量及问卷整体的有效率。访谈调查时,一般安排三到四位成员一起走访一个区域,一名成员主要负责向访谈对象提问,其余成员负责记录和补充提问。在征得访谈对象同意后,项目组成员也会使用手机录音来保证访谈内容记录的完整性。访谈结束后,项目组成员及时地进行交流与汇总,以保证访谈内容的真实与全面。

表 5.6 对被调查者的基本信息展开具体分析,主要包括被调查者的性别、年龄、文化程度以及从事电商时间。在被调查的 462 人中,男性占比 51.9%,女性占比 48.1%,18 岁以下人群占比 6.9%,18~35 岁人群占比 37.0%,36~55 岁人群占比 37.2%,56 岁及以上人群占比 18.8%。被调查的人中,文化程度为初中及以下的有 111 人,高中、中专的有 135 人,大专的有 89 人,本科及以上的有 127 人,分别占总数的 24.0%、29.2%、19.3% 和 27.5%。从事电商行业的时间为 6 个月以内、半年至 1 年、1~3 年以及 3 年以上的人数分别有 76 人、146 人、161 人和 79 人。从事电商行业时间为 1~3 年的人数占比最大,达 34.8%。

表 5.6 被调查者的基本统计信息描述

基本信息	统计信息	调查人数/人	占比/%
性别	男	240	51.9
	女	222	48.1
年龄	18 岁以下	32	6.9
	18～35 岁	171	37.0
	36～55 岁	172	37.2
	56 岁及以上	87	18.8
文化程度	初中及以下	111	24.0
	高中、中专	135	29.2
	大专	89	19.3
	本科及以上	127	27.5
从事电商时间	6 个月以内	76	16.5
	半年至 1 年	146	31.6
	1～3 年	161	34.8
	3 年以上	79	17.1

数据来源：作者根据各样本区域问卷调查分析整理得到。

5.3.2.2 计量分析结果

本小节首先对前面总结的农村电子商务发展关键动力和不同发展阶段过程中涉及的 11 个问题进行因子分析，通过计算皮尔森相关系数并进行卡方双尾检验，可以看出变量间存在很大相关性，随后进行了相关系数矩阵检验——KMO测度和巴特利特球形检验。

一般来讲，KMO 值：0.9 以上为非常好，0.8 以上为好，0.7 为一般，0.6 为差，0.5 为很差，0.5 以下为不能接受，巴特利特球形检验原假设为相关矩阵为单位矩阵。由表 5.7 可知，KMO 值为 0.856＞0.8，结果较好；巴特利特球形检验 p 值为0.000，拒绝原假设，说明相关矩阵并非单位矩阵，变量的相关系数较为显著，可以进行因子分析。

表 5.7 KMO 和 Bartlett 的检验

取样足够多的 Kaiser-Meyer-Olkin 度量		0.856
Bartlett 的球形度检验	χ^2	1447
	df	55
	p	0.000

由表 5.8 和图 5.11 可知，前两个成分的特征值大于 1，它们的累计贡献率为 54.052%，即仅能解释原有 11 个因素 54.052% 的总方差。为了更多更好地

解释原有变量,应选取前 6 个因子为主要因子,此时累计贡献率可达到 80.796%,可以解释大部分的原有因素。

表 5.8　因子解释原始变量总方差情况

成分	初始特征值		
	合计	方差占比/%	累积占比/%
1	4.503	40.934	40.934
2	1.443	13.118	54.052
3	0.890	8.090	62.142
4	0.769	6.987	69.129
5	0.659	5.993	75.122
6	0.624	5.674	80.796
7	0.544	4.949	85.745
8	0.480	4.367	90.111
9	0.445	4.042	94.153
10	0.345	3.140	97.294
11	0.298	2.706	100.000

注:提取方法为主成分分析法;分析协方差矩阵时,初始特征值在整个原始解和重标刻度解中均相同。

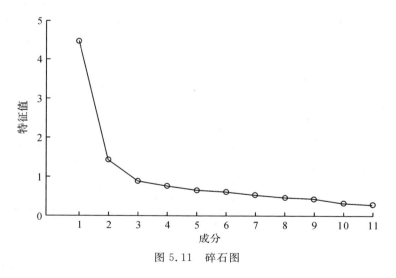

图 5.11　碎石图

由表 5.9 可知:第一主因子 F_1 在 X_{28}、X_{29}、X_{27} 上有很大的载荷,这与产业链完善、电商分工与协同、行业组织等方面有关,可命名为集群演化因子;第二主因子 F_2 在 X_{23}、X_{22}、X_{21} 上有很大的载荷,这与各类资源要素、同行合作竞争、网购需求增长、需求升级的影响有关,可命名为客观动力因子;第三主因子 F_3 在

X_{25}、X_{24}上有很大的载荷,反映了基于社会网络线下学习以及基于互联网线上学习的基本状况,命名为模仿学习因子;第四主因子 F_4 在 X_{20} 上有很大的载荷,反映的是农户从事电商所具备的企业家精神的影响,可命名为企业家精神驱动因子;第五主因子 F_5 在 X_{26} 上有很大的载荷,反映的是电子商务发展中商业模式创新、技术创新、制度创新的影响,可命名为创新应用因子;第六主因子 F_6 在 X_{30} 上有很大的载荷,反映的是城镇化对农村电商发展的影响,可命名为城乡融合因子。

表 5.9　旋转后的因子载荷矩阵

因子	成分					
	F_1	F_2	F_3	F_4	F_5	F_6
X_{28}	0.812					
X_{29}	0.714					
X_{27}	0.576					
X_{23}		0.846				
X_{22}		0.679				
X_{21}	0.549	0.553				
X_{25}			0.879			
X_{24}			0.596			
X_{20}				0.927		
X_{26}					0.866	
X_{30}						0.823

由表 5.10 可知,前 6 个因子解释了农村电子商务发展影响因素的 80.796%。其中,F_1 解释了 40.934% 的原因,表明产业链完善、电商分工与协同、行业组织等方面是影响农村电子商务发展情况的重要因素;F_2、F_3 分别解释了 13.118% 和 8.090% 的原因,表明各类资源要素、同行合作竞争、网购需求增长、需求升级这些客观推动力和农户线下、线上学习电商的基本状况是影响农村电商发展的较为重要因素;F_4、F_5 和 F_6 分别解释了 6.987%、5.993%、5.674% 的原因,起到了补充作用。

目前,县域农村电子商务发展迅速,但是同时也会出现很多问题,致使发展走向衰败。因此,要想维持农村电子商务的可持续发展,就需要众多因素推动。通过上述实证分析可以看出,集群演化、客观动力和模仿学习三个因素较为重要。而在这三个因素中,产业链完善、电商分工与协作、行业组织、政府政策、合作竞争、网购需求增长、线下学习及互联网线上学习这八个因子是起到关键动力作用的。

表 5.10 因子分析结果汇总

因子编号	因子名称	因素名称	主因子					
			1	2	3	4	5	6
F_1	集群演化因子	X_{28}	0.812					
		X_{29}	0.714					
		X_{27}	0.576					
F_2	客观动力因子	X_{23}		0.846				
		X_{22}		0.679				
		X_{21}	0.549	0.553				
F_3	模仿学习因子	X_{25}			0.879			
		X_{24}			0.596			
F_4	企业家精神驱动因子	X_{20}				0.927		
F_5	创新应用因子	X_{26}					0.866	
F_6	城乡融合因子	X_{30}						0.823
方差贡献率/%	40.934		13.118	8.090	6.987	5.993	5.674	
累积方差贡献率/%	40.934		54.052	62.142	69.129	75.122	80.796	

对于农户而言,低成本、充足的货源和增长的需求是其发展最基本的需求,因此,就需要不断完善当地的产业链。网购需求的持续增加为农村电子商务发展迎来了春天,互联网的普及使得农村产业的市场由原先的乡镇扩大到全国。基于农村熟人社会的线下学习和基于互联网的线上学习,即"双网学习"。这种双网学习的低成本优势较符合农村地区的现状。为维护各自双方的利益,各商户之间就必然存在分工与协作。但是毕竟零散的个体是无法做到完善产业链以及合理地安排各商户之间的利益,因此行业组织就应运而生。加之政府的相关政策支持,就会有更多的农户进行电子商务创业活动。这与之前的理论分析是一致的。

企业家精神、创新应用和城乡融合这三个因素起到辅助作用。首先,大部分农户的文化水平不高;其次,他们在发展过程中还是优先选择模仿学习,所以在企业家精神、创新应用这块可能并不是都具备;最后,当前信息发展的迅速,地域问题已经不再是经济发展中至关重要的一节,因此城乡融合也不能成为农村电子商务发展的主导作用。

5.4 "要素主导"模式发展路径的关键动力基本特征分析

在农村电子商务的关键动力中,由企业家精神驱动、需求拉动、竞合推动和资本要素四个因素推动其发展。如图 5.12 所示。

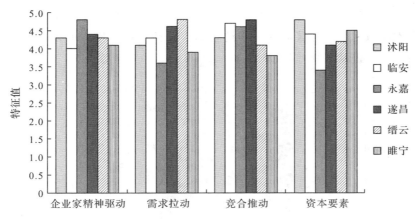

图 5.12　区域农村电子商务成功要素分析
数据来源:作者根据访谈调查问卷数据整理得到。

从图 5.12 中可以看出,资本要素因素的差异化较大,企业家精神驱动、需求拉动和竞合推动因素的差异化较小。因此,在农村电子商务发展过程中,各区域资本要素的侧重方向有所不同,而企业家精神驱动、需求拉动和竞合推动这三方面的措施则大相径庭。

5.4.1　企业家精神驱动

企业家精神是鼓励农户创业的动力之一。不同区域因其地理文化特征都有自己的企业家文化精神。如表 5.11 所示,各区域的企业家精神虽然各不相同,但总体上大同小异,都源自于中华优良传统美德。

表 5.11　各样本区域企业家精神总结

区域	企业家精神
沭阳	团结一心、务实苦干、奋起直追、自强不息
永嘉	特有的创业精神,勇于创业,乐于创业;有强烈的家族精神和抱团精神
临安	起步早;觉悟高;决心大;肯学习
遂昌	遂昌奋斗:不忘初心、牢记使命、敢为人先、激情担当、苦干巧干、实干实效
缙云	敢闯敢创、敢为天下先
睢宁	敢想敢干、敢为人先的勇气和魄力

资料来源:根据各样本区域电子商务协会负责人的访谈记录整理得到。

5.4.2　需求拉动

农产品网络销售持续走高。随着电子商务的发展,本地市场已经出现饱和。

因此,各区域开始向全国范围扩大市场,以此来扩大需求。图 5.13 反映出 2017 年各样本区域网络不同区域网络零销售额占总销售额之比。可以看出 2017 年沭阳网络零销售额最高,缙云最低。

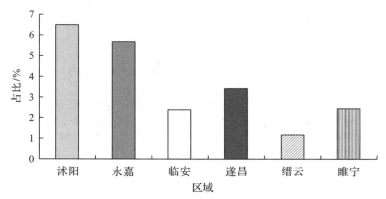

图 5.13　2017 年各样本区域网络零销售额占比
数据来源:《宿迁市、温州市、杭州市、丽水市以及徐州市统计年鉴(2018)》。

如图 5.14 所示,我们发现六个区域农业产值、农村人均社会消费品零售额均在不断增长,其中缙云的农村网络销售额占比最高,但其农业产值不是最高,这与当地农产品销售有一定关系。

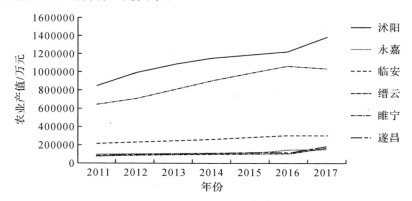

图 5.14　样本区域农业产值
数据来源:《宿迁市、温州市、杭州市、丽水市以及徐州市统计年鉴(2012—2018)》。

从图 5.15 和图 5.16 可以看出各地人均销售零售额的排序和各区域人均 GDP 基本呈正相关。电子商务生态的完善,为本地居民的网络提供了便利,从而形成了"电商发展—服务业兴起—生态完善—消费提升—当地产品 GDP 上升"正向循环。这也表明在农村电子商务发展的过程中,逐渐与当地区域经济协同发展。

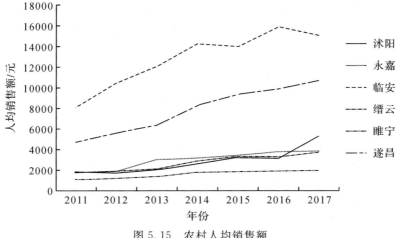

图 5.15　农村人均销售额

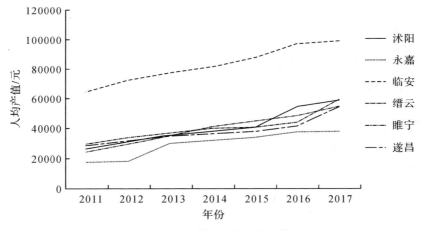

图 5.16　各样本区域人均产值

数据来源:《宿迁市、温州市、杭州市、丽水市以及徐州市统计年鉴(2012—2018)》。

5.4.3　竞合推动

　　农村电子商务的介入使得农村地区开始出现更多的企业工厂的缩影。农户之间通过优势分工来完善上、中、下游整个产业链,同时每个农户之间又都是竞争者。农村电子商务在这种合作中竞争的氛围中发展良好。如表 5.12 所示,在沭阳县中,各农户在基于已有的花木品种上,通过拓展花木的品类,形成自身特色来增强竞争力;永嘉县则是在已有的五大产业中加强网站特色,从第三方平台入手,健全产业标准;临安在已有的产业基础上选择建立自己的平台,以此将整个区域的竞争力合在一起;遂昌县则是继续发挥协会优势,充分利用行业协会的资源,进行合理的"优势分工,合作双赢";缙云县和睢宁县因为属于新产品的发展,所以重点在建立品牌,提高知名度。而缙云县的"北山狼"品牌已经建立,但是如今很多农户开始脱离这一品牌,开始选择自己建立自己的品牌,来提高自己的竞争力。

表 5.12　典型样本区域竞合推动措施

区域	措施
沭阳县	拓展新的花木品类,形成产品特色。
永嘉县	完善健全行业产业标准、特设网络维权站。
临安区	依托发达的传统坚果炒货产业,形成新的产业;销售平台多样化,不仅依靠第三平台,并设立自己的地方性平台。
遂昌县	经营品种多样化,细化产品分类,形成产品特色;发挥行业协会资源配置,协调监控的作用。
缙云县	建立品牌;扎实产品质量,推陈出新的品种。
睢宁县	销售平台多样化;形成自己的品牌。

资料来源:作者根据各样本区域电子商务协会负责人的访谈记录整理得到。

5.4.4　资本要素推动

基于农村电子商务而言,需要带动的是农民创业。表 5.13 列出了区域样本近几年资金和人力要素发展情况。各地区人才引进的政策大体相同,沭阳的技术人员急剧上升,其他的上升幅度类似;而融资难易有明显区别,随着本地电子商务的完善,需要的融资量就会越大,因而,融资的难易程度也就会在一定程度上影响农村电子商务的发展。

表 5.13　2005—2017 年样本区域资本要素变动情况

区域	年份	资本要素	
		金融机构贷款余额/万元	技术人员/万人
沭阳县	2005	—	—
	2010	1473100	8.19
	2015	3387400	28.09
	2016	4034885	33.71
	2017	4720698	8.65
永嘉县	2005	833100	—
	2010	2362481	—
	2015	4673485	—
	2016	4876538	—
	2017	5453055	—

区域	年份	资本要素	
		金融机构贷款余额/万元	技术人员/万人
临安区	2005	1080800	1.77
	2010	2544609	1.87
	2015	3767974	3.28
	2016	4369410	3.22
	2017	5411950	4.15
遂昌县	2005	245200	0.84
	2010	520652	1.35
	2015	1020956	1.5
	2016	1051509	1.48
	2017	1078000	1.35
缙云县	2005	311283	1.23
	2010	776370	1.34
	2015	1951926	1.64
	2016	1920875	1.69
	2017	2127500	1.59
睢宁县	2005	217166	1.79
	2010	808866	2.74
	2015	1926127	4.60
	2016	2243856	4.72
	2017	2800329	5.02

数据来源:《宿迁市、温州市、杭州市、丽水市以及徐州市统计年鉴(2001、2006、2011、2016—2017)》。

各区域在融资难度上存在较大差异,政府的支持方式大致以资金和出台政策扶持为主,社会资本扶持普遍借助协会进行融资。其中遂昌采取传统银行业以及互联网金融企业紧密配合,共同打造一套合作共赢的金融支持系统,可以有效降低成本,提升平台综合竞争力,是一种值得借鉴的做法。而在金融扶持中一般由政府做担保进行贷款,也有诸如遂昌以协会做担保,具体如表5.14所示。

表 5.14　样本区域融资概况

区域	金融机构扶持	社会资本扶持	政府资金扶持
沭阳	信贷产品"淘贷",普通电商可享受到年销售额 10% 的免抵押信用额度。	由县电商协会发起成立沭阳县电商互助基金,目前基金规模已达 4400 万元。	县财政每年拿出 1500 万元,设立电子商务专项发展资金,用于仓储物流、创业培训、孵化基地、典型奖励等方面的补助。
永嘉	帮扶当地桥下镇 41 家中小电商企业获得总额为 813 万元的贷款。	积极联合各村村民、店主建立协会组织,完成基金的对接。	每年安排不少于 500 万元电子商务发展专项资金。
临安	临安农行利用 5 年时间,投入信贷资金 50 亿元,创新金融产品 10 个以上。	政府强化招商资金,吸引社会资本参与小镇建设。	政府统筹发挥财政资金的引导作用,重点扶持重大项目建设、龙头企业培育、人才招引培育和品牌建设等工作。
遂昌	遂昌县采取网店协会出面担保、本地商业银行提供贷款的方式,为网商提供充足的资金支持。	引入金融支持系统,提供线上支付、资金融通、投资理财等。	县财政每年安排电子商务发展专项资金 500 万元。
缙云	有 360 多家电商企业获得金融机构的贷款支持。	政府鼓励更多的社会资本资源投入到农村电商发展中来,帮助更多的农村居民脱贫脱困。	每年的扶持资金从 200 万元增加到 800 万元。
睢宁	政府出资 3000 万元成立小额贷款担保公司,为网商贷款提供担保服务;拿出 1000 万元资金作为担保基金与县内银行合作。	部门则希望通过电商扶贫,引入社会资本,补齐农村在道、物流、网络等方面的短板,缩小数字鸿沟,帮助农民脱贫致富。	睢宁县财政每年拿出 1000 万元电商专项发展资金,专门用于扶持电子商务发展。

资料来源:作者根据各样本区域电子商务协会负责人的访谈记录整理得到。

5.5　"要素主导"模式发展路径的不同阶段特征分析

如前所述,在区域农村电子商务发展过程中,模仿应用、创新应用、产业集群化和城乡融合都起到了推动作用。本研究分别从这四个方面的指标对六个样本区域进行具体分析。

由图5.17可知,模仿应用和创新应用的差异化比较大,说明各地在这两方面实施的措施不同,下面对这两方面进行详细分析。

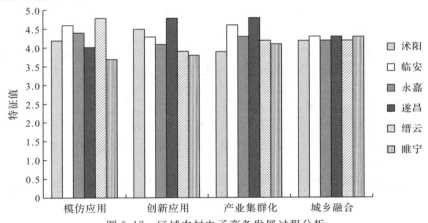

图5.17　区域农村电子商务发展过程分析

数据来源:根据各区域问卷调查分析整理得到。

5.5.1　模仿应用

如表5.15所示,各区域农户更倾向于采取线下学习,线下学习分数基本都在4.0以上,线上学习得分较低。这与我国长期以来农村发展较为落后、对于知识和技术的普及较为缓慢、熟人社会关系是农村的一大特色有关。在此背景下,各区域主要通过线下学习来进行模仿应用。

表5.15　典型区域农户对线上、线下学习评分

学习方式	沭阳	永嘉	临安	遂昌	缙云	睢宁
线下学习	4.17	4.21	4.42	4.28	4.49	4.06
线上学习	3.69	3.72	3.78	3.34	3.89	3.21

数据来源:根据问卷调查数据整理得到。

如表5.16所示,各区域普遍开展培训班来提高当地村民的专业化能力。但又存在差异,各地侧重点不同。例如缙云县和睢宁县主要依赖于当地带头创业者的带动作用,主要通过熟人关系学习。永嘉县侧重开展青年创业服务站;遂昌主要依靠当地的网店协会。不同区域根据当地的实际情况进行模仿学习,提高利用电商平台的能力。

表 5.16　典型样本区域模仿应用措施

地区	具体措施
沭阳县	①沭阳成立县花木研究中心,与省内外科研机构、高等院校建立长期协作关系。②面向社会免费开展电子商务初始培训、提升培训和精英培训。③县内职业院校开设电子商务专业,培养专业人才,为电子商务发展壮大提供人才支撑。
永嘉县	①定期邀请国内电子商务专家,积极开展电子商务培训。②开展"计算机技能＋电子商务",开展"创业培训＋网络创业"。③建立青年创业服务站,安排了青年志愿者、大学生"村官"、选调生"村官"入驻特别突出的"淘宝村"。
临安区	①农村电子商务微商培训班。②电子商务(网店运营)培训班。
遂昌县	①遂昌县成立了专门的网店协会,实现供销双方"信息共享与资源互补"的公共服务平台。②设立青年服务站,面向本地创业青年提供创业咨询、政策指导、创业培训、导师带徒、见习训练、信贷帮扶、项目大赛、文化活动等八项服务支撑。
缙云县	①回乡创业的吕振鸿创办了第一家网店,吸引了更多的青年转投网上创业。初创的网商纷纷选择业已成功的吕振鸿作为示范,经过技术传授、经验交流,完成了从技术指导、帮扶创业到货物分销、销售价格的统一。缙云主要是从熟人学习展开的,后开培训课程。
睢宁县	①通过熟人学习展开。②开展农村电商人的培训。③成立沙集镇电商协会组织。

资料来源:根据各样本区域电子商务协会负责人的访谈记录整理得到。

5.5.2　创新应用

　　农村电子商务在发展过程中具有一定的趋同性,所以村内各网商之间就会产生恶性价格竞争,这样一些小网商可能就会因为名气不够而走向衰败。因此,重视创新性是农村电子商务可持续发展的必经之路。各典型区域的创新措施如表 5.17 所示。

表 5.17　典型区域创新应用措施

区域	产品产业创新	服务管理创新
沭阳县	产品种类的创新,网货品类上的拓展,具体品类超过 3000 种,沭阳花木的产品版图更趋完整。	形成由沭阳县花木协会、沭阳县盆景协会和沭阳县苗木商会所组成的苗木行业协会体系。
永嘉县	坚持发展特色产业,创建以知识产权与自由品牌为核心的品牌意识。	设立服务机构,增设网络经济服务局;鼓励行业协会开创技术联盟。
临安区	引导网商扩充产品内涵,提升产品附加值;建立"政产学研"一体的产品开发体系;开发不同的口味、产品形态和包装,打造临安坚果食品 2.0 版。	建设"2 镇＋1 园＋多区"体系,打造电子商务聚集区。

区域	产品产业创新	服务管理创新
遂昌县	产品种类不断丰富,零食坚果,到茶叶干货,再到生鲜蔬果;产业不断细分,例如竹炭产品可细分为婴幼儿用品类、家庭用品类、汽车用品类等。	成立了淘宝"特色中国·遂昌馆"与"赶街网"两大农产品线上购物网站;"赶街APP＋乡镇服务中心"的3.0新模式。
缙云县	打造"北山狼"品牌的户外用品;不断推出创新型产品,例如信封式棉睡袋。	政府做到不缺位、不越位成立电商协会;协调金融机构推出有利于农村电子商务发展的专门信贷产品。
睢宁县	产品升级:从板材拼装到实木家具再到个性化定制。设计升级:从产品复制到产品模仿再到产品创新。	电商企业陆续搬到政府规划建设的电子商务产业园里,配套设施齐全。

资料来源:根据各样本区域电子商务协会负责人的访谈记录整理得到。

5.5.3　集群演化

农村电子商务发展到成熟阶段会导致产业集群的产生。如表 5.18 所示,2018 年沭阳淘宝村 56 个、永嘉 25 个、临安 19 个、睢宁 92 个、缙云 8 个。"淘宝村"是指聚集在某个村落的网商,以淘宝电商生态系统为依托,形成规模和协同效应的网络商业群集现象,也就是说淘宝村的出现意味着当地产业聚集。但是遂昌是一个比较例外的情况。一开始遂昌就是以县为单位发展电子商务,之后又建立遂昌公司和"遂昌馆",旨在将全县打造成"淘宝县"。

表 5.18　2018 年样本村产业聚集化

区域	淘宝村数量/个	行政村数量/个	产业聚集化/%
沭阳	56	480	11.67
永嘉	25	904	2.77
临安	19	298	6.38
睢宁	92	400	23.00
缙云	8	253	3.16
遂昌	遂昌致力于将全县打造成淘宝村		

数据来源:作者根据结合访谈调查和政府网站数据整理得到。

5.5.4　城乡融合

农村电子商务发展极大地促进了"城乡融合"。党的十八大提出"要加大统筹城乡发展力度,增强农村发展活力,逐步缩小城乡差距,促进城乡共同繁荣"。农村电子商务的快速发展为实现这一目标奠定了经济基础。随着村集体和村民的钱袋子越来越鼓,城乡一体化进程有了快速发展。如今各区域在政府的统一领导下,在乡村规划、基础设施、公共服务等方面均朝着城乡一体化目标顺利推进,城乡差距越来越小,村民生活越来越好。

5.6 本章小结

本章主要探究了农村电子商务应用模式选择的主要影响因素。通过抽取典型县域,对当地的村民、村委会和相关政府部门进行问卷、访谈调查,了解影响农村电子商务应用模式选择的因素以及对其推广进行分析研究。同时,找出了农村电子商务可持续发展的动力。将问卷和访谈调查获得的数据进行整理,分析出农村电子商务的不同应用模式,并通过对典型县域样本进行案例分析和统计方法分析,了解其发展过程中不同影响因素,对不同的模式下路径的演化进行归纳总结。

6 中国农村电子商务
发展模式优化研究

基于第五章的分析,可以看出各地应结合自身产业基础和产品特色选择相应的电商模式,立足产品确定发展方向,从集群演化、客观动力和模仿学习等方面完善产业链,加强人才培养,构建产品标准化体系,从而实现农村区域电子商务的可持续性发展。

本章将在此基础上,进一步通过对不同区域农村电子商务模式进行比较分析,探讨影响不同区域农村电子商务发展模式的关键影响因素,并采用系统动力学模型演绎出不同发展阶段区域农村电子商务模式发展的路径图,最后提出不同区域农村电子商务模式优化的理论框架。并在实际调研过程中,根据该理论框架,分别为安徽省宣城市泾县、山西省运城市临猗县和浙江省宁波市北仑区提供了当地农村电子商务发展模式优化建议,并得到了有关部门的认可,具体可参见附录七。

6.1 不同区域农村电子商务模式比较分析
——基于 QCA 方法

6.1.1 QCA 研究方法

在方法取向上,个案研究仍是主流,该方法利用理论思辨和逻辑推演,在全面追踪和深度挖掘事件的机理、过程上具备显著优势,但对普遍力的解释稍显不足,即使有的研究中运用了多案例的方法,也止步于横向对比和差异解读。因此,能否通过多案例比较研究将影响因素进行实证分析,成为本研究的设计初衷。定性比较分析(Qualitative Comparative Analysis,以下简称 QCA)作为具有混合方法气质的研究方法,因其对"因果路径"和影响因素组合的独特甄别,也日趋受到研究学者的青睐。QCA 不完全等同于定量方法追求更多的样本量、更好的显著统计性、更普遍的解释力,也完全不等同于定性方法侧重于个案研究、研究者的主观能动性、深入理解研究对象,它在诞生之初似乎就在寻找能够超越二者划分局限的第三种研究路径。具体来说,QCA 是一种以案例研究为导向的理论集合研究方法,依据的核心逻辑是集合论思想,其创始人拉金认为社会科学研究的许多命题都可以诠释为集合之间的隶属关系。该方法从集合论的角度观测条件和结果的关系,利用布尔代数算法形式化分析问题的逻辑过程,强调基于实证资料与相关理论,从小样本数据中建构出研究议题的因果性关系。

本研究认为 QCA 方法比传统统计学方法更适合。QCA 方法将因果关系视为复杂并且是可替代的,这意味着自变量并不能独自作用于因变量,而是以组合方式共同影响结果,自变量就是其中一个不可分割的组合要素。虽然结构方程模型也能够解释多个前因变量的不同组合方式来影响因变量,但选择余地很小,而 QCA 则能够形成多个可供替代的前因条件构型;而相对于传统回归分析方法,其仅能处理对称的相关关系(若 A→B,则～A→～B),而 QCA 方法允许并且能很好地处理这种因果不对称关系,更适合用于此类社会科学问题的研究。再次,多种路径可能在导致同一研究结果上具有同等效应(A→B,C→B)。传统的统计分析方法一般通过定义中介、调节变量将主效应之外的其他变量纳入分析,然而这样却限制了所有自变量在解释因变量变异时的内在关系,使自变量只能处于替代或者累加的关系中,而非完全等效效应,QCA 方法则能够很好处理这种完全等效的因果关系。故采取 QCA 案例定性比较法对不同区域农村电子商务模式选取采取比较分析。

6.1.2　QCA 研究结果与分析

本研究使用 fs-QCA3.0 软件分析 6 个典型农村电子商务样本(具体见第五章 5.3.2.1 样本介绍)的数据,识别出决定其资源有效聚集前因条件构型。结果一致性门槛值都设定为不小于 0.8,由此得到农村电子商务可持续发展的好坏的初始前因条件构型,即复杂解。之后,设定简单类反事实前因条件,通过简单类反事实分析和困难类反事实分析得出简洁解和优化解。通过模糊定性比较分析得出简洁解和中间解,当路径中的变量同时出现于简洁解和中间解中,应将其视为核心条件;若变量仅呈现于中间解中,则将其视为记边缘条件。三条路径中共有的是必要条件。具体研究结果如下表 6.1 所示。

在定性比较分析中,一致性和覆盖率指标是非常重要的指标,用来评判不同前因构型与结果之间的关系。由表 6.1 可以初步得到:所有前因条件构型的一致性指标(CS)都为 1,大于理论值 0.8,这说明本项目 8 个模式发展影响因素的前因条件组合中的所有案例都满足一致性条件,同时所有 6 个前因条件构型都是影响农村模式选择的充分条件。而总体一致性指标(OCS)也为大于理论值 0.8,进一步说明本项目的所有案例组成的前因条件也是农村电子商务高效可持续发展的充分条件。而覆盖率指标则是用来衡量前因构型对于结果的解释程度,覆盖率指标越大,相应的前因条件构型对于结果的解释力度越大。

表 6.1 清晰集定性比较分析法路径结果

参数	农户主导型	服务商平台主导型	特色产业主导型
	路径一	路径二	路径三
产业基础	⊕	○	●
产品特色			○
基础设施	⊕		●
创业带头人	●	●	●
政府支持		●	○
电商平台	●	●	
CS	1	1	1
CV	0.33	0.33	0.13
NCV	0.33	0.33	0.13
OCS		0.8	
OCV		1	

注:(1)●或○表示该条件存在,⊕或⊕表示该条件不存在,"空白"表示构型中该条件可存在、可不存在;●或⊕表示核心条件,●或⊕表示辅助条件。(2)CS 表示一致性(Consistency),CV 表示覆盖率(Coverage),NCV 表示净覆盖率(Net Coverage),即由该构型独立解释、不与同一被解释结果的其他构型重合的覆盖率;OCS 表示总体一致性(Overall Consistency),OCV 表示总体覆盖率(Overall Coverage)。

资料来源:作者根据问卷调查分析结果整理得到。

路径一、二、三可以分别表示农户主导型、服务平台主导型和特色产业主导型的三类农村电子商务,结果表明:农户主导型中的可以看出这是一个最容易推广的模式,尤其适合于无产业基础和无基础设施的区域,这一类区域急需有带头人的带动,将农村电子商务发展起来。服务平台主导型和特色产业主导型对产业基础都有一定的要求,且前者对政府支持的需求极大,而特色产业主导的要求会偏多,对于区域有一定的限制。因此,各区域在选取模式的时候需要因地适宜。

6.1.3 不同区域农村电子商务模式选择的优势特征分析

(1)沭阳县是江苏省直管县三个试点之一,因位于沭水之北而得名,地处中国东部长江三角洲地区,享有"全国文明县城""全国卫生县城""中国书法之乡""中国花木之乡"等美誉,同时也是全国电子商务进农村综合示范县。沭阳具有悠久的花木种植历史,素有"花乡"美誉。种花、赏花、爱花,是沭阳人的传统。

(2)在温州永嘉县,农村经济"触网"的时间比"互联网+"的出现早了多年,其也是浙江淘宝村数量最多的县之一。西岙村是浙江有名的"淘宝村",也是阿里研究中心认定的首批全国 20 个淘宝村之一,借助"中国教玩具之都"的优势,该村在 2008 年开始"触网"。该村村委会主任吴普兴介绍,西岙村人自 20 世纪 70 年代便开始从事教玩具生意,当初是背着包出去跑市场,而随着电子商务普及,农村电商如星火燎原般在西岙村壮大。目前,西岙村 230 多户中有 150 多户在淘宝天猫开店,村子里分布着大大小小 600 多家教玩具网店,去年网上交易额超 1.5 亿元。除去这里,永嘉县还有下斜村、梅岙村、方岙村、上村,以及千石村、珠岙村等 6 个村成功入选"2014 年中国淘宝村名单"。目前该县"淘宝村"已实现集群化发展。数据显示,该县 7 个"淘宝村"有电商 1437 家,主营教玩具、演出服、童装和皮鞋等,去年实现网络交易额 88500 万元。

(3)临安区农林特产丰富,拥有"中国山核桃之乡""中国坚果炒货食品城""中国竹子之乡"等荣誉称号。近年来,临安区把电子商务作为战略新兴产业,积极发展特色农产品电子商务,并逐步向三次产业延伸。带动当地就业,白牛、新都、玉屏、马啸、新溪新村、汤家湾、无他等 7 个村被评为"杭州市电子商务示范村"。其中白牛村的发展更为显著,白牛村所属的昌化镇盛产山核桃,有山核桃基地 2.6 万亩,全镇山核桃相关产业年产值超过 10 亿元。

(4)遂昌县隶属丽水市,位于钱塘江上游,仙霞岭横贯全境,山地占总面积的88.83%。独特的自然环境造就了遂昌优质的农产品。2005 年开始,遂昌就有网商自发做淘宝,主要经营竹炭、烤薯、山茶油、菊米等农产品。近年来,遂昌的电子商务也逐渐发展服装、家具等品类。

(5)缙云县农民收入主要来自种植业、养殖业。种桑叶、养蚕是当地的特色产业,村里几乎家家户户都有几片桑地,但因为大都是散户经营,经济效益差,青壮年宁愿出去卖烧饼。开始主要代销生产商的产品,产品质量不受自己控制,后来意识到品牌重要性,就打出"北山狼"的品牌,价格低廉且质量有保证,受到大家的欢迎。从而带动了当地电子商务的开展。

(6)睢宁县位于江苏省徐州市宁县东部,号称徐州的东大门,徐淮公路穿境而过。睢宁县是我国传统农业社会和农村的典型代表,当地农民 20 世纪 80 年代的产业有农业种植、传统养殖,后来发展废旧塑料回收加工。2003 年,孙寒开起了第一家淘宝店,经营小饰品、小挂件,后受韩剧启发,经营韩式家具,取得一定收益,并带领村民走向农村电子商务发展之路。

结合上述 QCA 案例分析结果和实地调研结果,研究发现在不同区域农村电子商务成功发展初期的主要影响因素中,产业基础和产品特征是农村电子商务应用模式选择的关键要素。(1)产业基础是农村电子商务发展首要考虑的影响因素之一。具有良好的产业基础的地域容易发展农村电子商务。农村是大部分大宗产品的生产地,具有强产业基础的地域在开展农村电子商务时,无须考虑产品的供应,降低了成本。而作为弱产业基础和无产业基础的地域有两种途径:一是强化当地产业基础;二是选择新产品进行发展。(2)产品特征也是农村电子商务成功优势中的关键因素。我国国土面积大且南北方跨度也大,因此,大部分农村产品都具有地域性。具有地域性的产品复制性较低,因此具有一定的竞争力。而不具有地域性的产品可复制性高,其他地域可以模仿生产。具体实地调研分析结果如表 6.2 所示。

表 6.2　样本区域农村电子商务发展初期关键影响因素　　　　单位:人

	影响因素	沭阳	临安	永嘉	遂昌	缙云	睢宁
产业基础	有初具规模特色产业基础	71 (91.02%) √	25 (33.33%)	65 (84.41%) √	12 (15.58%)	18 (23.68%)	5 (6.41%)
	有专业实体市场	75 (96.15%) √	49 (65.33%) √	70 (90.90%) √	23 (29.87%)	30 (39.47%)	7 (8.97%)
	产业壁垒低	15 (19.23%)	17 (22.67%) √	46 (59.74%) √	41 (53.25%)	21 (27.63%)	56 (71.79%) √
产品特征	产品生命周期短	26 (33.33%)	16 (21.33%)	12 (15.58%)	23 (29.87%)	53 (69.74%) √	62 (79.49%) √
	有产品地域特色	69 (88.46%) √	65 (86.67%) √	32 (41.56%)	46 (59.74%) √	23 (30.26%)	17 (21.79%)
应用模式		特色产业主导模式		服务商平台模式		农户主导模式	

数据来源:作者根据各样本区域问卷调查分析整理得到。

综合表 6.2 分析结果可以看出:沭阳和永嘉均具有良好的产业基础。但是沭阳的产品具有地域特色,复制性低;永嘉的产品不具有地域特色,复制性较高。遂昌和临安产业基础薄弱,而临安的产品具有地域特色,复制性低;遂昌的产品无地域特色,复制性高。缙云和睢宁无产业基础,而缙云的产品具有地域特色,复制性低;睢宁的产品无地域特色,复制性高。

6.2　影响不同区域农村电子商务模式的关键要素分析

在前一节中,本研究通过对六个区域样本进行问卷和访谈调查,发现并总结了影响电子商务模式形成与发展的关键成功要素特征,本小节将在此基础上采取扎根研究分析方法,选取基础设施、电商平台、创业带头人、政府支持四个指标,首先对六个区域样本的访谈进行归类总结,并从中抽取关键词来分析影响不同区域农村电子商务模式选择的关键要素。编码结果如表 6.3 所示。

表 6.3　影响农村电子商务模式选择要素特征编码

指标	访谈总结	关键词提取	影响因素
基础设施	村里有网了,网上销售更方便了	互联网的加入	宽带接入
	现在可直接用手机交易,随时随地就可以卖东西	移动端的加入	移动电话接入
	现在快递都直接上门收,很方便,我们也不用去快递点寄	快递便利	物流平台
电商平台	平台有人会进行辅导和管理	辅导管理	规范管理
	其实淘宝网还是很好用的,很容易上手	好用	服务水平
创业带头人	有部分大学生开始回来帮助家里工作	回家工作	返乡人才
	我们这边的大企业已经发展比较完善	领头人	龙头企业
	我们这边的带头人较早意识到品牌的重要性	带头人	品牌建立
政府支持	政府帮助我们对接银行,获得低成本融资渠道,且会拨款帮助	融资渠道	资金融资政策
	政府会组织培训课程	培训课程	人才培育政策

数据来源:作者根据各样本区域电子商务协会负责人的访谈记录整理得到。

　　从图 6.1 中可以看出,基础设施中的宽带接入、移动电话接入、物流平台,电商平台中的规范管理、服务水平,创业带头人中的返乡人才、龙头企业、品牌建立,政府支持中的资金融资政策、人才培育政策,这些都是农村电子商务在萌芽期影响其选择应用模式的成功要素。其中物流平台的方差数最大,表明基础设施是影响农村电子商务发展模式选择的关键要素,物流是农村电子商务发展成功与否的至关重要环节。下面将对每一个要素进行具体分析。

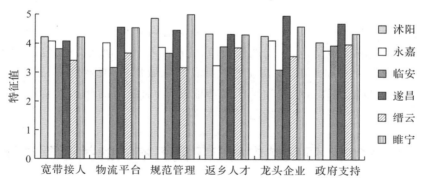

图 6.1　不同样本区域农村电子商务成功要素分析
数据来源:作者根据不同样本区域问卷调查分析整理得到。

6.2.1　基础设施

　　基础设施是电子商务发展的必要条件,是用于保证农村电子商务经济活动正常进行的公共服务系统,它是社会赖以生存发展的一般物质条件。一般而言,基础设施包括交通、邮电、供水供电等服务设施等。对于农村电子商务的开展而言,就必须拥有互联网和良好的运输条件。随着网络的全面覆盖和手机功能的逐渐健全,移动端的加入也成为基础设施中的必要因素。在各个区域样本中,这些基础设施也从一开始的缺乏到现在越来越完善。如表 6.4 比较了 2005—2017 年样本区域基础设施变化情况。

表 6.4 区域样本基础设施情况

区域	年份	基础设施			
		公路里程 /公里	移动电话年末用户 /万户	互联网用户 /万户	邮电业务总量 /万元
沭阳县	2005	—	—	—	—
	2010	2471	84.24	8.19	62300
	2015	2760	124.92	28.09	87000
	2016	2696	130.09	33.71	268900
	2017	2956	139.61	41.59	251864
永嘉县	2005	—	—	—	—
	2010	1154	66.61	12.50	79268
	2015	1235.88	78.57	20.17	112413
	2016	1306.31	78.07	22.48	122416
	2017	1562.16	82.21	37.81	142367
临安区	2005	—	28.36	5.07	41693
	2010	699.98	48.69	9.99	66056
	2015	754.14	79.18	13.52	152848
	2016	747.67	79.53	20.34	186162
	2017	789.21	149.97	44.24	239286
遂昌县	2005	705.7	13.30	0.85	9052
	2010	1622.6	16.64	2.05	14784
	2015	1758	23.43	17.12	13580
	2016	1778	31.81	24.55	15112
	2017	1794	36.68	26.24	32976
缙云县	2005	450	16.49	1.41	13597
	2010	1325	33.10	3.42	26406
	2015	1429.6	44.93	33.64	28262
	2016	1437.1	46.50	37.93	30462
	2017	1450	50.79	42.50	15701
睢宁县	2005	—	—	—	8630
	2010	2401	56.68	4.86	60394
	2015	2474	80.64	11.4	205099
	2016	2396	82.43	22.13	269448
	2017	2440	100.21	25.81	202066

数据来源:《宿迁市、温州市、杭州市、丽水市以及徐州市统计年鉴(2001、2006、2011、2016—2018)》。

物流作为电子商务中最重要环节之一,在农村电子商务中也同样起着至关重要的作用。农村电子商务的发展带动当地物流需求,这就促使当地基础设施的完善,推动当地经济的发展。农村物流的发展主要取决于其运输条件和产品种类。

我国东部地区农村多数居住于丘陵,西部地区农村多数居住于高原和盆地,大多数依山傍水,道路条件恶劣,交通不便;同时,农村产品大多数以农产品和手工产品为主,农产品又具有一定的时鲜性和易腐烂性,手工产品大多又具有易碎性和不易储存性,这就对于物流的要求比较高。物流发展与道路交通发展相辅相成,物流的发展会推动道路交通的发展,而道路交通的发展又会反之带动物流的发展。如表6.5所示。

表6.5 样本区域农村电子商务物流发展重点

运输条件	产品特征	
	不易储运	易储运
道路条件良好	重点考虑物流模式的选择(遂昌)	引进物流公司(临安)
道路条件恶劣	前期建设道路交通;后期进行物流模式的选择(沭阳)	重点放在交通建设上(睢宁、永嘉、缙云)

数据来源:根据各样本区域电子商务协会负责人的访谈记录整理得到。

6.2.1.1 道路条件良好的地区

遂昌:遂昌县政府积极完善交通建设。一方面狠抓项目,规划道路建设,开通了多条连接偏远农村和县城的交通支线;另一方面加强管理,强化科技在交通管理中的运用,进一步改善区域交通环境。产品方面,遂昌县以农产品为主。这就需要网络营销平台及其物流服务商在包装、冷链、运输效率等方面加大投入,借助网店协会强大的资源整合能力和号召力,同第三方服务商谈判签署服务协议,为其平台网商提供统一仓储、统一包装、统一配送的全方位仓储物流服务。此外,还以加盟合作的方式,将各村的便利店升级为集货物代发、代收、代买、代卖等服务为一体的综合服务站,从而有效解决了农村电子商务"最后一公里"的问题。

临安:在政府大力加大基础设施的前提下,国内著名的物流公司韵达、申通、圆通纷纷入驻,规模不断扩大,服务的质量也不断提高。临安的农产品主要是通过批发市场、集贸市场来进行分销,批发市场是将农产品从果农这一物流结点传输到其他供应商、加工厂,甚至是消费者等结点的重要环节,它能够汇集不同种类的农产品,然后再沿着供应链不断发散出去,而另一很小部分的农产品,则是被消费者直接消费,以临安区农产品物流区为运作核心的物流模式得到了完善与发展,如图6.2所示。

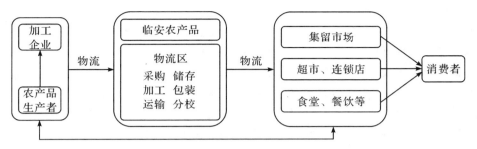

图 6.2 临安农产品物流区运作模式

6.2.1.2 道路条件恶劣的地区

睢宁、永嘉、缙云：这三个地方都处于比较偏远的地方，交通较为不便，产品方面也都是加工制造业产品。在物流方面，永嘉县其物流配送模式多为第三方物流模式，又可分为两个层面：一是以邮政物流为主要模式的物流配送，这种模式基本可实现配送到镇级单位；二是以圆通、顺丰、中通、韵达等快递为主的物流配送，这种模式基本可实现主要乡镇级地区的配送。缙云县拥有 EMS、圆通、申通、韵达、顺丰等快递公司。睢宁和缙云县相似县选择和大的物流公司合作，以家具企业为发货人的第一方，客户为收货人的第二方，以及电子商务物流园中快递公司和物流企业为运输配送的第三方的物流配送模式。

沭阳：沭阳县社会经济基础比较薄弱，物流产业发展缓慢，企业物流发展不平衡，对物流企业的市场监管多以扶持为主，对物流业的市场准入往往是放松要求，不能形成规范的市场监管体系。产品方面，沭阳的花木业在电子商务加入之前就已经发展良好，当时其运输主要还是属于传统的物流，如图 6.3 所示。也就是说沭阳之前就有自己的运输业，所以当快递公司迅速发展之后，并没有很快地全面进入沭阳。

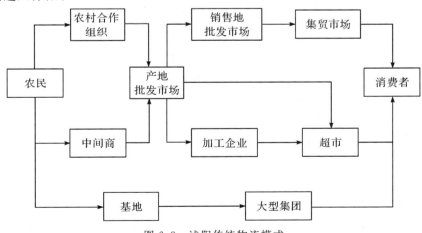

图 6.3 沭阳传统物流模式

后期沭阳政府总投资 500 万元,占地 11000 平方米,建筑面积 7500 平方米。项目工程分为三期,目前一期工程已完工,吸引了全镇主要快递公司集中入驻,实行统一管理,解决交通拥堵、环境卫生等问题。且陆续添置了自动化、标准化包裹分装大型设备,大大提高了包裹处理速度和承接量,节省了单位劳工量和成本,不少快递企业为提升运营效率和绩效,进一步让利于当地农民网商,进一步降低了物流快递成本。二、三期工程将不断完善快递物流园区的配套,吸纳更多的物流快递企业入驻,进一步完善园区文化建设、企业员工生活配套、企业综合服务等方面。

另外,产品的种类也是农村电商物流要考虑的重点(见图 6.4)。对于一些加工过的农产品和工业品,在运输过程中可能会相对比较方便,而生鲜食品的运输就比较难。而不同农产品由于属性的不同对储藏条件要求不同,比如有些水产品需要冷冻储运,肉类需要冷藏储运,乳制品需要恒温储运,这就大大提高了农产品物流的复杂性。

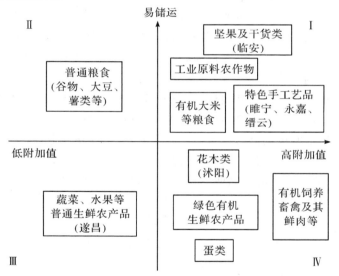

图 6.4 产品储运分类情况概述

资料来源:程红莉.农村电子商务发展模式的分析框架以及模式选择——农户为生产者的研究视角[J].江苏商论,2014(11):28-31.

6.2.2 电商平台

各样本区域在萌芽期的时候都注重第三方平台的使用,再结合自身区域发展各有不同(见表 6.6):沭阳县于 2007 年实现了宽带村村通,一些苗木农户又开始积极探索使用淘宝、天猫、1688 等第三方电商平台开展线上营销;永嘉县之前尝试将产品放在第三方平台上销售,其中,泵阀产业有其专业的网络展示平台——中国泵阀网,已初步形成一个全方位、多视觉、垂直型的泵阀网上市场服务营销体系,之后永嘉又通过"特色中国·永嘉馆""阿里巴巴·永嘉产业带"+微扣网等平台进行销售产品。临安主要发展三大"线上"平台:一是阿里巴巴临安产业带。该产业带是国内首个农产品网络在线批发产业带,已入驻企业 403 家,网销额达 1.3 亿元。二是淘宝"特色中国·临安馆",该馆汇集临安坚果炒货特色农产品、旅游及健康养身、鸡血石文化等三大特色资源,入驻商家 430 余家,网销额突破 1.5 亿元。三是"微临安","微临安"的功能定位,与"临安发布"官方微信进行有效整合,具有信息发布、热点事件回应、民生信息服务等功能;遂昌模式是从建立一个服务平台开始的,在平台上配置它们不能解决的问题。由平台去规划、营销、推广,让农民回归种植、养殖,让开网店的人回归到店铺运营。网商自己只需要担任客服,其他都可以交给协会平台,通过平台进行资源的整合和分配。缙云县通过第三方平台,形成代销网店加代加工的模式。随着时间的推进,在平台建设上,当地则大力推进网下集聚平台建设;睢宁县选择进驻不同的第三方平台,如阿里巴巴 1688 批发商城、京东、亚马逊、1 号店等。

表 6.6 各区域不同时期电商平台情况

区域	萌芽期	成长期
沭阳	第三方平台	县镇村三级专业供货市场体系
永嘉	第三方平台+中国泵阀网	"特色中国·永嘉馆""阿里巴巴·永嘉产业带"+微扣网
临安	阿里巴巴临安产业带+淘宝"特色中国·临安馆"+官方微信	电子商务科技园区+中国坚果炒货食品城
遂昌	遂昌电子商务协会+淘宝网"特色中国·遂昌馆"	赶街 App+乡镇服务中心
缙云	第三方平台	县、镇、村三级网协网络
睢宁	第三方平台	线上 App+电子商务园区

资料来源:作者根据各样本区域电子商务协会负责人的访谈记录整理得到。

在成长期中,各区域开始形成自身的电商平台的发展模式,基本都形成了三级供货模式,并同样结合当地特色发展:

(1)沭阳县:农户通过互帮、互带、互传,吸引着越来越多的亲朋好友陆续加入电商的创业行列。如图 6.5 所示,除了花木种植企业、资材生产企业、物流快递企业以外,还有很多提供创业孵化、技术培训、店铺装修、宝觅拍摄、图片美工、商标设计等配套服务的专业人才和电商服务企业陆续被吸引到沭阳来,沭阳逐渐构建起促进电商创业孵化与提升的服务体系。

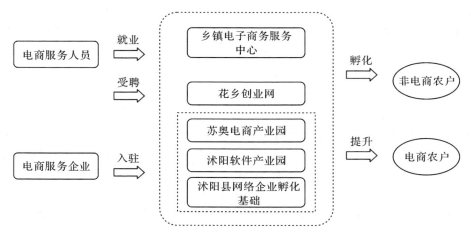

图 6.5　沭阳电商创业孵化与提升的服务体系

(2)永嘉县:积极推进淘宝网"特色中国·永嘉馆""阿里巴巴·永嘉产业带"等线上平台的筹建工作,在全市率先上线"1号店特色中国·永嘉馆",成功搭建了永嘉特色农副产品、轻工产品及旅游产品电商平台。五金饰扣行业的首个专业网上贸易服务平台、国内五金饰扣行业第一个跨境交易垂直电商平台——"微扣网"也将正式上线。工业互联网的一大特征就是智能制造,首先撬动着生产线上的信息化改造。以泵阀产业为例,2018年年底,永嘉泵阀物联网云服务系统产业技术创新战略联盟组建成立,研发汇集了大数据、物联网、无线通信和云计算等技术的泵阀物联网云服务系统,实现泵阀故障的自动预警、泵阀数据和状态的远程监控、泵阀参数和运行的远程控制等智能操作。

(3)临安区:积极扩展三大"线下"产业基础。一是临安区电子商务科技园,总面积1.5万平方米,入驻23家,农村淘宝和赶街市级运营中心、闻远科技等电商服务商及谷的福等电商龙头企业入驻园区,已引入创客空间、孵化平台等功能;二是中国(杭州)跨境电子商务综合试验区临安园区,建筑面积3.7万平方米,入驻企业102家,2016年,园区企业实现出口交易额1.56亿美元,占全市跨境电商出口额的70.9%;三是中国坚果炒货食品城,该城以坚果电商产业发展为轴,通过"产销一体化片区、乡村文化旅游片区、坚果乐园片区"三片区的空间布局,打造"一心一轴三片区"的发展格局。目前,项目一期34幢商业楼已完成建设,总建筑面积达9.6万平方米,累计商铺1080间,现入驻企业63家。

(4)遂昌县:"赶街"项目的落地,建成农产品电商网站购物网站是网络市场营销平台的载体,不仅为网商与消费者有效传递产品信息,还负责联通金融支持系统与仓储物流体系,通过提供一系列综合性服务,实现信息流、资金流与物流的互联互通,保障线上交易及相关后续服务的顺利展开。

(5)缙云县:北山村还在丽水市率先建立了村级网商协会,积极构建县、镇、村三级网协网络,充分发挥协会的桥梁纽带作用,通过品牌加渠道运作,对于没有特色产业,也没有特色农产品的农村来说,是另一条值得借鉴的农民创富之路。

(6)睢宁县:电商企业陆续搬到政府规划建设的电子商务产业园里,配套设施齐全。在此期间,建立徐州小布电子商务有限公司,这是一家以互联网为出发点,通过运用大数据、人工智能等先进技术手段,对商品的生产、流通与销售过程进行升级改造,进而重塑业态结构与生态圈,并对线上服务、线下体验以及现代物流进行深度融合的公司。传统的沙集模式跟随"互联网＋"的发展趋势,利用信息化带动产业化,产业化促进信息化的发展模式,助力电商创新创业。徐州小布电子商务公司延续了沙集模式中"裂变＋复制"的商业模式,创建了小布网新零售平台,如图 6.6 所示。小布网目前包含五大板块,小布商城、小布云仓、小布商学院、果果猴新零售体验店、农业旅游。

图 6.6　小布商城界面

6.2.3　创业带头人

在萌芽期,需要带头人来引导其他农民开展农村电子商务创业活动。首先,2003 年淘宝网才成立,这也就意味着,在 2003 年,我国电子商务才开始在普通大众群体中传播。其次,对于经济发展较为落后的农村,还无法主动接受电子商务行为。因此,无论是政府,还是龙头企业或返乡人才的带领,都需要有带头人来引领整个农村接受并开展电子商务,如表 6.7 所示。

表 6.7　区域样本创业带头人的概述总结

区域样本	带头人	具体事项
沭阳	政府	政府机构推动电子商务发展,从而带动产业升级。
永嘉	五大支柱产业	以永嘉产品优势,使其在开展农村电子商务方面具备了市场核心竞争的优势。
临安	邵洁	创业带头人村民邵洁于 2007 年在网上开设淘宝店销售山核桃,后成立临安天玥食品有限公司,并带领村民走向开展电子商务之路。
遂昌	潘东明	2010 年,在政府的支持下,与其他合伙人创立了遂昌电子商务协会,带动了当地电子商务的发展。
缙云	吕振鸿	2006 年,在义乌做饰品生意的吕振鸿接触到淘宝网,开始在淘宝上经营户外用品。主要代销生产商的产品,产品质量不受自己控制,后来意识到品牌重要性,就打出"北山狼"的品牌,价格低廉且质量有保证,受到大家的欢迎,从而带动了当地电子商务的开展。
睢宁	孙寒	2003 年,孙寒开起了第一家淘宝店,经营小饰品、小挂件,后受韩剧启发,经营韩式家具,取得一定收益,并带领村民走向农村电子商务发展之路。

资料来源:作者根据各样本区域电子商务协会负责人的访谈记录整理得到。

电子商务在我国起步较晚,人们对其认识需要一定的过程,尤其是在农村这种信息化发展相对迟缓的环境下,受传统思想的影响,人们一时还无法接受这一新兴商务模式,怀疑、观望的情绪比较浓厚,此时创业带头人的典型示范就显得尤为关键。不论是"沙集模式"中的孙寒,还是"北山模式"中的吕振鸿,都是当地农村电子商务模式发展的关键引领人物。假如没有这些关键人物的引领,就不可能出现这些相应的商务模式,或者需要更长的时间才会出现。因此,注重培养创业带头人是培育新兴产业关键之举。这个结论已经在本书第四章和已有的理论文献结论中得到支持。

6.2.4 政府支持

2016—2018 年,沭阳、永嘉、临安、遂昌、睢宁和缙云等区域的相关农村电子商务政策等具体详见表 6.8。

表 6.8 2016—2018 年典型区域相关农村电子商务政策

地方	内容	2016—2018	具体政策
沭阳	诚信建设方面	2018-01-23	四举措加强电子商务领域诚信建设。
		2018-05-15	副县长孙其泉宣读《"沭阳县诚信网站"评定管理暂行办法》。
	资金方面	2017-09-22	沭阳县(第二批)电子商务进农村综合示范县专项资金相关项目公示,共计补助金额 178.5 万元。
		2017-04-24	关于开展沭阳县(首批)电子商务进农村综合示范资金第二次项目申报工作的通知,主要关于"一村一品一店"项目。
		2016-09-16	沭阳县(第二批)电子商务进农村综合示范县专项资金(乡镇电子商务服务中心)项目公示。
		2016-08-01	沭阳县(首批)电子商务进农村综合示范资金项目公示。
		2016-03-17	关于调整《沭阳县电子商务进农村综合示范资金管理办法》通知。
	孵化基地方面	2017-07-24	苏奥电子商务产业园通过市级创业孵化基地验收。
		2016-09-26	县邮政分公司六项措施推进 2017 年电子商务小包业务发展。
		2016-08-02	县软件园积极做好 2016 年度全省重点服务业和电子商务企业入库工作。
		2018-03-16	"申中电商创客之家"成功入选《江苏省首批电子商务众创空间试点培育对象名单》。
	基础设施	2018-02-07	县邮政分公司党委对邮政农村电子商务工作提出要求。
		2018-01-11	县邮政分公司六项措施推进电子商务小包业务发展,成立电商小包业务小组。
		2018-10-11	全镇新增电子商务项目 48 个,并组织参观学习,加强组织领导,优化创业环境。
		2018-08-02	省政协领导调研农民集中居住及农村电子商务相关情况。

续表

地方	内容	2016—2018	具体政策
永嘉	政府(电子商务服务水平)	2018-07-30	扎下镇积极落实县委县政府关于"网络创业""一村一品一店"工作的相关要求。
		2018-06-27	"中国电子商务促进乡村振兴高峰会议"在我县隆重召开。
		2018-05-15	永嘉县召开全民创业(网络创业)暨电子商务工作会议。
		2018-04-23	颜集镇电子商务拓宽生态富民路。
	资金方面	2018-09-18	《关于2016和2017年度永嘉县电子商务发展专项资金补助项目的公示》。
		2017-01-23	重点人群从事农村电商创办个体工商户或企业,给予6000元的一次性创业社保补贴。
		2017-02-28	加大农村电商人员创业担保贷款发展。创新创业担保贷款工作机制,发挥电商网络优势,实行贴贷分离。
	人才培养	2017-01-23	强化农村电商职业技能培训,对参加农村电商培训并取得职业资格证书。
		2017-02-28	对在校大学生和毕业5年以内高校毕业生、就业困难人员、城镇复退军人、持证残疾人等重点人群租用经营场地从事农村电商创业的给予租金20%的场租补贴,年补贴最高额不超过5000元。
		2017-01-23	加快农村电商专业技术人才培养,举办农村电商职业技能大赛。
		2016-06-29	永嘉县举办农村电商培训班。
	基础设施	2017-01-23	推动村级电商服务站建设,实现"网货下乡"和"农产品进城"的双向流通功能。
临安	资金方面	2018-07-30	关于下达2017年杭州市农村电子商务项目扶持资金的公示,对各地电子商务村项目进行资金扶持,共计1045万元。并对农村企业进行资金扶持,共计715万元。
	人才培养	2018-06-13	青山湖街道成校举办2018年电子商务(网店运营)培训班。
		2018-06-07	举办了首届农村电子商务微商培训班。
		2018-06-05	岛石镇成校开展2018年微商培训。
		2018-04-24	湍口镇举办农村电子商务微商培训班。

续表

地方	内容	2016—2018	具体政策
遂昌	人才培养	2018-03-13	杭州市临安区教育局科学技术协会关于做好 2018 年农村电子商务培训工作的通知。
		2017-06-18	太阳镇成校做好山核桃产区农民电商培训。
	产业园区	2018-06-22	建设"2 镇＋1 园＋多区"体系，打造电子商务聚集区。"2 镇"指龙岗坚果乐园小镇和白牛电商小镇，"1 园"是中国跨境电子商务综合试验区临安园区，"多区"分别是以镇街为主体建设的电子商务集聚区等。
	创业领导人	2018-06-15	临安的闻远人荣获乡村振兴"2018 杰出新农人"称号。
	政策	2018-05-16	杭州市临安人民政府办公室批转区科技局关于 2018 年临安区科技活动周实施意见的通知。
		2018-03-9	申报 2017 年杭州市农村电子商务扶持项目通知。
	资金方面	2018-09-30	中国建设银行股份有限公司丽水分行与浙江赶街电子商务有限公司签订"裕农通"普惠金融合作协议。
	人才方面	2018-10-25	赶街公司到杭参加省秋季人才交流会。
		2017-11-06	县 40 多名电商人才参加等级认证培训。
	服务商	2018-09-25	浙江赶街电子商务有限公司。
睢宁	交流学习	2016-01-20	睢宁县沙集镇获首批"江苏省农村电子商务示范镇"。
		2016-04-20	徐州市五县(市)均获省级以上农村电子商务县级示范主体认定。
		2016-07-19	徐州市 5 村新获省级农村电子商务示范村认定。
		2016-07-20	睢宁县沙集镇和平村获第四批江苏省农村电子商务示范村。
		2016-09-08	省工商局孙连才副局长赴睢宁县调研农村电子商务发展与监管工作。
	交流学习	2016-09-27	农村电子商务发展研讨与参访活动会务组来沙集调研。
		2016-09-30	中共中央政治局委员、国务院副总理汪洋到县考察农村电子商务发展。
	人才培养	2017-09-06	睢宁县农村电子商务培训班开班。
缙云	创业带头人	2018-10-18	浙江顺联网络科技有限公司郭洪安获评"2018 中国农村电商致富带头人"。
	人才培养	2018-08-23	缙云大力培育技能人才，进行电子商务培训。
		2018-05-28	开展关于 2018 年度缙云县"千万农村劳动力素质提升"会议。
		2017-09-25	开展"送科技下乡"活动，缙云、龙泉、嘉善等县市的弄寻电商骨干参加了配云研讨。
	资金支持	2017-12-20	缙云县为促进农村电子商务发展进行资金支持。
	基础设施	2017-09-11	下达关于 2014—2016 年度山区经济发展项目，为促进农村电子商务发展，建设"村邮乐购"项目。
		2017-02-21	缙云县发挥三大优势(品牌、资源、服务)助推电子商务发展。

资料来源：作者根据结合访谈调查和政府网站数据整理得到。

如表 6.8 所示,各地在政府、人才、资金等方面都比较重视,但同时因为各地具体情况的不同,存在一定的差异。沭阳县:重视诚信建设,在基础设施和孵化基地方面比较重视且取得了一定的成就,政府也比较重视农村电子商务的发展。永嘉县:重视人才的培养,对龙头企业给予资金支持。临安区:临安特别重视人才的培养,定期组织培训活动,并积极推进农村电子商务发展。遂昌县:重视服务商的作用,重视人才培养和资金来源。缙云县:注重人才培养,充分发挥创业带头人的作用。睢宁县:政府的支持力度比较大,比较重视人才。

6.3 不同区域农村电子商务模式发展路径的演化分析

本节将在前面章节分析的基础上,基于系统动力学理论,以及系统行为与内在机制间的相互依赖关系,运用系统动力学模型,获得三类模型,发掘出三种不同发展模式之间形态的因、果关系的区别,演绎出农村电子商务模式选择路径。

6.3.1 "特色产业主导模式"路径演化系统动力学图

"特色产业主导模式"是一种以特色农业产业为依托,以保持农村原有机理和风貌为前提,由广大农民通过电子商务创业创新实现农业产业升级,并在政府的合理引导下形成农村电商生态体系,模式本质上是一种"互联网+三农"区域电商发展模式:以区域为基础单元发展电子商务,要求县级领导以区域的眼光布局电商发展路线,配置人力和财政资源,紧密结合本地实际情况,探索适合自己区域的电子商务发展模式,一条充分体现互联网与农民、农业和农村三者全面融合、同步融合、深度融合的区域电商发展路子,体现"政府之手"与"市场之手"的有效结合,为如何充分调动区域内的各类组织和经营主体,各司其职,高效互动,共建电商生态体系提供了可行性样本。农村产业融合发展主要还得依托农业,立足农村,惠及农民,重点在县和县以下,关键在于营造良好的支撑环境,构建完善的服务体系,激发农民的创业热情和创新精神,让农民广泛参与产业融合的发展,如图 6.7 所示。

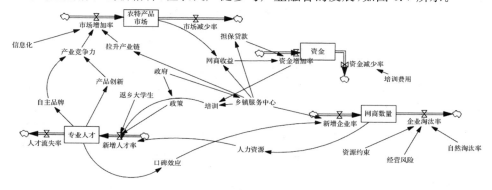

图 6.7 "特色产业主导模式"系统动力学

6.3.2 "服务商平台主导模式"路径演化系统动力学图

"服务商平台主导模式"是借"电子商务综合服务商＋网商＋特色产业"的相互作用,在政策环境的催化下,通过促进地方特色产业,特别是农业及农产品加工业的电子商务化发展,带动区域电子商务生态发展,形成信息时代的区域经济发展道路。在产业集群发展过程中,市场、企业数量、专业人才和资金起决定性作用。市场是产业集群持续发展的保证,包括市场范围、供求关系、支撑产业的完备性和市场的潜在容量等。企业数量是组成产业集群的基本单元,直接影响产业集群的规模。企业管理者和职业技能人员等专业人才是产业集群发展的前提,也是产业集群发展的原动力。政府的基础设施投资、金融机构贷款、风险投资等是集群发展与扩张的血液。从传统专业市场、网商数量、专业人才和资金四个方面,构建了该模式发展的因果关系图,描述在政府和综合服务提供商推动下,该模式在发展过程中,主要的几条关于农特产品市场、网商数量、专业人才和资金的反馈路径,如图6.8所示。

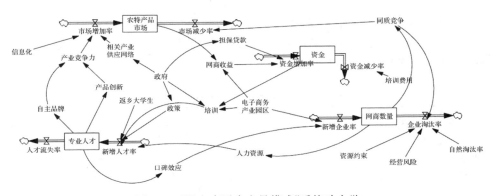

图6.8 "服务商平台主导模式"系统动力学

6.3.3 "农户主导模式"路径演化系统动力学图

"农户主导模式"是由开始的"农民自发创业＋政府引导服务"发展为"网络＋公司＋农户",其中农户是发挥主导作用的主体,公司是农村产业化的基础,电子商务平台则是产业化发展的引领力量。因此,"农户主导模式"是自下而上的自发模式,也是农村经济中信息化带动产业化,产业化促进信息化,实现农村产业化升级的典型,并具有可复制性,可为其他地区的发展提供借鉴。根据电商集群的发展历程和模式,从产品市场、网商数量、专业人才和资金四个方面,构建了电子商务模式发展的因果关系图,在该模式下的电商发展过程中,农户的自发行为是形成电商集群的原动力,并且模式在发展过程中更注重自主品牌建设、产品创新和产业升级,如图6.9所示。

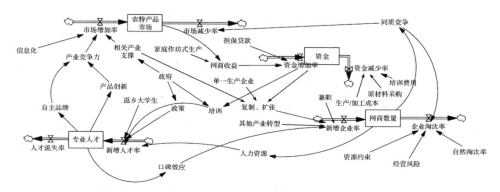

图 6.9 "农户主导模式"系统动力学

6.4 不同区域农村电子商务模式优化路径总结

通过上述样本区域案例分析可以看出,不同区域根据自身初期条件的不同,开始选择不同的模式。在其发展过程中大致可分为萌芽期、成长期和成熟期。而不同模式在不同阶段的发展不同。因此,在不同时期,发展的重点也是不同的,案例对比发展路径总结如表 6.9 所示。

表 6.9 农村电子商务应用模式的发展路径

发展路径	应用模式	萌芽期	成长期	成熟期
强产业基础＋产品有地域特色	特色产业主导模式	1.早期建产业特色区 2.开始建设 ADSL 宽带接入	1.实现了宽带村村通及探索使用淘宝1688 等第三方电商平台开展线上营销 2.产品体系更趋完整,避免了产品同质化 3.产品服务质量需要不断提升	1.打造网络创业孵化基地电子商务公共服务中心 2.组织成立电子商务协会流快递园区
弱产业基础＋产品有地域特色				
强产业基础＋产品无地域特色	服务商平台主导模式	1.政府创造优良电子商务软硬件环境 2.协会＋公司模式合上游供应商 3.整合农产品供应链竞争	1.以县域加盟合作的方式便利店升级为综合服务站 2.通过"特色中国·遂昌馆",金融支付体系成立 3."特色中国·遂昌馆"与"赶街网",对不同客户群的需求互补	"赶街 APP＋乡镇服务中心",构成本地生活服务闭环 "县城合伙人＋乡镇合伙人"招商方式将这一模式在全国进行大规模复制推广
弱产业基础＋产品无地域特色				

发展路径	应用模式	萌芽期	成长期	成熟期
无产业基础＋产品有地域特色	农户主导模式	1."领头羊"的出现"熟人关系"和农民内生的自发助力带动农村电子商务的发展 2.因为市场需求倒逼基础设施的完善 3.选择机内壁垒较低的产品还需要大力培养的产品	1.政府帮助完善创业环境和产业链 2.网商自发建立电子商务协会及低质量产品的问题 3.加强知识产权和产品创新化现象	在政府的引导由早期的 1.0 版升级到现在的 2.0 版 规划建设的电子商务产业园齐全
无产业基础＋产品无地域特色				

6.4.1　不同阶段农村电子商务模式优化路径

6.4.1.1　萌芽阶段

萌芽阶段的标志是创业火种（带头人）的出现和新商业模式的形成,这种新商业模式的产生具有偶然性,模式本身具有较强的可复制性。有些地区可以依托其原有产业基础来开展电子商务创业,良好的规模化产业基础为本地网商的草根式创业提供了有力的支持,例如沭阳的花木园区产业在原有的基础上加入电子商务可以使本身发展良好的园区产业锦上添花,而即使尚未规模化,只要存在较好的实体特色产业,也能因地制宜,通过互联网销售本地农产品。而当有些区域缺少当地特色产品且未形成较好的实体产业或是原有产业已为夕阳产业时,可以自行开辟新的产业,例如缙云的户外用品以及睢宁的家具等都是具有价格竞争力的产品且进入壁垒较低,可以快速复制模仿学习。一般而言,商业模式的选择都会具体由一个合适的带头人来设计并实施,上述 6 个典型区域皆是如此。在萌芽阶段,关键也是最难的因素就是由合适的人找到合适的模式,包括基础设施、电商平台、创业带头人以及政府支持在内的各因素会形成前期的创业氛围,若该区域没有创业氛围,选择合适的商业模式可能是偶然性因素,而在创业氛围浓厚的地方,这就是一个大概率的事件。

6.4.1.2　成长阶段

该阶段的标志之一是主体商业模式的裂变式复制和扩散,呈现星火燎原之势;标志之二是技术创新开始突显其作用,与商业模式创新相辅相成、交替升级,双轮驱动产业规模的扩张和竞争力的提升。农村熟人社会的存在也是重要因素,加上互联网信息获取的便利,为互联网创业所需的隐性知识和显性知识的学习提供了网络基础,从而让成功经验和模式得以迅速传播,但同时大量的同质竞争者拥挤在同一个市场领域,从而导致行业竞争无序,价格战频发,行业利润越来越低,上述每一个案例都遇到了这类问题,解决的途径通常为通过行业组织来进行价格的统一。从而行业的分工开始出现,并越来越细化。政府和行业组织协会在该阶段的作用开始凸显,上述所涉及的样本区域都在这两个主体的作用下通过基础设施的提升以及人员的培训学习完善了商流、物流、信息流和人才流等各资源链条,旨在提高产品质量和完善创新商业模式。

6.4.1.3 成熟阶段

该阶段的标志是规模企业不断涌现,技术创新引领区域品牌和竞争力不断升级。其特点是电子商务产业链条日趋完整,电子商务服务支撑体系逐步完善,整个商业生态体系日渐健壮。竞争日趋激烈降低迫使企业通过经营的多样化、提高科技含量、用户个性化定制、品牌化发展等手段提高利润,行业规模不断壮大。资金、土地、人才要素瓶颈的日益突显也推动了企业从竞争走向合作,对环境主动施加影响,积极向政府寻求支持。沭阳、遂昌和沙集都已经建立电子商务产业园或物流园(缙云和临安也正在打造商业园区),各地政府亦看到农村电子商务的发展前景,积极与电子商务协会组织对接,从政策、资源方面予以倾斜,推动农村电子商务更快发展,生态圈的建立大大缓解了企业的土地、资金和人才瓶颈压力。

在这个生态圈内,各方面职需要相互辅助,才能更好地使农村电子商务长久生存。实践创新持续影响着基层发育与政府推动的相互关系,形成多样化的农村电商"上下并行"形态和交互结果。在涵盖网商、企业、平台、政府等相关主体的农村电商系统内,只有保证各主体充分发挥经营和职能优势,形成良性的互联体系和作用机制,才能使"上下并行"成为可能。积极探索市场机制与管理职能相结合的方案,通过引进大型电商平台(阿里巴巴、京东等)或发展本地电商企业,并紧密联系信息服务站、商店、超市等基层网点,统筹解决收购、发货、培训、信贷等问题,推动各类资源与农村电商需求的精准匹配。在农村电商发展初期,因为初期条件的不同,导致不同区域的发展模式不同,但是无论选择怎么样的模式,最终都需要各个方面的不断完善。也就是说,最终,一个成熟的农村电子商务是需要一个完整的生态圈(见图6.10)。

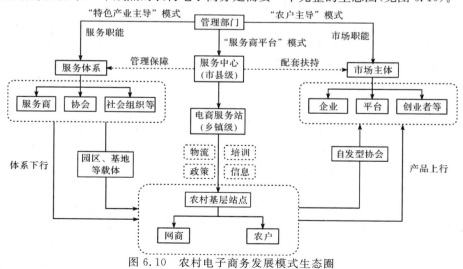

图 6.10　农村电子商务发展模式生态圈

电商生态体系的完善是持续健康发展的保障,需要硬件、软件以及线上、线下统筹发展。硬件上应该建立产业园区,提高农村宽带用户数,改造乡镇套路,建立冷链物流园等。软件上建立乡镇服务平台和服务体系,建立返乡创业服务站,成立行业协会、电子商务协会,成立电商领导小组等。线下可以开展培训课。线上可以成立线上政务大厅,线上宣传推广等。只有一个完善的电子商务生态体系,才能使得农村电商健康可持续发展下去。

6.4.2 不同特征的区域农村电子商务模式优化路径

6.4.2.1 针对"产品特色＋产业市场"县域

"特色产业主导模式"一般属于特色产业发达的地域,企业的自我意识和能力较强,政府只要营造好电子商务氛围、整合好电子商务生态,通过树立一批典型,就有望实现"多米诺骨牌"效应。但是值得注意的是,这些地域在发展农村电子商务需要不同时期做好相应的措施。适用于有发达产业基础的地区,尤其是消费品产业占优势的地方。

(1)萌芽期

善用资源禀赋,鼓励创业创新。既有产品特色又有产业基础的地区,可以充分利用当地的资源禀赋,把原有资源优势转化为新的产业优势,打造了立于国内产业发展潮头的全新电商产业经济。县域可以通过积极营造全民创新创业的氛围,着力培育创业孵化的条件,激发全民主动创业致富的动力。县域都有自身的产业资源优势,面对新经济发展潮流,主动挖掘资源禀赋优势,立足于当地人民群众的基础,实事求是,激发当地群众的创业热情,积极提供创新发展的条件,融合信息化发展的新常态新形式,这对于激活县域经济活力和促进社会发展具有重要意义。

完善基础设施,夯实产业配套。一方面,政府目前应多方面加快农村网络基础设施建设,不断完善农村地区的宽带和光纤网络,提高农村互联网的覆盖率和普及率,从而不断缩小与城镇的差距;针对农村网络信号差、费用高等问题,政府应鼓励或全力支持电信、联通和移动等营运商提高农村地区网络服务质量,如提高农村地区的上网速度,加快农村地区4G网络建设速度,降低上网资费;政府应丰富农村上网设备,使农村居民上网有更多的选择余地,为此国家应出台政策刺激农村居民主动购买电脑、电视、手机等上网设备,如以往的电器"三下乡活动",也可以实施电脑、电视、手机"三下乡活动",对于农村居民购买电脑、电视和手机给予一定的补贴,激发农村居民购买上网设备的欲望,提高农村地区电脑、电视和手机的普及率,从而为农村网购和农村电子商务发展提供保障。

另一方面,县域电商的快速发展与完善的基础设施密不可分。随着电子商务的发展,县域政府应该推出宽带提速和物流配套的发展策略,为广大农民及时提供良好的信息网络基础设施配套,推进物流快递布点向乡镇村的纵向延伸,并在县域中心成立物流产业园进行统一的调拨和管理。通过电子商务产业发展布局的新路径,以完善产业规划、落实产业基础设施建设为依托,着力突破道路、信息与平台对接的瓶颈,为县域产业发展提供坚实的硬件配套。并且在电商产业发展的过程中,及时补足原有产业和新电商产业发展相融合需要的信息网络资源、快递物流配套、花卉苗木交易市场、网货资源集散中心等产业配套,从供给侧为新经济注入新活力。

重视草根群体,激活市场潜力。县域政府可以通过引导草根群体紧跟新经济中的电子商务产业,铺开一条新产业发展道路,充分相信人民群众的力量,把群众的力量凝为一股绳,形成强劲合力,共同推动电子商务发展。相关政府部门通过协同龙头企业、网商群体推动电子商务协会和相关协会的建设,齐心协力克服发展路径上的重重困难,打通一个个电商发展的关键节点,有力地激发草根群体的微创新能力,充分地挖掘了产业凝结的集群社会资本,用草根群体的创新力、消费力与集体智慧,激发出更强大、更持久的市场活力,使该区域的电子商务产业的市场竞争力不断提升。

构建农产品标准化体系,整合优势资源。近年来,由于在食品方面出现了很多的问题,在农村电商发展中构建标准化体系显得尤为重要,要加大力度完善相关法律法规加强农产品的质量审核和行业自我监督。有效整合服务资源,规模化、标准化、品牌化是发展农产品电子商务的前提条件。实现该前提条件需要职能部门统一协调、统筹规划。通过整合服务资源,在县级电子商务服务中心基础上完善乡镇级、村级的电商服务中心,集中资金、技术、设施、人才等资源合力,降低农村电商经营成本。通过电商服务中心,近距离地引导和扶持农村电商业务的发展。

(2)成长期

完善物流配送体系。县域应该合理规划和布局农村物流基础设施,开发冷链物流,组建县、镇、村三位一体物流服务中心。大力发展第三方物流,整合快递物流资源,提高物流配送的社会化、组织化和信息化水平,为农产品交易提供快速高效的物流支撑。政府部门应加大资金支持,完善乡村地区的道路建设,提高农村的道路等级,争取实现乡村地区公路全覆盖,使物流配送更加通畅。同时加快乡村地区的快递服务网络建设,各县区的乡镇与村可以根据当地条件建立物流配送中心,有效地解决"最后一公里"难题。同时也要鼓励申通、韵达相关的快递企业在农村建立村级的服务门店或站点,或者在农村中的小型商店内设立自主提货站点,从而形成相对完善的配送服务体系。

落实人才保障机制,提高农民素质。县域联合政府、高校、电子商务企业,共建人才培训和实习基地,搭建人才供需交流平台,通过招商引资、完善吸引人才政策等形式,为农村引进紧缺急需的电商人才。引导和教育大学生返乡创业,使人才向农村合理地流动。提高农民素质培养农村电子商务的主力军,农民是该贸易体系中最为活跃的部分,是农村电子商务发展的主力军。除了对农户进行培训之外,还要对政府工作人员进行能力升级,只有政府工作人员完全熟悉电商理论,才能更好地对农户进行宣传和讲解,有效地提高农户参与电商的积极性,一对一地授予电商技术的方式使得农户更容易接受这一新型模式。

加大政策扶持力度。政府机构充分发挥对农村电子商务的计划协调作用,在全国范围内逐渐出现了电子政务这一新型执政方式,普通的乡镇都在积极发展专业的网络信息平台和相关的信息基础设施,这些网络平台除了发布相关信息和新闻以外,还着力于建立与农民沟通的渠道,更有部分省(自治区、直辖市)进一步开辟了农业网络平台,可以实时提供农产品的价格并发布有关的农事信息,有的还为农民提供了交易的平台。政府应该找准定位,要遵循“市场主体、政府引导、因地制宜”的原则,做到“不缺位、不越位”。这要求政府要加强服务意识,要把握市场机制及电子商务发展的一般规律,并与本地实际情况相结合,因地制宜地制定本地区的电子商务发展规划和政策措施。通过降低市场交易成本和创业成本,优化创业环境,提升公共服务质量。具体包括改善基础设施条件,尤其是宽带网络建设,加快县、乡、村三级物流体系的建设,加强农村金融体系建设,创新小额信贷产品供给和互联网金融在农村的应用等。

加强农产品品牌建设,避免价格战。各区域电子商务产业在成长期均需要加强农产品品牌建设,提高农产品质量,增加农产品销量,提升农产品盈利。从打造品牌方面来说,农民要重视品牌的作用,了解品牌和消费者消费欲望之间的联系,自主创建品牌,提升产品的美誉度,吸引更多的消费者前来购买,从而获得更多的利益。同时也要加强品牌建设,提高知名度,使农产品标准化品牌化,以此来提高农产品的附加值从而增加农民收入;并且也需要合理引导,最大限度地降低农产品在发展过程中出现同质化现象,从而导致恶意竞争。

6.4.2.2 针对“无产品特色＋专业市场”县域

“服务商平台主导模式”仿照工业上的“流程化”模式建立起了农林产品的社会大协作,电子商务服务平台把货源整合、商品数据、仓储、发货及售后这些比较琐碎复杂的工作承担起来,让上游的生产端和下游的销售端专注于自己最擅长的工作,从而不用将重心放在产业链上,提升了当地电子商务的整体运行效率和竞争力。这种模式在县域电子商务的发展初期具有效率高的优势,比较适合电子商务基础弱、小品牌多、小网商多的区域。

(1)萌芽期

成立综合性的网店协会。初期规模较小,生产和销售都比较零散,由于一般来说各县域的大部分网商的运营水平仍属初级阶段,标准不统一带来产品质量上的差距,势必会对当地县域农村电商品牌造成影响。协会能够凭借业界领导力,在帮扶网商成长、整合供应商资源、规范农产品电子商务市场等方面发挥积极作用,助力当地在很短的时间内迅速形成完备的农村电子商务生态集群,致力于辅助平台卖家的成长与促进线下卖家向新电商的转化,特别是帮助农户对接电商渠道,为其提供专业性的服务,促进了本地电商生态链的完善,拉动互联网经济。在为本地网商提供专业培训、技术咨询、信息传递等各项服务的同时,对接相关政策,为行业确立了标准,有效地规范了各网商之间的竞争合作关系。

选择多品类且有地方特色的产品。在特色产业升级方面,应该组织多品类农产品上网以及网销与旅游业的结合,并通过帮助农民专业合作社和农产品加工企业由分销平台对接电子商务,从而加快特色产业的电子商务化进程。个性化农产品应该能够通过 QS 认证或是当地独特的土壤、水源、空气、肥料、热量等生产力要素塑造成当地品牌,通过消费者对当地自然环境的认可,最终实现对当地农产品的信任。独特的产品特色以及良好产业基础为本地网商的草根式创业提供了有力的支持。主要体现在:一是销售本地农产品具有成本优势;二是本地农产品具有特色和区域知名度,放到网上去容易得到消费者的关注、认可和信任;三是从小耳濡目染,对该行业非常熟悉,能够很好地完成宝贝的描述和推介,并把握好产品收购和质量两道关;四是对本地特色农产品有一种特殊的情怀。只有当农产品电子商务成为特色产业才能加快电商化进程。例如都是做竹炭产品的,就可以细分为婴幼儿用品类、家庭用品类、汽车用品类等,逐渐将会员分成各个不同的门类。

对接分销平台,打造完整产业链。当地合作商具有优质的产品资源,但缺少电子商务经验和人才。网商协会通过对接分销平台,从而能够以较低成本实现网络销售。这种分销模式极大地促进了当地农产品的网络销售。通过协会找到上千家供应商,绑定在一起,同时协会会引来线下超市采购,整合上下流资源,同时与专业的冷链和社区店合作,借助网店协会强大的资源整合能力和号召力,同第三方服务商谈判签署服务协议,为其平台网商提供统一仓储、统一包装、统一配送的全方位仓储物流服务。

政府积极为电子商务发展营造软硬件环境。在这一类模式下,政府的作用显得更为举足轻重,才能保证协会的稳定发展。一方面,完善法律法规和相关政策,营造更有利于农村电商发展的外部环境;另一方面,要鼓励农民发展电商,为各大电商以及协会进村提供便利。大力扶持并愿意为当地电商信誉"背书",给农产品安全质量上了保险,同时当地工商、质监、卫生等部门应全部"跟进"网店,定期对网店商品的品质做检验检测,保证从当地县域流出的东西百分之百合格,安排专人统筹全局,负责协调各政府部门的电商事务。在融资服务方面,当地县可以采取网店协会出面担保、本地商业银行提供贷款的方式,为网商提供充足资金支持,有效解决了许多网商在初始资本不足、资金周转不灵等方面的问题,同传统银行业以及互联网金融企业紧密配合,共同打造一套合作共赢的金融支持系统,可以有效降低成本,提升平台综合竞争力。

（2）成长期

线下管理和服务是关键，建立一套农村电子商务服务网络。通过投入硬件和培训村级负责人，将各村的便利店升级为集货物代发、代收、代买、代卖等服务为一体的综合服务站，为各地村民提供全方位优质服务，使其真正融入整个县域范围内的电子商务网络，享受电子商务带来的便利与实惠。可以在当地建立一个中心，建立三套体系。中心是公共服务中心，三套体系是理念服务体系、农产品上行体系、消费品下行体系，综合成"一中心三体系"就能解决农村电商发展问题。村里建服务站，县里做服务中心。

政府、协会积极加大对人才的培训。当地县政府应积极服务农村电商企业各类人才需求，在不同季度组织举办电商人才专场招聘会，吸引在外大学生、电商青年回乡创业，为电商企业广猎各类所需人才。在政府与协会的共同努力下，当地应建立一套成功的人才培训体系，一方面让当地电子商务的热度进一步升温，另一方面也为电商企业源源不断地输送专业人才。搭建交流平台，深化产学研合作。针对不同的受教群体来确定培训方式，多形式、多渠道的系统和实操培训。当然，无论哪种方式，都需要结合当地特色。设置课程级别，对于年纪较大、网络意识薄弱、农产品电商推广工作经验不足的民众、没有电商知识的农民来讲，要由浅入深，由简单到复杂。对于有一定基础的种养大户、大学生"村官"、经纪人等就要根据他们的基础来制定课程体系。

6.4.2.3 针对"无产品特色＋无专业市场"县域

"农户主导模式"具有一定的偶然性，它是建立在存在一个或几个农户自主创业之后获益颇丰，从而吸引其他农户利用熟人关系进行模仿学习。然后通过农户创业成功推动全村基础设施的发展，从而引起政府的重视来帮助其发展，但是政府在其发展中仅仅起到辅助作用。在这种模式中，农户创业一般都会选择新的产业，也就是当地原来并没有什么产业或者产业基础薄弱，因此，放弃原来产业损失并不大，农户较容易能接受。

（1）萌芽期

因地选择合适的产品。这类地区大多数没有产业基础，因此要想创业，就必须先选择合适的产品。农村产品可以根据储运特征和附加值来划分。一般而言，高附加值的产品具有一定的竞争力，所以比较不容易开拓市场。而易储运的产品在运输成本上相对节省。高附加值易储运产品：这类产品附加值相对较高，具有一定的竞争力，并且适合储运，容易实施电子商务。低附加值易储运产品：如普通粮食。从全国范围来讲，产品的差异化不大，各地的生产成本与售价没有大的差异，而且粮食作为一种必需的消费品，消费量基本稳定，所以基本都是就近采购入仓或就近销售，即便远距离采购，也是作为产品差异化的补充。低附加值不易储运：在传统销售渠道下，这类普通生鲜产品，批量大的，一般都是菜贩子贩往批发市场，再经农贸市场出售给消费者，中间环节多，农户利润薄；批量小的，农户自己直接到附近市场上销售，销售效率低。高附加值不易储运：对于这类附加值相对较高但不宜储运的农特产，如果是大批量的，可在信息类以及交易类 B2B 平台上发布供给信息，通过市场化、规模化的冷链物流实现异地销售，提高收入。同时，对于产品的考虑还需要基于当地的环境是否适合产品的生产与发展。

培养创业能人。农村电子商务的扩散主要还是依靠熟人关系，当地创业能人的出现可以有效提高其他农户的创业积极性。建议各级地方政府加强淘宝村人才体系的建设，包括并不限于：将淘宝村电商培训纳入地方商务系统的培训范畴，定期开展知识下乡活动，为村民提供免费的、高水平的电商培训；鼓励并有序引导返乡人员、农村青年等人群依托农村电商创新创业；成立县级或市级的电子商务培训机构，以"能否开网店"作为培训效果的考评指标，批量化培训电商人才；加强对地方政府领导班子、基层干部的电商培训，以强化政府对电商经济的认知程度。加强农村电商服务体系建设，提升淘宝村竞争力。在鼓励引导电子商务人才"下农村"并"留下来"的同时，可以与当地职业院校、涉农企业、电子商务平台合作办学、定向培训，培养农村电商专业人才及相关跨界融合型人才，大力扶持扎根于本地的农村电商平台建设。

完善当地基础设施。一般没有产业基础的地区当地都比较贫穷，发展较为落后。因此当地的很多基础条件和设施暂时不能满足农村电子商务的迅速发展。因此，建议各地政府一方面完善当地网络设施的建设，保证每家每户可以正常适用网络；另一方面加强物流方面的建设。修建乡村道路，积极引进第三方物流企业，降低产品输运成本，保证产品运输质量。同时，在保证耕地红线的前提下，提高现有设施的利用效率，并提供优惠的入驻条件和完善的生活配套，引进多层次的第三方电子商务服务商，让淘宝村的卖家们能够就近入驻，解决发展的空间难题，提供电商培训服务。

（2）成长期

加大宣传，鼓励创新。因为农村的产品大都是低技术含量的产品，所以要想扩大市场，就必须先加大宣传，创立自己的品牌，并打造品牌知名度。因此，可以选择致力于全村打造一个品牌，将产品与品牌融为一体，借此来提高当地的知名度；针对一些具有文化色彩的产品，也可以建设展览馆，在发展旅游业的同时扩大宣传。

从当前我国部分区域农村电商集群发展现状看，生产方式高度雷同，产品同质化严重，一旦出现市场波动，企业之间就会出现恶性竞争，最终集群效应消失，必将会对农村电商持续发展造成致命性打击。因此农村电子商务要想可持续发展下去，就必须走创新之路。建议政府或协会可以组织网商去农村电商发展较好的区域去参观和学习，聘请专业人员为网商进行指导教学，在产品种类、包装、用途等方面进行创新，打造产品的差异化。同时，鼓励较大的网商企业引进新的技术和设备,提升产品的质量和新颖度,以此扩大市场,提升销售量。

完善产业链,建立产业园区。这类地区在创业初期进行了新的产业培养,所以在发展后期就需要进行产业链的完善。因此,建议创立电子商务协会,合理安排村内产业链的分工,完善产品在生产、储藏、销售、运输以及售后等方面的流程,避免生产产量不足、产品库存的积压等现象的出现;同时可以建立电子商务产业园区,将村内零散的网商集中起来,实行统一管理,制定合理的价格区间,避免同村恶性价格竞争;设置物流快递点,安排人员对产品的村内运输;完善园区内文化建设、员工生活配套、企业综合服务等。

7　研究结论与政策建议

本书以中国农村电子商务为研究对象,分别以农村电子商务发展初期、成长期、成熟期三个阶段的主体——农民、农村、涉农电商产业为研究视角,探讨了不同区域农村电子商务模式形成与发展的影响因素、路径演化及优化。试图回答以下问题:(1)中国整体涉农电子商务发展历程及现状如何?这些发展历程背后的原因有哪些?不同区域涉农电子商务发展水平的差异特征有哪些?(2)在涉农电子商务发展初期,农民利用电子商务进行创业创新这一行为如何在村庄内部扩散?不同的区域是否有共性和特性?影响电子商务创新扩散的主要因素有哪些?(3)在涉农电子商务形成和发展过程中,不同区域为何会形成不同的农村电子商务发展模式与路径?农村的哪些要素是影响模式选择和发展的主要因素?各地农村电子商务应用模式有何发展规律?并且如何将这些应用模式推广发展至其他地区?不同的区域是否有一定的发展特征与规律?本章将在总结本文得到的具体研究结论的基础上,提出针对性政策建议,并说明本研究不足之处和可以进一步深化的方向。

7.1　研究结论

前面章节首先从中国涉农电子商务产生历程与背景出发,剖析了中国涉农电子商务迅猛发展的主要原因,测算并实证分析比较了中国各区域涉农电子商务发展现状与水平。其次,从电子商务创新扩散的研究视角,研究不同区域农村电子商务发展初期农民利用电子商务创业的主要动力机制及路径。随后,探究了不同区域在农村电子商务模式形成和发展过程中的路径选择与优化。本文得到的主要研究结论如下:

第一,中国涉农电子商务发展历程分别经历了萌芽期(涉农电子商务1.0——以农民自发利用电子商务创业为主要特征)、创新扩散(涉农电子商务2.0——以农村各区域形成大量电子商务发展模式为主要特征)和产业集群(涉农电子商务3.0——以部分典型区域形成淘宝村等涉农电商产业集聚现象为主要特征)。其中,农业农村信息化发展、互联网赋能"三农"助推电子商务与"三农"的深度融合以及国家政策的推动效应是中国涉农电子商务迅猛发展的主要原因。最后,从中国整体区域格局来看,涉农电子商务呈现出由东向西逐步递减的不均衡发展状态,西部内部发展差异较大,中部地区相对较小。主要原因在于以下两点。①一方面涉农电子商务在以江浙为中心的一带区域发源较早,可能与当地的区域经济基础较好,为电子商务的应用提供了良好的土壤,同时当地居民可支配收入较高,网上消费较为活跃有关;而相对应,中西部很多县域的电子商务发展受到互联网信息基础设施、区域产业基础、物流、金融等服务体系的制约,电子商务应用有限,网上消费相对也有限。②另一方面,东部地区和西部地区内部的区域差异相对较大,而中部地区则相对较小。这可能是由于中部地区因其地理特征,逐步吸收了东部地区电子商务发展的空间溢出效应而导致其持续发展。

第二,在农村电子商务发展初期,①区域村庄内部农民利用电子商务进行创业创新这一行为在村庄内部扩散分别有内部动力和外部动力两方面的因素。其中,内部动力包括:电子商务创新的商业模式的自身属性(包括兼容性、相对优势性、复杂性、可试验性、可观察性)、带头人示范效应、亲缘和地缘关系、村和镇电子商务协会、第三方配套服务机构。外部动力则主要来源于外部电子商务平台的辅助和政府支持政策效应。②农民利用电子商务创业过程中的点扩散、多点扩散、面扩散等三个阶段中存在不同的路径。点扩散阶段网络创业的概念和知识由创业带头人产生,随后创业带头人带动身边的朋友、亲人和创业积极分子,进而这批人又通过自身来影响身边的朋友、亲人、邻居,从而形成阶梯式的扩散、传播效应;多点扩散阶段的创业带头人的扩散作用逐渐弱化,阿里巴巴服务中心等平台和第三方配套服务机构的扩散能力增强;面扩散阶段电子商务协会和政府的政策引导作用对淘宝村内部创业的扩散效应会持续增强。③同时本研究实证分析进一步验证了上述理论分析,结果显示农民自身资本、当地资源禀赋、创业氛围、创业门槛、带头人示范效应对淘宝村农民内部创业的扩散起到正向作用,但同时我们发现淘宝村农民创业初期对资金的依赖性并不高;外界环境支持,包括政府支持、外部商业环境支持对淘宝村农民内部创业的扩散起到显著正向作用;农民自身需求、内部创业文化对淘宝村农民内部创业扩散行为起到正向影响。根据模型拟合之后的参数估计可知,政府虽然提供资金上的支持和优惠政策,创业者对资金的依赖性却很低,创业者对知识、技能的需求很大。在创业扩散的过程中创业者极少考虑风险,有很强的从众意识,从而在村内形成"羊群效应"。在淘宝村形成的初期,村民对带头人的信任程度、带头人的投入程度、经营状况都会极大地影响村民的决策和判断。

第三,在农村电子商务模式形成和发展过程中,各农村区域的"主导要素"是影响其电子商务模式选择和发展路径的主要原因,但"特色产业主导模式""服务商平台主导模式"和"农户主导模式"的发展路径演化过程不同。①产业基础和产品特征是不同区域农村电子商务模式选取的关键和决定性因素,同时政府支持、龙头企业以及创业带头人对于模式的选取也有一定的影响。强产业基础且产品具有地域特色的地区(如江苏沭阳)在政府支持下和弱产业基础且产品具有地域的地区(如浙江临安)依据良好基础设施均走向特色产业主导模式;强产业基础且产品无地域特色的地区(如浙江永嘉)在龙头企业的引领下和弱产业基础且产业无地域特色的地区(如浙江遂昌)在政府支持下均走向服务商平台主导模式;无产业基础的地区均在创业带头人的引导下走向农户主导模式(如江苏沙集)。政府支持能激发市场活力和营造良好的发展环境。基础设施对于农村电商发展奠定了一定的基础,是农村电商健康发展的前提。②在农村电子商务模式选取的关键动力中,企业家精神驱动、需求拉动、竞合推动和资本要素等四个因素为主要拉动要素,但各区域资本要素差异化影响较大,企业家精神驱动、需求拉动和竞合推动因素的影响差异化较小;同时农民之间的模仿应用、电子商务创新应用、电子商务产业集群演化和区域城乡融合程度都起到推动作用。③在农村电子商务模式发展路径演化过程中,产业链完善、电商分工与协同、行业组织等方面是影响不同区域农村电子商务发展情况的重要因素;各类资源要素、同行合作竞争、网购需求增长、需求升级这些客观推动力和农户线下、线上学习电商的基本状况是影响农村电商发展路径演化的较为重要因素。④"特色产业主导模式"是一种以特色农业产业为依托,以保持农村原有机理和风貌为前提,由广大农民通过电子商务创业创新实现农业产业升级,并在政府的合理引导下形成农村电商生态体系,该模式发展路径演化过程本质上是一种"互联网+三农区域电商"发展模式。"服务商平台主导模式"是借"电子商务综合服务商+网商+特色产业"的相互作用,在政策环境的催化下,通过促进地方特色产业,特别是农业及农产品加工业的电子商务化发展,带动区域电子商务生态发展,形成信息时代的区域经济发展道路。"农户主导模式"是由开始的"农民自发创业+政府引导服务"发展为"网络+公司+农户",其中农户是发挥主导作用的主体,公司是农村产业化的基础,电子商务平台则是产业化发展的引领力量。因此,"农户主导模式"是自下而上的自发模式,也是农村经济中信息化带动产业化,产业化促进信息化,实现农村产业化升级的典型,并具有可复制性,可为其他地区的发展提供借鉴。

7.2 政策建议

由于我国幅员辽阔,各区域自然禀赋差异较大,涉农电子商务这一新事物在不同的农村区域发展过程以及目前所处的发展阶段均不相同。因此,本书基于上述的研究结论,分别从涉农电子商务发展初期、形成和发展过程中、成熟阶段三个角度提出相关政策建议。

第一,如果该区域仍处在涉农电子商务发展初期或正准备发展初期,可以从以下两个方面来推广电子商务的应用。

(1)当地区域的政府应着力完善农村基础设施,推进物流向乡村延伸,营造良好的创业氛围,重视引导创业带头人发挥创业扩散的效应。首先,需要提高农村互联网的覆盖率和普及率,提高农村地区的上网速度,加快农村地区 4G 网络建设速度,降低上网资费,同时还需提高农村地区电脑、电视和手机的普及率,实现工业品下行。其次,加强道路条件建设,推进物流快递布点向乡镇村的纵向延伸,并在县域中心成立物流产业园进行统一的调拨和管理,并且在电商产业发展的过程中,及时补足原有产业和新电商产业发展相融合需要的信息网络资源、快递物流配套、货物资源集散中心等产业配套,从供给侧为新经济注入新活力。最后,通过积极营造全民创新创业的氛围,着力培育创业孵化的条件,激发全民主动创业致富的动力。要主动挖掘资源禀赋优势,立足于当地人民群众的基础,实事求是,激发当地群众的创业热情,积极提供创新发展的条件,融合信息化发展的新常态新形式。集中资金、技术、设施、人才等资源合力,降低农村电商经营成本。

(2)当地区域需要因地制宜,善用各种资源禀赋,选择适合当地区域经济发展的电子商务发展模式。下面将以本书提出的"要素主导"发展模式为例详述。

若该区域存在当地的"特色产业",可以引领"特色产业主导模式"的构建。该模式一般在电子商务发展初期适合特色产业发达的地域,企业的自我意识和能力较强,政府只要营造好电子商务氛围、整合好电子商务生态,通过树立一批典型,就有望实现"多米诺骨牌"效应。但是值得注意的是,这些地域在发展农村电子商务时需要不同时期做好相应的措施。该模式适用于有发达产业基础的地区,尤其是消费品产业占优势的地方。既有产品特色又有产业基础的地区,初期可以充分利用当地的资源禀赋,把原有资源优势转化为新的产业优势,打造立于国内产业发展潮头的全新电商产业经济。所在当地的县域可以通过积极营造全民创新创业的氛围,着力培育创业孵化的条件,激发全民主动创业致富的动力。县域都有自身的产业资源优势,面对新经济发展潮流,主动挖掘资源禀赋优势,立足于当地人民群众的基础,实事求是,激发当地群众的创业热情,积极提供创新发展的条件,融合信息化发展的新常态新形式,这对于激活县域经济活力和促进社会发展具有重要意义。在该模式发展初期,产品种类较为单一,在特色产业升级方面,应该通过组织多品类农产品上网,通过帮助农民专业合作社和农产品加工企业由分销平台对接电子商务,从而加快特色产业的电子商务化进程。个性化农产品能够通过 QS 认证或是当地独特的土壤、水源、空气、肥料、热量等生产力要素塑造成当地品牌,通过消费者对当地自然环境的认可,最终实现对当地农产品的信任。独特的产品特色以及良好产业基础为本地网商的草根式创业提供了有力的支持。

若该区域以"服务商主导模式"为主,仿照工业上的"流程化"模式建立起了农林产品的社会大协作,自己把货源整合、商品数据、仓储、发货及售后这些比较琐碎复杂的工作承担起来,让上游的生产端和下游的销售端专注于自己最擅长的工作,从而不用将重心放在产业链上,提升了当地电子商务的整体运行效率和竞争力。这种模式在县域电子商务的发展初期具有效率高的优势,比较适合电子商务基础弱、小品牌多、小网商多的区域。

也有一些区域由于一定的偶然性(如某个创业带头人的原因)形成了"农户主导模式"。它是建立在存在一个或几个农户自主创业之后获益颇丰,从而吸引其他农户利用熟人关系进行模仿学习。然后通过农户创业成功推动全村基础设施的发展,从而引起政府的重视来帮助其发展,但是政府在其发展中仅仅起到辅助作用。在这种模式中,农户创业一般都会选择新的产业,也就是当地原来并没有什么产业或者产业基础薄弱。这样放弃原来的产业的损失并不大,农户较容易能接受。这类地区大多数是没有产业基础的,因此要想创业,初期就必须先选择合适的产品。农产品可以根据储运特征和附加值来划分。一般而言,高附加值的产品具有一定的竞争力,所以比较不容易开拓市场。而易储运的产品在运输成本上相对节省。同时,对于产品的考虑还需要基于当地的环境是否适合产品的生产与发展。

第二,如果该区域已处在涉农电子商务发展模式形成和发展过程中,可能会面临电子商务在当地能否持续发展的问题,主要是农村区域电商人才缺乏、农户融资渠道稀少、产品同质化等问题。建议从以下三方面来优化电子商务发展的路径。

(1)在解决电子商务人才缺乏方面:政府可以联合高校、电子商务企业,共建人才培训和实习基地,搭建人才供需交流平台,通过招商引资、完善吸引人才政策等形式,为农村引进紧缺急需的电商人才。农村电子商务的扩散主要还是依靠熟人关系,当地创业能人的出现可以有效地提高其他农户的积极性。建议各级地方政府加强农村电子商务人才体系的建设,包括并不限于:将淘宝村电商培训纳入地方商务系统的培训范畴,定期开展知识下乡活动,为村民提供免费的、高水平的电商培训;鼓励并有序引导返乡人员、农村青年等人群依托农村电商创新创业;成立县级或市级的电子商务培训机构,以"能否开网店"作为培训效果的考评指标,批量化培训电商人才;加强对地方政府领导班子、基层干部的电商培训,以强化政府对电商经济的认知程度。加强农村电商服务体系建设,提升淘宝村竞争力。在鼓励引导电子商务人才"下农村"并"留下来"的同时,可以与当地职业院校、涉农企业、电子商务平台合作办学、定向培训,培养农村电商专业人才及相关跨界融合型人才,大力扶持扎根于本地的农村电商平台建设。引导和教育大学生返乡创业,使人才向农村流动。提高农民素质培养农村电子商务的主力军,农民是该贸易体系中最为活跃的部分,是农村电子商务发展的主力军。在本研究的实地调研过程中,发现随着农村电子商务的不断发展,该商业模式对创业者的知识结构、技能、素质等方面的要求越来越高,而农村现有的人才结构很难匹配淘宝村的高速发展和市场的激烈竞争。例如新河镇周圈村、壶镇北山村都实行了人才引进计划,对返乡的高素质人才在资金和场地方面给予优惠条件,另外也会给予相应的补贴,同时也和本市的职业技术学院达成人才对接计划。同时两个村也引进了本土生源的大学生"村官",以保证对淘宝村更加规范的管理。农村电子商务的持续发展离不开人才,在未来会有更多的人才回流农村,农村区域内部也必须有完善的人才引进体系。

(2)在解决农户融资服务方面:一方面可以采取网店协会、电子商务协会出面担保、本地商业银行提供贷款的方式,为农户网商提供充足的资金支持,同传统银行业以及互联网金融企业紧密配合,共同打造一套合作共赢的金融支持系统,可以有效降低成本,提升平台综合竞争力,可以解决许多农户网商在发展过程中因为规模的不断扩大导致的资本不足、资金周转不灵等资本方面的问题。另一方面,也可以结合农村金融发展的新趋势,融合电子商务产业特征,积极利用普惠金融政策,以拓宽农村区域电子商务融资渠道。

(3)在解决产品同质化和恶性竞争问题方面:一方面政府和已成立的电子商务协会要制定统一价格,避免同质化问题引起的恶性价格竞争;另一方面可以引导农户从产品的样式、品种、包装等方面对产品进行创新,从而实现产品的差异化,减轻同质化带来的产品滞销问题。初期规模较小,生产和销售都比较零散,由于一般来说各县域的大部分网商的运营水平仍属初级阶段,标准不统一带来产品质量上的差距,势必会对当地县域农村电商品牌造成影响。协会能够凭借业界领导力,在帮扶网商成长、整合供应商资源、规范农产品电子商务市场等方面发挥着积极作用,助力当地在很短的时间内迅速形成完备的农村电子商务生态集群,致力于辅助平台卖家的成长与促进线下卖家向新电商的转化,特别是帮助农户对接电商渠道,为其提供专业性的服务,促进了本地电商生态链的完善,拉动互联网经济。在为本地网商提供专业培训、技术咨询、信息传递等各项服务的同时,对接相关政策,为行业确立了标准,有效规范了各网商之间的竞合关系。

第三,如果该区域已处在农村电子商务发展的成熟阶段,主要的问题是电子商务的发展能否使当地区域经济进一步协同发展,可以从以下两方面进行深化。

(1)应继续加强区域品牌建设,提高区域产品质量,实现区域内产品体系结构升级,同时要注重加强创新,从而形成可持续发展的区域农村电子商务生态圈。农民要加强产品品牌建设,提高产品质量,增加产品销量,提升产品盈利。当地农民可以从两个方面入手:从打造品牌方面来说,农民要重视品牌的作用,了解品牌和消费者消费欲望之间的联系,自主创建品牌,提升产品的美誉度,吸引更多的消费者前来购买,从而获得更多的利益。同时也要加强品牌建设,提高知名度,使得在产品发展当中标准化、品牌化,以此来提高农产品的附加值,增加农民收入。另外,还需要合理安排村内产业链的分工,完善产品在生产、储藏、销售、运输以及售后等方面的流程,避免生产产量不足、产品库存的积压等现象的出现;同时可以建立电子商务产业园区,将村内零散的网商集中起来,实行统一管理,制定合理的价格区间,避免同村恶性价格竞争;设置物流快递点,安排人员对产品的村内运输;完善园区内文化建设、员工生活配套、企业综合服务等方面。

(2)结合电子商务全球性特征,积极对接全球大市场。一方面,随着农村电子商务逐渐进入成熟阶段,在全国一些典型的区域率先形成了"淘宝村""淘宝镇""电子商务产业园区"等产业集群和集聚,为当地区域经济的发展和农村经济的转型、现代农业经营体系的构建都提供了正向的驱动作用,并与当地的区域经济协同发展与创新,挖掘了当地农村区域的经济潜力,形成了较为成熟的电子商务产业发展体系。随着电子商务模式创新应用扩散由点到面,可以预见未来的涉农电子商务产业集聚将会超越村、镇的地理空间区域,进一步扩展到县域空间,涉农电子商务的发展将进一步突破空间限制。另一方面,本研究在实地调研过程中也观察到,已有一些淘宝村产业集群利用互联网平台对接全球大市场,例如结合跨境电子商务平台形成当地区域的跨境电子商务产业集群(如山东曹县全球最大的木制品跨境电子商务产业集群等),究其原因,与当地电子商务发展环境的成熟(如电商人才环境、电商服务环境等)密不可分。那么这种模式会不会也像最初的涉农电子商务一样,会以"星星之火"燎原到其他各地?电子商务本身就具有全球性这一特征,对接全球大市场是其必然的发展路径。

7.3 本研究不足及进一步深化的方向

尽管本研究力图呈现中国不同区域农村电子商务模式发展的路径与影响因素,但受研究时间、能力、精力以及能利用的资源限制,在选择的调研样本区域研究过程中,以浙江、江苏、山东、安徽为主,对西部区域的微观样本研究尚不够深入,更多的是侧重对西部区域农村电子商务发展模式选择的启示。中西部涉农电子商务的发展水平与东部地区仍处在不同的阶段,区域内部之间的差距也较大,未来可以继续对该区域进行细化研究,并在合适的条件下选取典型区域开展准实验的方法验证本研究中提出的一些模式发展路径框架推广与应用的合理性。

同时在本研究开展的过程中,尽管课题组尽力采取宏观与微观研究相结合、定性与定量分析相结合以及区域比较等多维度研究方法,但由于数据的可获性,在实证研究过程中,仍存在一些未能考虑进去的影响因素。未来可以根据研究的需要,在研究方法方面,结合电子商务的跨学科特征,采取大数据研究方法,进行更为细致的研究。

参考文献

[1] Abrahamson E, Rosenkopf L. Social network effects on the extent of innovation diffusion: A computer simulation[J]. Organization Science, 1997,8(3): 289-309.

[2] Agarwal R, Bayus B L. The market evolution and sales take off of product innovation[J]. Management Science, 2002,48(8): 1024-1041.

[3] Andreopoulou Z, Tsekouropoilos G, Koutromanidis T, et al. Typology for e-business activities in the agricultural sector[J]. International Journal of Business Information Systems, 2008, 3(3): 231-251.

[4] Bacarin E, Madeira R M, Medeiros C B. Contract e-negotiation in agricultural supply chains[J]. International Journal of Electronic Commerce, 2008, 12(4): 71-98.

[5] Bailey A A. Consumer awareness and use of product review websites[J]. Journal of Interactive Advertising, 2005,6(1): 68-81.

[6] Bass F M. A new-product growth model for consumer durables[J]. Management Science,1969, 15(5): 215-227.

[7] Bodini A, Zanoli R. Competitive factors of the agro-food e-commerce[J]. Journal of Food Products Marketing, 2011,17(2): 241-260.

[8] Boyd S L, Hobbs J E, Kerr W A. The impact of customs procedures on business to consumer e-commerce in food products[J]. Supply Chain Management: An International Journal, 2003,8(3): 195-200.

[9] Burke K. The impact of internet and ICT use among SME agribusiness growers and producers[J]. Journal of Small Business and Entrepreneurship, 2010,23(2): 173-194.

[10] Capello R. Spatial transfer of knowledge in hi-tech milieux: Learning versus collective learning progresses[J]. Regional Studies, 1998, 33 (4): 352-365.

[11] Carpio C E, Isengildinamassa O, Lamie R D, et al. 2013. Does e-commerce help agricultural markets? The case of market maker[J]. Choices, 2013,28(4): 1-7.

[12] Clasen M, Mueller R A E. Success factors of agribusiness digital mar-

ketplaces[J]. Electronic Markets，2006,16(4)：349-360.

[13] Cloete E，Doens M. B2B e-marketplace adoption in South African agri-culture[J]. Information Technology for Development，2008,14(3)：184-196.

[14] Cui M，Pan S L，Newell S，et al. Strategy，resource orchestration and e-commerce enabled social innovation in rural China[J]. Journal of Strategic Information Systems，2017(26)：13-21.

[15] Dayasindhu N. Embeddedness，knowledge transfer，industry clusters and global competitiveness：A case study of the Indian software indus-try[J]. Technovation，2002,22(9)：551-560.

[16] Delre S A，Jager W，Bijmolt T H A，et al. Will it spread or not? The effects of social influences and network topology on innovation diffusion [J]. Journal of Product Innovation Management，2010，27（2）：267-282.

[17] Delre S A，Jager W，Janssen W J. Diffusion dynamics in small-world networks with heterogeneous consumers[J]. Computational and Math-ematical Organization Theory，2007,13(2)：185-202.

[18] Ehmke C，Dobbins C，Gray A，et al. Which way to grow at MBC farms? [J]. Review of Agricultural Economics，2004,26(4)：589-602.

[19] Ernst S，Hooker N H. Signaling quality in an e-commerce environ-ment：The case of an emerging e-grocery sector[J]. Journal of Food Products Marketing，2006,12(4)：11-25.

[20] Fernando M，Sarahelen T，James S E. An empirical analysis of the de-terminants of success of food and agribusiness e-commerce firms[J]. International Food and Agribusiness Management Review，2007，10(1)：61-81.

[21] Fritz M，Canavari M. Management of perceived e-business risks in food-supply networks：E-trust as prerequisite for supply-chain system innovation[J]. Agribusiness，2008,24(3)：355-368.

[22] Gan W，Zhang T，Zhu Y. On countermeasures of promoting agricultural products' e-commerce in China[C]. Berlin：Springer，2011:579-586.

[23] Gibson D E，Barron L A. Exploring the impact of role models on older employees[J]. Career Development International，2003(8)：198-209.

[24] Giustiniano L，Fratocchi L. The virtual internationalization process of Italian SMEs in the food industry[J]. International Journal of Business Performance Management，2002,4(2)：231-247.

［25］ Goldenberg J，Han S，Lehmann D R，et al. The role of hubs in the a-
doption process［J］. Journal of Marketing，2009,73（2）：1-13.

［26］ Henderson J，Dooley F，Akridge J，et al. Adoption of internet strate-
gies by agribusiness firms［J］. International Food and Agribusiness
Management Review，2005,8（4）：42-61.

［27］ Hobbs J E，Boyd S L，Kerr W A. To be or not to B2C：E-commerce for
marketing specialized livestock products［J］. Journal of International
Food and Agribusiness Marketing，2003,14（3）：7-20.

［28］ Hsiao R L，Misaligned M. The importance of industry context in tech-
nology-mediated exchanges［J］. Journal of Global Information Manage-
ment，2007,15（3）：69-87.

［29］ Huang L. Rural tourism revitalization of the leisure farm industry by
implementing an e-commerce strategy［J］. Journal of Vacation Market-
ing，2006,12（3）：232-245.

［30］ Huang T C，Lee T J，Lee K H. Innovative e-commerce model for food
tourism products［J］. International Journal of Tourism Research，2009,
11（6）：595-600.

［31］ Janom N，Zakaria M S. The development of B2B e-commerce readiness
assessment model for SMEs：Identification of barriers using AHP
method［J］. International Journal of Information Science and Manage-
ment，2003（5）：61-76.

［32］ Jiong M，Xu L，Huang Q，et al. Research on the e-commerce of agri-
cultural products in Sichuan province［J］. Journal of Digital Information
Management，2013,11（2）：97-101.

［33］ Kloosterman R，Leun V D，Rath J. Mixed embeddedness：In formal e-
conomic activities and immigrant businesses in the Netherlands［J］. In-
ternational Journal of Urban and Regional Research，1999,23（2）：
252-266.

［34］ Kwak D H，Jain H. The role of web and e-commerce in poverty reduc-
tion：A framework based on ecological systems theory［C］. Switzer-
land：Springer International Publishing，2015：143-154.

［35］ Leroux N，Wortman M S，Mathias E D. Dominant factors impacting
the development of business-to-business（B2B）e-commerce in agricul-
ture［J］. International Food and Agribusiness Management Review，
2001,4（2）：205-218.

［36］ Mahajan V，Schoeman M E F. Generalized model for thee time pattern of the diffusion process[J]. IEEE Transactions on Engineering Management, 1977, 24(1): 12-18.

[37] Manouselis N. A survey of Greek agricultural e-markets[J]. Agricultural Economics Review, 2009, 10(1): 97-112.

[38] Molla A, Peszynki K, Pittayachawan S. The use of e-business in agribusiness: Investigating the influence of e-readiness and OTE factors [J]. Journal of Global Information Technology Management, 2010, 13 (1): 56-78.

[39] Montealegre F, Thompson S, Eales J S. An empirical analysis of the determinants of success of food and agribusiness e-commerce firms[J]. International Food and Agribusiness Management Review, 2007, 10 (1): 61-81.

[40] Mueller R A E. Emergent e-commerce in agriculture[M]. California: University of California, Agricultural Issues Center, 2000.

[41] Mueller R A E. E-commerce and entrepreneurship in agricultural markets[J]. American Journal of Agricultural Economics, 2001, 83(5): 1243-1249.

[42] Nadarajan S V, Ismail R. E-commerce framework to improve rural agriculture sector in Cambodia[J]. International Proceedings of Economics Development and Research, Management and Economics, 2011(25): 287-291.

[43] Ng E. An empirical framework developed for selecting B2B e-business models: The case of Australian agribusiness firms[J]. Journal of Business and Industrial Marketing, 2005, 20(4): 218-225.

[44] O'Keeffe M. Myths and realities of e-commerce in the perishable foods industries: Unleashing the power of reputation and relationship assets [J]. Supply Chain Management: An International Journal, 2001, 6(1): 12-15.

[45] Offer A. Agricultural e-commerce in the UK—where have we got to[C]. Debrecen, Hungary: The Fourth European Conference of EFITA, 2003: 193-198.

[46] Otsuka K, Sonobe T. A cluster-based industrial development policy for low-income countries[M]. Switzerland: The World Bank, 2011.

[47] Pociask S B. Broadband use by rural small businesses[M]. Washington, DC: Small Business Administration, Office of Advocacy, 2005.

[48] Qi J, Zheng X, Guo H. The formation of Taobao villages in China[J].

China Economic Review，2019(53)：106-127.

[49] Rogers E M. 1983. Diffusion of innovations[M]. New York：The Free Press.

[50] Song I，Chintagunta P K. A micromodel of new product adoption with heterogeneous and forward-looking consumers：Application to the digital camera category[J]. Quantitative Marketing and Economics，2003,1 (4)：371-407.

[51] Stenberg P. An overview of the Internet and agriculture e-commerce in the United States[C]. APEC：Workshop on the Utilization of the Agricultural Technology Transfer and Training Networking System,2007.

[52] Stritto G D，Schiraldi M M. A strategy oriented framework for food and beverage e-supply chain management[J]. International Journal of Engineering Business Management，2013,50(5):1-12.

[53] Tellis G J，Stremersch S，Yin E. The international takeoff of new products：The role of economics，culture and country innovativeness[J]. Marketing Science，2003,22(2):188-208.

[54] Thysen I. Agriculture in the information society[J]. Journal of Economic Behavior and Organization，2000,76(3)：297-303.

[55] Tsekouropoulos G，Andreopoulou Z，Seretakis A，et al. Optimising e-marketing criteria for customer communication in food and drink sector in Greece[J]. International Journal of Business Information Systems，2012，9(1)：1-25.

[56] Volpentesta A P，Ammirato S. Evaluating web interfaces of B2C e-commerce systems for typical agrifood products[J]. International Journal of Entrepreneurship and Innovation Management，2007，7（1）：74-91.

[57] Wang Z，Yao D，Yue X. E-business system investment for fresh agricultural food industry in China[J]. Annals of Operations Research，2015,257(1-2)：379-394.

[58] Wen M. E-commerce，productivity and fluctuation[J]. Journal of Agricultural Engineering Research，2004,55(2)：187-206.

[59] Wilson P. An overview of developments and prospects for e-commerce in the agricultural sector[R]. Agriculture Directorate-General，2000：5-8.

[60] Witt U. Economics，sociobiology and behavioral psychology on preferences[J]. Journal of Economic Psychology，1991,12(4)：557-573.

[61] Zeng Y，GUO H，YAO Y，et al. The formation of agricultural e-commerce clusters：A case from China[J]. Growth and Change，2019，50 (4)：1356-1374.

[62] Zhao X，Yang Y. The effect of network externalities on innovation diffusion：Depend on the heterogeneity of the potential adopters[R]. HangZhou：The 7th International Symposium on Global Manufacturing and China，2011：57-60.

[63] Zou C，Huang L. A new BPA algorithm for network marketing performance evaluation of agricultural products[J]. Journal of Applied Sciences，2013，13(20)：4332-4335.

[64] 阿里研究院. 淘宝村研究微报告 2.0[R]. 杭州：阿里研究院，2013：1-22.

[65] 阿里研究院. 淘宝村新突破——中国淘宝村发展报告(2016)[R]. 杭州：阿里研究院，2016：1-60.

[66] 阿里研究院. 中国淘宝村发展报告(2014-2018)[R]. 杭州：阿里研究院，2018：1-46.

[67] 阿里研究院. 中国淘宝村研究报告(2009-2019)[R]. 杭州：阿里研究院，2019：1-75.

[68] 艾亚. 中国城市与乡村发展的亮点与对策[J]. 国际融资，2014(4)：46-48.

[69] 白冬冬,孙中伟. 我国淘宝村的空间组织与地理根植性[J]. 世界地理研究，2019,28(1)：124-132.

[70] 曹荣庆,沈俊杰,张静. 电商协会提升农村电商产业集群竞争力的作用[J]. 西北农林科技大学学报(社会科学版),2018,18(1)：75-82.

[71] 陈刚. "PPP政策"下农村电商服务民生模式创新[J]. 西北农林科技大学学报(社会科学版),2016,16(3)：130-135.

[72] 陈宏伟,张京祥. 解读淘宝村:流空间驱动下的乡村发展转型[J]. 城市规划,2018,42(9)：99-107.

[73] 陈亮. 从阿里平台看农产品电子商务发展趋势[J]. 中国流通经济,2015,29(6)：58-64.

[74] 陈祥兵,孙玉志. 我国区域电子商务发展水平差异分析[J]. 科技管理研究，2018,38(4)：197-203.

[75] 陈小梅. 我国农产品电子商务发展研究[J]. 安徽农业科学,2007(7)：62-64.

[76] 陈旭堂,余国新,朱磊. 基于钻石模型的县域农村电子商务发展要素分析——以浙江遂昌为例[J]. 农村经济,2018(5)：93-98.

[77] 陈永富,方湖柳,曾亿武,等. 电子商务促进农业产业集群升级的机理分析——以江苏省沭阳县花木产业集群为例[J]. 浙江社会科学,2018(10)：

65-70,78,157.

[78] 陈宇. 运用共享经济理念优化农村电商发展模式[J]. 人民论坛,2019(23):88-89.

[79] 程红莉. 农村电子商务发展模式的分析框架以及模式选择——农户为生产者的研究视角[J]. 江苏商论,2014(11):28-31.

[80] 程名望,张家平. 互联网普及与城乡收入差距:理论与实证[J]. 中国农村经济,2019(2):1-23.

[81] 程宣梅,陈侃翔,林汉川. 农村电子商务促进包容性创业的微观机制及政策展望[J]. 浙江工业大学学报(社会科学版),2015,14(1):18-22.

[82] 崔凯. 开放经济下鞍山市发展跨境电商平台对策分析[J]. 经贸实践,2018(22):22-23.

[83] 崔丽丽,王骊静,王井泉. 社会创新因素促进"淘宝村"电子商务发展的实证分析[J]. 中国农村经济,2014(12):50-60.

[84] 戴卫明. 集群企业电子商务绩效影响因素分析[J]. 经济问题探索,2013(6):162-165.

[85] 邓晓兰,陈宝东. 经济新常态下财政可持续发展问题与对策——兼论财政供给侧改革的政策着力点[J]. 中央财经大学学报,2017(1):3-10.

[86] 董坤祥,侯文华,甄杰,等. 电子信息产业集群创新的系统动力学分析[J]. 软科学,2016,30(9):5-10.

[87] 董越勇,朱莹. 农民专业合作社开展农产品电子商务的探讨[J]. 浙江农业科学,2012(2):262-265.

[88] 董运生,傅园园. 合法性悖论:淘宝村民间团体的生存困境[J]. 江海学刊,2016(4):100-108,238-239.

[89] 董志良,张永礼. 电子商务在京津冀协同发展中的重要作用及其发展对策[J]. 河北学刊,2015,35(2):216-219.

[90] 段禄峰,唐文文. 涉农电子商务发展的理论、外部性及政策选择[J]. 江苏农业科学,2016,44(4):4-7.

[91] 樊西峰. 鲜活农产品流通电子商务模式构想[J]. 中国流通经济,2013,27(4):85-90.

[92] 范林榜. 农村电子商务快递下乡配送问题与对策研究[J]. 农村经济,2016(9):121-124.

[93] 范轶琳,姚明明,吴卫芬. 中国淘宝村包容性创新的模式与机理研究[J]. 农业经济问题,2018(12):118-127.

[94] 范玉贞,卓德保. 我国电子商务发展对经济增长作用的实证研究[J]. 工业技术经济,2010,29(8):40-44.

[95] 方莹,袁晓玲. 精准扶贫视角下农村电商提升农户收入的实现路径研究

[J].西安财经学院学报,2019,32(4):92-99.

[96] 封俐君,郭瑶瑶.农家乐电子商务O2O模式的发展现状及对策[J].电子商务,2015(3):18,67.

[97] 付东普,王刊良.地理位置对在线购物不重要吗?[J].经济与管理研究,2015,276(11):90-96.

[98] 傅春,张明林.资源享赋对农民创业行为的实证分析——以江西省为例[J].中国会议,2008,23(2):124-132.

[99] 高嗣慧,苏森,仇相芹,等.浅析农村电子商务创业[J].全国商情·理论研究,2019(2):30-31.

[100] 工信部.将提前实现90%贫困村通宽带目标[EB/OL].(2017-10-17)[2020-01-10].http://www.gov.cn/xinwen/2017-10/14/content_5231656.htm.

[101] 桂学文.经济发展新动力:电子商务的作用机制与效果测度[M].北京:科学出版社,2013.

[102] 郭承龙.农村电子商务模式探析——基于淘宝村的调研[J].经济体制改革,2015(5):110-115.

[103] 郭海霞.农产品电子商务发展的法律保障[J].学术交流,2010(5):46-48.

[104] 郭红东,周惠珺.先前经验、创业警觉与农民创业机会识别——一个中介效应模型及其启示[J].浙江大学学报(社科版),2013,43(4):17-27.

[105] 郭军明.我国农村电子商务发展策略浅析[J].安徽农业科学,2009(24):446-447,454.

[106] 郭军盈.中国农民创业问题研究[D].南京:南京农业大学,2006.

[107] 郭娜,刘东英.农业网上交易模式的比较分析[J].农业经济问题,2009(3):75-80.

[108] 韩飞燕,李波.电商平台制度创新对贫困县农民的网购意愿影响研究——采用接受度与感知风险的中介作用[J].商业经济与管理,2018(5):17-27.

[109] 韩庆龄.从"脱嵌"到"嵌入":农村电商产业与土地秩序的关系博弈[J].现代经济探讨,2019(2):107-112.

[110] 郝金磊,邢相炀.基于农民参与视角的农村电子商务发展影响因素研究[J].西安电子科技大学学报(社会科学版),2016(5):14-20.

[111] 浩飞龙,关皓明,王士君.中国城市电子商务发展水平空间分布特征及影响因素[J].经济地理,2016(2):1-10.

[112] 何昆烨,陈姗霖.浅析农村电子商务的发展模式——以"通榆模式"为例[J].吉林金融究,2015(5):43-45.

[113] 贺小刚,李婧,张远飞,等.创业家族的共同治理有效还是无效?——基

于中国家族上市公司的实证研究[J]. 管理评论,2016,28(6):150-161.

[114] 洪卫,崔鹏. 交易平台、专用知识与柔性生产关系的实证研究——基于曹县淘宝村调研[J]. 中国流通经济,2017,1(31):122-128.

[115] 胡俊波. 农产品电子商务发展模式研究:一个模式构想[J]. 农村经济,2011(11):111-113.

[116] 胡天石,傅铁信. 中国农产品电子商务发展分析[J]. 农业经济问题,2005(5):23-27.

[117] 胡晓杭. 完善电商服务体系满足农村电商多元化发展[J]. 浙江大学学报(人文社会科学版),2017,47(1):55.

[118] 胡知能,徐玖平. 创新产品扩散的多阶段动态模型[J]. 系统工程理论与实践,2005,25(4):15-21.

[119] 华慧婷,郝渊晓. 基于利润最大化的农村电商物流模式选择[J]. 中国流通经济,2018,32(4):70-76.

[120] 黄云平,冯秋婷,张作兴,等. 发展农村电子商务推动精准扶贫[J]. 理论视野,2016(10):73-77.

[121] 贾浩杰,杨思琪,孙柳,等. 保定市西部山区农业电子商务发展现状及对策研究[J]. 财富生活,2019(20):86,88.

[122] 姜华. 我国农产品电子商务发展现状、问题和对策研究[J]. 安徽农业科学,2006,34(19):5124-5126.

[123] 姜奇平. 银行业的互联网进化路线图[J]. 互联网周刊,2012(21):36-41.

[124] 蒋剑勇,郭红东. 创业氛围、社会网络和农民创业意向[J]. 中国农村观察,2012(2):20-27.

[125] 焦晓波,关璞. 创业型经济的发展和中国农民创业问题理论研究动态[J].经济体制改革,2012(1):29-33.

[126] 科斯. 企业、市场、法律[M]. 上海:上海三联书店,1988.

[127] 雷兵,刘蒙蒙. 农村电子商务产业集群的形成机制——基于典型淘宝村的案例分析[J]. 科技管理研究,2017,37(11):177-184.

[128] 雷兵. 农村电子商务发展与地方经济的关系——基于中国1870个县数据[J]. 当代经济管理,2018,40(2):41-47.

[129] 李春鹏,王汉斌. 基于区域优势的泉州中小企业电子商务发展研究[J]. 科技管理研究,2016,36(7):117-121.

[130] 李红琳. 东北地域渔猎民族传统聚居空间研究[D]. 哈尔滨:哈尔滨工业大学,2018.

[131] 李玲芳,徐思远,洪占卿. 农村电子商务:问题与对策[J]. 中共福建省委党校学报,2013(5):72-76.

[132] 李琪,唐跃桓,任小静.电子商务发展、空间溢出与农民收入增长[J].农业技术经济,2019(4):119-131.

[133] 李秋斌."互联网＋"下农村电子商务扶贫模式的案例研究及对策分析[J].福建论坛:人文社会科学版,2018(3):179-188.

[134] 李艳菊.论我国农业电子商务发展动力机制与策略[J].求索,2015(3):84-88.

[135] 李育林,张玉强.我国地方政府在"淘宝村"发展中的职能定位探析——以广东省军埔村为例[J].科技管理研究,2015,35(11):174-178.

[136] 李志刚.扶植我国农村电子商务发展的条件及促进对策分析[J].中国科技论坛,2007(1):123-126.

[137] 李志刚.中国商业银行综合化经营战略的实施研究[J].金融论坛,2012(9):4-11.

[138] 梁强,邹立凯,杨学儒,等.政府支持对包容性创业的影响机制研究——基于揭阳军埔农村电商创业集群的案例分析[J].南方经济,2016a(1):42-56.

[139] 梁强,邹立凯.关系嵌入与创业集群发展基于揭阳市军埔淘宝村的案例研究[J].管理学报,2016b,13(8):1125-1134.

[140] 梁文卓,侯云先,葛冉.我国网购农产品特征分析[J].农业经济问题,2012,33(4):40-43.

[141] 林孔团,于婧.电子商务对省域经济增长影响的实证分析[J].福建师范大学学报:哲学社会科学版,2017(3):23-31.

[142] 凌守兴.我国农村电子商务产业集群形成及演进机理研究[J].商业研究,2015(1):104-109.

[143] 刘杰.2016.商业银行如何支持农村电商发展[J].中国发展观察,2016(9):23-24.

[144] 刘静娴,沈文星.共建共治视角下农村电商发展模式研究[J].人民论坛?学术前沿,2018(19):100-103.

[145] 刘可,庞敏,刘春晖.四川农村电子商务发展情况调查与思考[J].农村经济,2017(12):108-113.

[146] 刘可.农村电子商务发展探析[J].经济体制改革,2008(6):171-174.

[147] 刘利猛.移动互联网、电子商务与物流在我国农村地区的协同发展研究[J].物流技术,2015,34(4):208-210.

[148] 刘晓倩,韩青.农村居民互联网使用对收入的影响及其机理——基于中国家庭追踪调查(CFPS)数据[J].农业技术经济,2018(9):123-134.

[149] 刘晓阳,丁志伟,黄晓东,等.中国电子商务发展水平空间分布特征及其影响因素——基于1915个县(市)的电子商务发展指数[J].经济地理,

2018,38(11)：11-21,38.

[150] 刘亚军,陈进,储新民."互联网＋农户＋公司"的商业模式探析——来自"淘宝村"的经验[J].西北农林科技大学学报(社会科学版),2016,16(6):87-93.

[151] 刘亚军.互联网条件下的自发式包容性增长——基于一个"淘宝村"的纵向案例研究[J].社会科学,2017a(10):46-60.

[152] 刘亚军,储新民.中国"淘宝村"的产业演化研究[J].中国软科学,2017b(2):29-36.

[153] 刘耀彬,李仁东,宋学锋.中国城市化与生态环境耦合度分析[J].自然资源学报,2005,20(1):105-112.

[154] 刘玉来.论我国农村电商主体的培育[J].烟台大学学报(哲学社会科学版),2018,31(4):115-122.

[155] 刘跃,王文庆.区域电子商务发展指数的重构及实证分析[J].科学学与科学技术管理,2009,30(7):144-147.

[156] 柳思维.发展农村电商加快农村流通体系创新的思考[J].湖南社会科学,2017(2):108-114.

[157] 楼健,胡大平.淘宝村、实时城市化和新型城镇化实践[J].学术研究,2018(5):58-62.

[158] 卢小平.县域农村电子商务服务体系重复建设问题及其应对[J].河南大学学报(社会科学版),2018,58(2):16-21.

[159] 鲁钊阳,廖杉杉.农产品电商发展的区域创业效应研究[J].中国软科学,2016(5):67-78.

[160] 罗明忠,陈明.人格特质、创业学习与农民创业绩效[J].中国农村经济,2014,14(10):62-75.

[161] 罗明忠,邹佳瑜,卢颖霞.农民的创业动机、需求及其扶持[J].农业经济问题,2012,34(2):14-19.

[162] 罗明忠,邹佳瑜.影响农民创业因素的研究述评[J].经济学动态,2011(8):133-136.

[163] 罗琦,罗明忠,刘恺.模仿还是原生?——农民创业选择中的羊群效应[J].农村经济,2016(10):99-105.

[164] 吕丹.基于农村电商发展视角的农村剩余劳动力安置路径探析[J].农业经济问题,2015(3):62-68.

[165] 马海涛,朱梦珂.财政转移支付、财政努力与区域经济发展[J].经济与管理评论,2016(6):80-93.

[166] 马小雅.广西农村电商物流发展对策[J].开放导报,2016(5):77-80.

[167] 毛园芳.电子商务提升产业集群竞争优势机制案例研究[J].经济地理,

2010,30(10):1681-1687.

[168] 梅方权. 中国农业科技信息网络化和数字化的战略分析[J]. 农业经济问题,2001(5):47-50.

[169] 孟晓明. 我国农业电子商务平台的构建方案研究[J]. 科技进步与对策,2009,26(4):55-58.

[170] 穆燕鸿,王杜春. 农村电子商务模式构建及发展对策——以中国黑龙江省为例[J]. 世界农业,2016(6):40-46,52.

[171] 聂磊. 农村电子商务的创新突破点在哪里[J]. 人民论坛,2017(35):71-73.

[172] 钮钦. 中国农村电子商务政策文本计量研究——基于政策工具和商业生态系统的内容分析[J]. 经济体制改革,2016(4):25-31.

[173] 彭芬,刘璐琳. 农村电子商务扶贫体系构建研究[J]. 北京交通大学学报(社会科学版),2019,18(1):75-81.

[174] 彭瑞梅,邢小强. 数字技术赋权与包容性创业——以淘宝村为例[J]. 技术经济,2019,38(5):79-86.

[175] 彭艳玲,孔荣,王端红. 创业自我效能感及其农民创业意向的传导作用[J]. 经济与管理研究,2011,17(12):56-61.

[176] 邱碧珍. 中国农村电子商务模式研究[J]. 世界农业,2017(6):76-81,157.

[177] 邱泽奇. 三秩归一:电商发展形塑的乡村秩序——菏泽市农村电商的案例分析[J]. 国家行政学院学报,2018(1):47-54.

[178] 任晓聪,和军. 我国农村电子商务的发展态势、问题与对策路径[J]. 现代经济探讨,2017(3):45-49.

[179] 任晓晓. 淘宝村时空演变特征、区域效应及不同发展路径对比分析[D]. 石家庄:河北师范大学,2019.

[180] 邵占鹏. 规则与资本的逻辑:淘宝村中农民网店的型塑机制[J]. 西北农林科技大学学报(社会科学版),2017,17(4):74-82.

[181] 盛虎宜,刘长石,鲁若愚. 基于共同配送策略的农村电商集送货一体化车辆路径问题[J]. 系统工程,2019,37(3):98-104.

[182] 石智雷,谭宇,吴海涛. 返乡农民工创业行为与创业意愿分析[J]. 中国农村观察,2010(5):25-37,47.

[183] 史修松,魏拓,刘琼. 农村电商产业集群发展模式与空间涉及差异研究——江苏淘宝村的调查[J]. 现代经济探讨,2017(11):118-125.

[184] 舒林."淘宝村"发展的动力机制、困境及对策[J]. 经济体制改革,2018,210(3):81-86.

[185] 宋晓玲."互联网＋"普惠金融是否影响城乡收入均衡增长?——基于

中国省际面板数据的经验分析[J]. 财经问题研究,2017(7):50-56.

[186] 苏为华,王玉颖. 我国跨境电子商务综试区发展水平的统计测度[J]. 商业经济与管理,2017(6):13-22.

[187] 孙红霞,郭霜飞,陈浩义. 创业自我效能感、创业资源与农民创业动机[J]. 科学学研究,2013,31(12):1879-1888.

[188] 孙锐. 主体功能区规划下区域协调发展评价方法研究[D]. 天津:天津财经大学,2014.

[189] 孙雨生,蔡雪. 国内农村信息化研究进展:知识基础[J]. 计算机与数字工程,2017,45(10):1970-1975,1995.

[190] 覃鹤,王学东. 基于信息服务站的农业电子商务平台研究[J]. 情报科学,2011,29(9):1383-1387,1434.

[191] 檀学文. 增强个体代表性:基于日志数据的长期时间利用预测[J]. 中国农业大学学报(社会科学版),2016,33(1):59-68.

[192] 汤临佳,池仁勇. 产业集群结构、适应能力与升级路径研究[J]. 科研管理,2012,33(1):1-9.

[193] 汤英汉. 中国电子商务发展水平及空间分异[J]. 经济地理,2015,35(5):9-14.

[194] 唐红涛,郭凯歌,张俊英. 电子商务与农村扶贫效率:基于财政投入、人力资本的中介效应研究[J]. 经济地理,2018,38(11):50-58.

[195] 唐远雄. 网商群体发展区域失衡:现实原因与历史规律[J]. 甘肃社会科学,2015(4):15-19.

[196] 田勇,殷俊. 互联网进村的减贫效果评估及其机制分析——基于农村电商创业热潮的背景[J]. 现代经济探讨,2019,446(2):104-112.

[197] 田真平,谢印成. 创业导向下的我国农村电子商务产业集群演进机理研究[J]. 科技管理研究,2017,37(12):182-188.

[198] 涂同明. 农村电子商务[M]. 湖北武汉:湖北科学技术出版社,2011.

[199] 万宝瑞. 我国农村又将面临一次重大变革——"互联网＋三农"调研与思考[J]. 农业经济问题,2015,36(8):4-7.

[200] 万倩雯,卫田,刘杰. 弥合社会资本鸿沟:构建企业社会创业家与金字塔底层个体间的合作关系——基于LZ农村电商项目的单案例研究[J]. 管理世界,2019,35(5):179-196.

[201] 万文海,刘龙均. 平台企业资源获取与员工创造力——基于二元动态学习过程[J]. 华东经济管理,2019,33(10):160-168.

[202] 汪向东. 农村经济社会转型的新模式——以沙集电子商务为例[J]. 工程研究——跨学科视野中的工程,2013,5(2):194-200.

[203] 汪向东. 对当前农村电商发展新进展、新趋势的思考[J]. 种子科技,

2016,34(10):49-50.

[204] 汪向东,梁春晓."新三农"与电子商务[M].北京:中国农业科学技术出版社,2014.

[205] 王海龙,司爱丽.农村电子商务发展构想[J].安徽农业科学,2007(2):8-40.

[206] 王红燕,项莹.高城镇化的农村地区农产品电商模式探究——以杭州市萧山区农村地区为例[J].中国农业信息,2014(19):156-157.

[207] 王金杰,李启航.电子商务环境下的多维教育与农村居民创业选择——基于 CFPS2014 和 CHIPS2013 农村居民数据的实证分析[J].南开经济研究,2017(6):75-92.

[208] 王金杰,牟韶红,盛玉雪.电子商务有益于农村居民创业吗?——基于社会资本的视角[J].经济与管理研究,2019,40(2):95-110.

[209] 王静.我国农产品物流电子商务供应链网络结构与运行机制[J].学术论坛,2012,35(2):132-136.

[210] 王俊文.我国农村电子商务发展趋势与路径选择——以江西赣南 A 市为例[J].求索,2016(10):85-89.

[211] 王珂,李震,周建.电子商务参与下的农产品供应链渠道分析——以"菜管家"为例[J].华东经济管理,2014,28(12):157-161.

[212] 王林申,运迎霞,倪剑波.淘宝村的空间透视——一个基于流空间视角的理论框架[J].城市规划,2017,41(6):27-34.

[213] 王沛栋.我国农村电子商务发展的问题与对策[J].中州学刊,2016(9):43-47.

[214] 王沛栋.韩国农村建设运动对我国农村电子商务发展启示[J].河南社会科学,2017,25(12):59-63.

[215] 王胜,丁忠兵.农产品电商生态系统——个理论分析框架[J].中国农村观察,2015(4):39-48,70,96.

[216] 王帅.2015.中华粮网粮食信息商务模式创新研究[D].郑州:河南工业大学,2015.

[217] 王新春,戚桂杰,梁乙凯.农村电子商务创业的演进机制——以博兴湾头村为例[J].科技管理研究,2016,36(23):249-253.

[218] 王盈盈,谢漪,王敏.精准扶贫背景下农村电商关系网络与地方营造研究——以广东省五华县为例[J].世界地理研究,2017,26(6):119-130.

[219] 韦吉飞,王建华,李录堂.农民创业行为影响因素研究——基于西北五省区调查的实证分析[J].财贸研究,2008,19(5):16-22.

[220] 魏晓蓓,王淼."互联网+"背景下全产业链模式助推农业产业升级[J].山东社会科学,2018,278(10):169-174.

[221] 吴群. 传统企业互联网化发展的基本思路与路径[J]. 经济纵横, 2017 (1):57-61.

[222] 吴小立,于伟. 环境特性、个体特质与农民创业行为研究[J]. 外国经济与管理, 2016,38(3):19-29.

[223] 吴易雄,廖进中. 农民职业教育立法的重要性、必要性和成熟性——以湖南省为例[J]. 职业技术教育, 2010,31(1):59-62.

[224] 武晓钊. 农村电子商务与物流配送运营服务体系建设[J]. 中国流通经济, 2016(30):99-104.

[225] 夏守慧,潘杨福. 农产品网络营销渠道的发展模式研究[J]. 电子商务, 2012(4):36-37,40.

[226] 肖葛根,王艺璇. 游与离:农村青年淘宝店主的双重生活面向——以鲁西湾头村为例[J]. 中国青年研究, 2019,277(3):43-51.

[227] 谢天成,施祖麟. 农村电子商务发展现状、存在问题与对策[J]. 现代经济探讨, 2016(11):40-44.

[228] 辛向阳,乔家君. 淘宝村集聚的时空演变及形成机制[J]. 地域研究与开发, 2018,37(1):11-15,30.

[229] 徐玖平,廖志高. 技术创新扩散的速度模型[J]. 管理学报, 2004,1(3):330-340.

[230] 徐智邦,王中辉,周亮. 中国"淘宝村"的空间分布特征及驱动因素分析[J]. 经济地理, 2017,37(1):107-114.

[231] 薛洲,耿献辉. 电商平台、熟人社会与农村特色产业集群——沙集"淘宝村"的案例[J]. 西北农林科技大学学报(社会科学版), 2018,18(5):46-54.

[232] 亚当. 斯密. 国民财富的性质与原因研究[M]. 上海:商务印书馆, 1997.

[233] 严红梅. 电子商务环境下地方特色农产品的营销策略研究[J]. 农村经济与科技, 2017,28(22):61-62.

[234] 杨坚争,周涛,李庆子. 电子商务对经济增长作用的实证研究[J]. 世界经济研究, 2011(10):40-44.

[235] 杨建利,邢娇阳. "互联网+"与农业深度融合研究[J]. 中国农业资源与区划, 2016,37(8):191-197.

[236] 杨静,刘培刚,王志成. 新农村建设中农业电子商务模式创新研究[J]. 中国科技论坛, 2008(8):117-121.

[237] 姚庆荣. 我国农村电子商务发展模式比较研究[J]. 现代经济探讨, 2016 (12):64-67.

[238] 叶秀敏. 涉农电子商务的主要形态及对农村社会转型的意义[J]. 中国党政干部论坛, 2014(5):59-61.

[239] 殷锋社,李选芒.农产品电子商务模式分析与研究[J].电子设计工程,2011,19(12):32-34.

[240] 于海云,汪长玉,赵增耀.乡村电商创业集聚的动因及机理研究——以江苏沭阳"淘宝村"为例[J].经济管理,2018,40(12):41-56.

[241] 于红岩,夏雷淙,李明,等.农村电商 O2O 模式研究——以"邮掌柜 O2O 平台"为例[J].西安电子科技大学学报(社会科学版),2015,25(6):14-22.

[242] 于小燕.我国农村电子商务发展现状与对策[J].经济导刊,2009(12):68-69.

[243] 于延良,鲁竞夫.东北三省农产品电商发展的对比研究[J].中国物流与采购,2018(21):44-45.

[244] 余传明,郭亚静,龚雨田,等.基于主题时间模型的农村电商扶贫政策演化及地区差异分析[J].数据分析与知识发现,2018,2(7):34-45.

[245] 苑金凤,刘琦,王倩,等.我国农产品电子商务发展特征——以淘宝网为例[J].电子商务,2014(2):7-8.

[246] 岳欣.推进我国农村电子商务的发展[J].宏观经济管理,2015(11):66-67.

[247] 岳娅,王国贤.云南农村电子商务扶贫的对策建议[J].宏观经济管理,2018(7):73-78.

[248] 查金祥,黎东升.当前农产品网络营销的系统架构研究[J].农业经济问题,2006(3):72-74,80.

[249] 张宸,周耿.淘宝村产业集聚的形成和发展机制研究[J].农业经济问题,2019(4):108-117.

[250] 张春梅,郭立夫.农民创业者信息结构及信息获取机制研究[J].情报科学,2014,32(8):128-133.

[251] 张冬青,张冬梅.农产品电子商务应用模式及技术实现研究[J].学术交流,2009(5):94-96.

[252] 张海茹,殷国文.电子商务对黑龙江农业经济发展的影响研究[J].现代经济信息,2013(16):497.

[253] 张洪潮,赵丽洁.产业集群与区域经济耦合效应的评价[J].统计与决策,2013(5):58-60.

[254] 张鸿,刘修征."互联网＋"背景下农村电子商务发展路径探析——以陕西省为例[J].江苏农业科学,2018,46(5):324-328.

[255] 张嘉欣,千庆兰,姜炎峰,等.淘宝村的演变历程与空间优化策略研究——以广州市里仁洞村为例[J].城市规划,2018,42(9):110-117.

[256] 张嘉欣,千庆兰.信息时代下"淘宝村"的空间转型研究[J].城市发展研

究,2015,22(10):81-84,101.

[257]　张鸣峰,林初有,谢科成. 县级城市集约式农产品电子商务模式探讨——以句容为例[J]. 电子商务,2015(10):19-20.

[258]　张庆民,孙树垒,吴士亮,等. 淘宝村农户网商群体持续成长演化研究[J]. 农业技术经济,2019(1):121-134.

[259]　张天泽,张京祥. 乡村增长主义:基于"乡村工业化"与"淘宝村"的比较与反思[J]. 城市发展研究,2018,25(6):112-119.

[260]　张晓燕. 互联网金融背景下普惠金融发展对城乡收入差距的影响[J]. 财会月刊,2016(17):94-97.

[261]　张耀辉,齐玮娜. 互联网背景下专业镇企业的转型机制,障碍及破解研究——兼对揭阳军埔"淘宝村"跨行业转型案例分析[J]. 产经评论,2015(4):80-96.

[262]　张益丰,郑秀芝. 企业家才能、创业环境异质性与农民创业——基于3省14个行政村调研数据的实证研究[J]. 中国农村观察,2014(3):21-28,81.

[263]　张英男,龙花楼,屠爽爽,等. 电子商务影响下的"淘宝村"乡村重构多维度分析——以湖北省十堰市郧西县下营村为例[J]. 地理科学,2019,39(6):947-956.

[264]　张滢. 农村电商商业模式及其进化分析[J]. 商业经济研究,2017(6):161-163.

[265]　张应良,高静,张建峰. 创业农户正规金融信贷约束研究——基于939份农户创业调查的实证分析[J]. 农业技术经济,2015(1):64-74.

[266]　张永明,甄峰. 城市居民网络与实体购物互动模式及空间分异——以南京为例[J]. 经济地理,2017,37(1):15-22.

[267]　张哲. 农产品电子商务集聚平台淘宝特色中国馆[J]. 电子商务,2015(2):5-6.

[268]　张正荣,杨金东. 2019. 乡村振兴视角下农村电商如何优化"工业品下行"路径——基于"双链"耦合机制的扎根研究[J]. 农业经济问题,2019(4):118-129.

[269]　赵广华. 农村电子商务协同集配系统的构建[J]. 物流技术,2018,37(12):14-19.

[270]　赵军阳,丁疆辉,王新宇. 不同尺度下中国"淘宝村"时空分布及演变特征[J]. 世界地理研究,2017(6):75-84.

[271]　赵俊杰. 对我国农业电子商务发展的几点思考[J]. 经济问题探索,2005(1):98-99.

[272]　赵志田,何永达,杨坚争. 农产品电子商务物流理论构建及实证分析

[J]. 商业经济与管理,2014(7):14-21.

[273] 曾亿武. 农产品淘宝村集群的形成及对农户收入的影响[D]. 杭州:浙江大学,2018.

[274] 曾亿武,郭红东. 电子商务协会促进淘宝村发展机理及其运行机制——以广东省揭阳市军埔村的实践为例[J]. 中国农村经济,2016a(6):51-60.

[275] 曾亿武,郭红东. 农产品淘宝村形成机理:一个多案例研究[J]. 农业经济问题,2016b(4):39-48.

[276] 曾亿武,郭红东. 专业村电商化转型的增收效应[J]. 华南农业大学学报,2016c,6(15):104-113.

[277] 曾亿武,万粒,郭红东. 农业电子商务国内外研究现状与展望[J]. 中国农村观察,2016d(3):82-93.

[278] 曾亿武,郭红东. 农产品淘宝村集群的形成对农户收入的影响研究——以江苏沭阳为例[M]. 北京:中国农业出版社,2019.

[279] 曾亿武,邱东茂. 淘宝村形成过程研究:以东风村和军埔村为例[J]. 经济地理,2015a,35(12):90-97.

[280] 曾亿武,邱东茂,沈逸婷,等. 淘宝村形成过程研究:以东风村和军埔村为例[J]. 经济地理,2015b,35(12):90-97.

[281] 郑风田,程郁. 创业家与我国农村产业集群的形成与演进机理[J]. 中国软科学,2006(1):100-107.

[282] 郑世林,周黎安,何维达. 电信基础设施与中国经济增长[J]. 经济研究,2014,49(5):77-90.

[283] 郑思齐,罗茜,张晓楠,等. 电子商务对城市外向功能的促进效应研究——以京津冀区域为例[J]. 经济体制改革,2017(1):62-66.

[284] 郑新煌,孙久文. 农村电子商务发展中的集聚效应研究[J]. 学习与实践,2016(6):28-37.

[285] 郑亚琴,李琪. 农村公共品供给与农业电子商务的发展[J]. 改革,2006(2):60-65.

[286] 郑亚琴,李琪. 整合网络信息链:发展农业电子商务的前提[J]. 情报杂志,2007a(6):15-17.

[287] 郑亚琴,郑文生. 信息化下农业电子商务的发展及政府作用[J]. 情报杂志,2007b(2):96-98.

[288] 郑英隆,潘伟杰. 农村电子商务发展与村民信息消费成长效应[J]. 福建论坛:人文社会科学版,2015(11):25-30.

[289] 植凤寅. 小贷公司突围[J]. 中国金融,2016(13):92-95.

[290] 中国互联网络信息中心. 第44次《中国互联网络发展状况统计报告》

[EB/OL].(2019-08-30)[2020-01-10].http://www.cnnic.net.cn/hlw-fzyj/hlwxzbg/hlwtjbg/201908/t20190830_70800.htm,2019-08-30/2020-08-08.

[291] 钟海东,张少中,华灵玲,等.中国C2C电子商务卖家空间分布模式[J].经济地理,2014,34(4):91-96.

[292] 周大鸣,向璐.社会空间视角下"淘宝村"的生计模式转型研究[J].吉首大学学报:社会科学版,2018,39(5):22-28..

[293] 周冬,叶睿.农村电子商务发展的影响因素与政府的支持——基于模糊集定性比较分析的实证研究[J].农村经济,2019(2):110-116.

[294] 周建良."遂昌模式"农村电子商务发展策略研究[J].电子商务,2016(1):36-37.

[295] 周劲波,郑艺杰.农村电商创业胜任力模型的构建与实证研究[J].当代经济管理,2017,39(10):23-31.

[296] 周菁华,谢洲.自身素质、政策激励与农民创业机理[J].改革,2012(6):82-88.

[297] 周静,杨紫悦,高文.电子商务经济下江苏省淘宝村发展特征及其动力机制分析[J].城市发展研究,2017(2):9-14.

[298] 周应恒,刘常瑜."淘宝村"农户电商创业集聚现象的成因探究——基于沙集镇和颜集镇的调研[J].南方经济,2018(1):62-84.

[299] 周月书,公绪生.农村新兴经营模式的融资制度变迁分析——基于江苏省沙集镇的探讨[J].农业经济问题,2013,34(12):81-87.

[300] 周正平,丁家云,江六一.基于网络营销视角的农产品国际竞争力研究[J].经济问题探索,2013(3):148-152.

[301] 朱邦耀,宋玉祥,李国柱,等.C2C电子商务模式下中国"淘宝村"的空间聚集格局与影响因素[J].经济地理,2016(4):92-98.

[302] 朱红根,康兰媛.金融环境、政策支持与农民创业意愿[J].中国农村观察,2013a(5):24-33.

[303] 朱红根,康兰媛.欠发达地区农民创业扩张意愿分析——基于江西省的调查数据[J].华东经济管理,2013b,27(9):101-104.

[304] 朱明芬.农民创业行为影响因素分析——以浙江杭州为例[J].中国农村经济,2010(3):25-34.

[305] 朱秋博,白军飞,彭超,等.信息化提升了农业生产率吗?[J].中国农村经济,2019(4):22-40.

附　录

附录一

本研究参考的研究报告资料来源

附表 1　研究报告资料来源

研究报告名称	研究报告来源	年份
"沙集模式"调研报告	中国社会科学院信息化研究中心、阿里研究中心	2011
农产品电子商务白皮书(2012)	阿里研究中心	2012
社科院与阿里研究中心发布"涉农电商"报告	阿里研究院	2012
2013 年中国县域电子商务发展指数报告	阿里研究中心	2013
阿里农产品电子商务白皮书(2013)	阿里研究院	2013
遂昌模式研究——服务驱动型县域电子商务发展模式	阿里研究中心	2013
淘宝村探微报告 2.0(2013)	阿里研究中心	2013
中国淘宝村研究报告(2014)	阿里研究院	2014
发现新农人中国新农人研究报告(2014)	阿里研究院	2014
阿里农产品电子商务白皮书(2014)	阿里研究院	2014
中国淘宝村研究报告(2015)	阿里研究院	2015
浙江淘宝村研究报告(2015)	阿里研究院、浙江省商务厅	2015
农村网络消费研究报告(2015)	阿里研究院	2015
中国新农人研究报告(2014)	阿里研究院	2015
阿里农产品电商白皮书(2015)	阿里研究院	2015
在希望的田野上——农村互联网金融报告之一	阿里研究院	2015
包容性创新和增长:中国涉农电子商务发展研究	浙江大学管理学院	2015

研究报告名称	研究报告来源	年份
淘宝村新突破中国淘宝村研究报告（2016）	阿里研究院、阿里新乡村研究中心	2016
2014—2019 年淘宝村名单	阿里研究院	2016
2016 年中国县域跨境电商发展报告	阿里研究院	2016
2015 年农村互联网发展状况研究报告	中国互联网络信息中心	2016
2016 年返乡电商创业研究报告	阿里研究院	2016
沭阳模式——"互联网＋三农"典范	浙江大学中国农村发展研究院农村电商研究中心	2016
中国农村电子商务发展报告（2015—2016）	中国国际电子商务中心研究院	2016
数字经济 2.0	阿里研究院	2017
农村网商，绿色崛起——农村网商发展报告	西南财经大学中国家庭金融调查与研究中心、阿里研究院	2017
中国淘宝村研究报告（2017 年）	第五届中国淘宝村高峰论坛	2017
世行专家：农村淘宝创造新就业超过 1/3 是女性	第五届中国淘宝村高峰论坛	2017
中国农村电子商务发展报告（2017—2018）	中国国际电子商务中心研究院	2018
中国淘宝村发展报告（2014—2018）	南京大学空间规划研究中心、阿里新乡村研究中心	2018
第 43、44 次中国互联网络发展状况统计报告	CNNIC	2019
2019 全国县域数字农业农村创新项目报告	农业农村部信息中心	2019
2019 全国县域数字农业农村电子商务发展报告	农业农村部信息中心、中国国际电子商务中心研究院	2019
2019 全国县域数字农业农村信息消费报告	农业农村部信息中心	2019
2019 全国县域数字农业农村发展水平评价报告	农业农村部信息中心	2019
淘宝村十年：数字经济促进乡村振兴之路中国淘宝村研究报告（2009—2019）	阿里研究院、阿里新乡村研究中心、南京大学空间规划研究中心、浙江大学中国农村发展研究所、中国社会科学院信息化研究中心联合发布	2019

资料来源：笔者根据参考资料整理得到。

附录二

电子商务测度指标体系

附表2 衡量电子商务优先度的比较

内容	优先衡量方面	次优先衡量方面
统计指标	电子商务的"准备度"和"应用度"	电子商务对社会经济的"影响"
部门	企业部门,家庭(个人)	政府部门
定性或定量	主要是定性	许多定量指标
交易或过程	电子商务交易	电子商务的商务过程

附表3 电子商务统计优先衡量的指标

"准备度"指标	"应用度"指标
计算机的可获得性	计算机使用的程度
接入互联网	网站的使用率
	互联网使用的程度
ICT技术	使用互联网进行销售和购买的金额
ICT技术应用的障碍	在电子商务活动中,网络上支付的金额
认为ICT技术应用的益处	在互联网上购/销的产品类型
	在互联网上购买产品的地点

附表4 电子商务"准备度"指标的优先度排序

指标类型	具体指标	理由和排序
拥有计算机	(1)拥有计算机的经济单位的数量和比例 (2)拥有计算机的经济单位中雇员的数量和比例	指标简单,容易搜集和编制;提供了易于理解的指标,与中小企业(SME)非常相关。 企业——高 家庭——高[仅指(1)] 政府——低
接入互联网	(1)接入互联网的经济单位的数量和比例 (2)接入互联网的经济单位中雇员的比例	指标简单,容易搜集和编制;提供了易于理解的指标,适于衡量信息经济。 企业——高 家庭——高[仅指(1)] 政府——高

指标类型	具体指标	理由和排序
ICT 技术	(1)具有相关技术的人员比例 (2)缺乏 ICT 技术的经济单位比例	指标与政策高度相关,但技术的衡量非常困难。技术不能通过态度调查来衡量。 企业——中 家庭——低 政府——低
ICT 技术应用的障碍	(1)发现具有某些障碍的经济单位的数量和比例 (2)发现具有某些障碍的经济单位的雇员数量和比例	新技术应用的障碍是政府非常关心的问题。但数据本质上是态度方面的,因此可能不可信。障碍在政府部门的重要性更低。 企业——中 家庭——中 政府——低
认为 ICT 技术应用的益处	(1)发现具有某些益处的经济单位的数量和比例 (2)发现具有某些益处的经济单位的雇员数量和比例	同上述障碍问题。 企业——中 家庭——中 政府——低

附表 5　电子商务"应用度"模块指标优先度排序

指标类型	具体指标	理由和排序
计算机的实际使用和计划使用	(1)每人每周的使用小时数 (2)每人每周的使用频率 (3)计划购买计算机的经济单位的数量和比例 (4)进行某些商业过程/活动的经济单位的数量和比例	(1)和(2)是互联网使用的重要指标,但不是特别针对电子商务。(3)也类似,但主要针对家庭及其使用。某些商业过程/活动对政策用户具有重要作用。 企业——高[仅指(4)];其他——低 家庭——高[仅指(4)];其他——低 政府——高[仅指(4)];其他——低
网站的使用	(1)拥有网站的经济单位的数量和比例 (2)在网站上进行某些商业过程/活动的经济单位的数量和比例	使用网站进行电子商务活动是信息经济发展的重要指标。 企业——高 家庭——低 政府——高

续表

指标类型	具体指标	理由和排序
基于互联网(IP)的网络的实际使用和计划使用	(1)每人每周的使用小时数 (2)每人每周的使用频率 (3)计划使用基于 IP 的网络的经济单位的数量和比例 (4)进行某些商业过程/活动的经济单位的数量和比例	使用小时数和使用频率统计数据主要与个人有关,因此搜集更困难,较少作为企业和政府部门电子商务指标使用。 企业——(1)和(2)低;(3)和(4)高 家庭——(1)和(2)高;(3)和(4)低 政府——(1)和(2)低;(3)和(4)高
进行的销售/购买	(1)通过基于 IP 的网络进行销售/购买订单的经济单位的数量和比例 (2)通过其他基于计算机的网络进行销售/购买的经济单位的数量和比例 (3)使用基于 IP 的网络的销售/购买金额 (4)使用其他基于计算机的网络进行销售/购买的金额 (5)使用基于 IP 的网络进行销售/购买的比例 (6)使用其他基于计算机的网络进行销售/购买的比例	销售和购买的金额是政府非常关注的问题。但许多国家在经济发展的这个阶段都难以搜集,因为没有大量的经济单位进行这类交易。 企业——高 家庭——高 政府——高
销售/购买的产品和服务类型	(1)进行某些类别产品和服务的销售/购买的经济单位的数量和比例 (2)某些类别产品和服务的销售/购买的金额	家庭调查成功地编制了这类指标,但对于政策目标,优先度要低得多。 企业——低 家庭——中 政府——低
销售/购买的产品和服务的地点(来源或目的地)	(1)从海外进行销售/购买的经济单位的数量和比例 (2)从海外进行销售/购买的金额	这类指标对政策制定者有些意义,但在许多场合,调查对象不知道来源和目的地。 企业——低 家庭——低 政府——低

附表 6　CNNIC 中国互联网网络发展状况统计调查指标体系

统计调查的 名称	统计调查的目的	主要指标
中国互联网络发展状况统计调查	从网民角度了解： (1)中国电子商务的应用基础——互联网基础设施和应用情况 (2)中国电子商务的应用情况（主要是定性调查）	· 上网计算机数 · 网民数 · 中国宽带总量 · 网民个人特征 · 网民是否经常访问购物网站 · 网民是否通过购物网站购买过商品或服务 · 网民网上购物的原因 · 网民在网上购买过哪些商品或服务 · 网民认为网上哪些商品或服务还不能满足需求 · 网民一般采用哪种付款方式 · 网民一般选择哪种送货方式 · 网民认为目前网上交易存在的最大问题是什么

附表 7　CⅡ中国电子商务总指数指标体系

统计调查的名称	统计调查的目的	主要指标
CⅡ中国电子商务总指数指标体系研究与指数测算	以综合及分类统计指数的形式,对地区的电子商务发展水平进行综合测算,通过测算结果来了解全国及各地区电子商务发展水平	该测算体系由电子商务总指数和 9 个分类指数构成： ①电子商务交易类指数 ②电子商务效益类指数 ③电子商务基础设施类指数 ④电子商务人力资本类指数 ⑤网络景气类指数 ⑥电子商务用户满意度类指数 ⑦政策环境类指数 ⑧电子商务安全类指数 ⑨电子商务发展潜力类指数

附表 8　企业互联网应用和电子商务发展水平统计调查

统计调查的名称	统计调查的目的	主要指标
企业互联网应用和电子商务发展水平统计调查	从企业角度全面了解中国的互联网应用情况、电子商务发展水平	·企业上网数 ·企业拥有网站数 ·开展电子商务的企业数 ·从事网上采购和销售业务的企业数 ·企业网上采购和销售商品和服务数量及金额 ·企业网上订单订购和销售占企业同期采购总额和销售总额比重 ·网上售后服务及送货方式 ·网上支付手段 ·企业负责互联网及电子商务工作人员所受教育情况

附表 9　企业电子商务发展状况统计调查指标体系

统计调查的名称	统计调查的目的	主要指标
企业电子商务发展状况统计调查	从企业角度了解中国的电子商务发展情况： (1)互联网建设情况 (2)B2B 情况 (3)B2C 情况	·B2B 网站数 ·B2C 网站数 ·B2B 网站分布 ·B2C 网站分布 ·B2B 网站销售商品和服务的种类 ·B2C 网站销售商品和服务的种类 ·B2B 网站投资额 ·B2C 网站投资额 ·B2B 销售额 ·B2C 销售额 ·支付方式 ·售后服务方式

附录三

淘宝村实地访谈框架

附表 10　淘宝村实地访谈框架

访谈对象		访谈内容
村落基本情况	经济结构特征	1.成为淘宝村之前,外出务工人员与留守人员的比例
		2.成为淘宝村之前,外出务工人员的去向和职业
		3.成为淘宝村之前,留守人员的主营业务
		5.成为淘宝村之前,村内的支柱产业、龙头产业
		6.淘宝店铺个数
		7.从事淘宝产业链的从业人数
		8.整体销售额的变动情况
		9.各网店的销售额的分布
		10.网商和非网商收入水平分布
		11.主营产品
		12.网商们的营业模式
	社会结构	13.全村的人数、户数
		13.外来人口数量
		14.网商人数
		15.各个年龄段的人数
		16.文化程度结构
	资源禀赋	18.当地和周边的特色资源、技术
		19.交通、网络
	成为淘宝村之前的信息扩散情况	20.接受外界信息的方式、效果
		21.村落内部的传播方式、效果
		22.政府信息的传播方式、效果

续表

访谈对象		访谈内容
网商	第一批网商 第二批网商 第三批网商	23.以前的职业
		24.年龄、文化程度
		25.开始从事淘宝的时间
		26.网店个数
		26.开始到现在投入程度变化情况
		27.主营类目、模式、营业额、收入情况
		28.开始做淘宝的原因、心态
		29.选择现在主营类目的原因
		30.当时其他村民对待做淘宝的态度
		31.村委会的关注程度
		32.网店发展历程
		33.直接、间接影响的人
		34.影响他人的初衷、方式、效果
		35.经营过程中碰到的主要问题
	外地网商	36.来此地创业的原因
		37.被影响的因素
	中途退出者	38.退出的时间
		39.退出的原因
		40.身边亲朋好友的经营情况
非网商	徘徊犹豫者	41.年龄、文化程度
		42.现在主业
		43.收入水平
		44.犹豫的理由
		45.身边亲朋淘宝的经营情况
		46.是否了解过淘宝、了解程度
	无动于衷者	46.年龄、文化程度
		47.现在主业
		48.收入水平
		49.身边亲朋淘宝的经营情况
		50.为什么对做淘宝没有想法
		51.是否了解过淘宝、了解程度
	政府	52.淘宝村的整个的发展情况
		53.开始关注的时间
		54.政府所采取的行动和效果
		55.所有行为背后的原因
		56.开始到现在存在的问题和对应的解决办法
		57.现阶段限制淘宝村发展的因素

附录四

淘宝村农民创业扩散影响因素问卷调查框架

附表 11　淘宝村农民创业扩散影响因素问卷调查框架

影响因素	潜变量	测量变量
个人因素	自我效能感	自身知识、能力、经验
		资金状况
		创业团队
	自身需求	家庭收入需求
		尝试新的可能性和挑战自己
	村民对未来经营情况预估	收入预测
		风险预测
	关系网络	信息和技术扩散的密度
		关系网络的复杂程度
环境因素	创业门槛	融资
		技术门槛
		人手招聘
		辛苦程度
	政府支持	低息贷款
		成立专门的帮扶小组和组织
		提供和引进基础设施
		大力宣传
	带头人的示范效应	对带头人的信任程度
		带头人的开放程度
		带头人的投入程度
		带头人的经营状况
		自身与带头人条件的比较
	创业氛围	创业人数
		创业热情
		和谐的竞争方式
	资源禀赋	当地特色产品
		完整的产业链
		交通
		周边环境
	地方文化	敢于尝试
		攀比心理
		市场敏感度和反应速度
	家人和朋友的支持	精神支持
		金钱支持
		人力支持

附录四

淘宝村实地访谈问卷

一、访谈对象：镇政府

（一）总体信息

1. 介绍一下淘宝村的发展过程。

2. 政府从什么时候开始关注村里有人做淘宝的现象？

3. 从开始到现在所采取的具体行动有哪些？

4. 采取这些行动的原因分别是什么？各自又收到了什么样的效果？

5. 从开始到现在，淘宝村在发展过程中存在什么样的问题？分别是怎么解决的？

6. 您可以谈谈淘宝村未来的发展方向吗？

7. 现阶段限制淘宝村进一步发展的因素有哪些？

8. 你认为你们村能够成为淘宝村的原因是什么？

9. 全村有多少人，多少户人家？

10. 外来人口有多少？

11. 各个年龄阶段人数有多少？（20岁以下、20～30岁、31～40岁、41～50岁、50岁以上）

12. 外出务工人员与留守人员人数的比例是多少？

13. 网商人数有多少？

14. 网商在各个年龄段人数各有多少？（20岁以下、20～30岁、31～40岁、41～50岁、50岁以上）

15. 如下各种文化水平的人数大概是多少？（本科及以上、初高中、小学）

（二）经济结构

16. 成为淘宝村之前，村内留守人员与外出务工人员的比例是多少？

17. 成为淘宝村之前，外出务工人员一般都去哪些地方，具体做些什么？

18. 成为淘宝村之前，留守村民的主营业务是什么？

19. 成为淘宝村之前，村内的支柱产业或龙头产业有哪些？

20. 什么时候被定为淘宝村的？

21. 现在全村有多少个网店？

22. 从事淘宝和做淘宝相关的产业的有多少人？

23. 全村网店销售额的整体情况怎么样？

24. 网商和非网商人员在如下收入水平中各有多少人？（5 万元以下、5 万～10 万元、10 万～20 万元、20 万元以上）

25. 如下销售额水平的网店各有多少个？（10 万元以下、10 万～50 万元、50 万～100 万元、100 万元以上）

26. 全村网商主营类目有哪些？

27. 网商们都有哪些经营模式？（一件代发、货源＋网销、批发＋网销、生产＋网销、生产＋批发＋网销）

（三）资源禀赋

28. 当地和周边有没有特色的资源或者产业？（长久积累下来的技术或者产业）

29. 交通和网络通信发达程度如何？（离省会、市中心的距离，有没有直达火车，网络覆盖率，互联网产品的使用情况）

（四）成为淘宝村之前的信息扩散情况

30. 开始做淘宝村之前村民接受外界信息的渠道有哪些？（外出务工人员，地区与地区之间的熟人、外来商户、政府）

31. 开始做淘宝之前村落内部的消息一般是怎样传播的？ 例如，片区式的传播（受地理因素影响）、人群交叉传播（片区之间熟识的人之间的交叉传播）、村民到场观察了解。

32. 政府政策、消息一般采取什么样的方式传到村民，村民的接受效果如何？

33. 之前有没有出现过像现在一样大家很多人聚集到一起做相同事情的现象？

二、访谈对象：针对不同批次的创业者

1. 年龄、文化程度如何？

2. 做淘宝之前在做什么？

3. 从什么时候开始做淘宝的？

4. 现在有几个网店？

5. 从开始到现在投入程度如何？（时间、金钱、人力）

6. 现在主营什么类目？ 经营模式是怎样的？

7. 开始到现在营业额和收入状况如何？

8. 刚开始进入网商行列的原因是什么？（自身因素和外界因素）被哪些外界因素影响？ 又是什么样的心态？（试一试、长足发展）

9. 做现在这个类目的原因是什么？

10. 刚开始的时候其他村民对待做淘宝是什么看法？

11. 刚开始的时候村委会的关注程度是怎样的，采取了什么行动？

12. 可以讲讲您的网店从开始到现在经历了什么样的过程?

13. 直接和间接地影响了哪些人?

14. 影响他人的原因是什么? 通过什么样的方式(简单沟通、带教、提供技术、货源)去影响他们? 通过这种方式影响他们之后,效果怎么样?

15. 经营过程中碰到的主要的问题是什么? 又是如何解决的? 还有哪些尚未解决的或不能解决的问题?

16. 你认为你们村之所以能够成为淘宝村的原因是什么?

三、访谈对象:在本地创业的外地创业者

1. 年龄、文化程度如何?

2. 做淘宝之前在做什么?

3. 从什么时候开始做淘宝的?

4. 现在有几个网店?

5. 从开始到现在投入程度如何?(时间、金钱、人力)

6. 现在主营什么类目? 经营模式是怎样的?

7. 开始到现在营业额和收入状况是怎样的?

8. 为什么开始做淘宝?(自身因素和外部因素)为什么选择此地? 又是什么样的心态?(试一试、长足发展)

9. 做现在这个类目的原因是什么?

10. 刚开始的时候其他村民对待做淘宝是什么看法?

11. 刚开始的时候村委会的关注程度是怎样的,采取了什么行动?

12. 可以讲讲您的网店从开始到现在经历了什么样的过程?

13. 直接和间接地影响了哪些人?

14. 影响他人的原因是什么? 通过什么样的方式(简单沟通、带教、提供技术、货源)去影响他们? 通过这种方式影响他们之后,效果怎么样?

15. 经营过程中碰到的主要的问题是什么? 又是如何解决的? 还有哪些尚未解决的或不能解决的问题?

16. 你认为你们村之所以能够成为淘宝村的原因是什么?

四、访谈对象:中途退出的创业者

1. 年龄、文化程度如何?

2. 做淘宝之前在做什么?

3. 从什么时候开始做淘宝的?

4. 现在有几个网店?

5. 从开始到现在投入程度如何?(时间、金钱、人力)

6. 现在主营什么类目? 经营模式是怎样的?

7.开始到现在营业额和收入状况是怎样的？

8.刚开始进入网商行列的原因是什么？（自身因素和外部因素）又是什么样的心态？（试一试、长足发展）

9.做现在这个类目的原因？

10.刚开始的时候其他村民对待做淘宝是什么看法？

11.村委会的关注程度是怎样的，采取了什么行动？

12.可以讲讲您的网店从开始到现在经历了什么样的过程？

13.直接和间接地影响了哪些人？

14.影响他人的原因是什么？通过什么样的方式（简单沟通、带教、提供技术、货源）去影响他们？通过这种方式影响他们之后，效果怎么样？

15.经营过程中碰到的主要的问题是什么？又是如何解决的？还有哪些尚未解决的或不能解决的问题？

16.什么时候退出的？

17.为什么退出？（自身因素和外部因素）

18.你认为你们村能够成为淘宝村的原因是什么？

五、访谈对象：无电商创业打算的村民

1.年龄、文化程度如何？

2.现在主业是什么？

3.现在收入水平怎么样？

4.身边亲朋好友的经营情况怎么样？

5.为什么不进入网商行列？（自身因素和外部因素）

6.是否了解过淘宝？了解程度如何？

7.你认为你们村能够成为淘宝村的原因是什么？

附录六

淘宝村内部创业扩散的影响因素调查问卷

尊敬的淘宝村居民:

您好! 这是杭州电子科技大学经济学院开展的关于淘宝村内部创业影响因素的调查问卷,本问卷不涉及姓名、联系方式等个人信息,也不会用作其他用途,请放心填写,谢谢您的配合和支持。

问卷链接:https://sojump.com/jq/15711628.aspx。

杭州电子科技大学淘宝村调研团队

1. 以我现在的知识、能力、经验足以应付淘宝创业过程中遇到的问题
A. 非常不同意　　　　　B. 不同意　　　　　C. 有点不同意
D. 有点同意　　　　　E. 同意　　　　　F. 非常同意

2. 做淘宝需要的资金还是能承受的
A. 非常不同意　　　　　B. 不同意　　　　　C. 有点不同意
D. 有点同意　　　　　E. 同意　　　　　F. 非常同意

3. 身边的家人或朋友就能组成一个淘宝创业团队
A. 非常不同意　　　　　B. 不同意　　　　　C. 有点不同意
D. 有点同意　　　　　E. 同意　　　　　F. 非常同意

4. 后期发展可能需要大量资金,但是现在融资方式这么多,资金这一块可以不用太过担心
A. 非常不同意　　　　　B. 不同意　　　　　C. 有点不同意
D. 有点同意　　　　　E. 同意　　　　　F. 非常同意

5. 淘宝运营知识很容易学,一段时间就能搞定
A. 非常不同意　　　　　B. 不同意　　　　　C. 有点不同意
D. 有点同意　　　　　E. 同意　　　　　F. 非常同意

6. 只要出得起工资,招人很容易
A. 非常不同意　　　　　B. 不同意　　　　　C. 有点不同意
D. 有点同意　　　　　E. 同意　　　　　F. 非常同意

7. 淘宝创业比平时要辛苦得多,但是能够承受
A. 非常不同意　　　　　B. 不同意　　　　　C. 有点不同意

D. 有点同意　　　　　　E. 同意　　　　　　F. 非常同意

8. 我非常信任我们村创业带头人的眼光, 让我有了方向

A. 非常不同意　　　　　B. 不同意　　　　　C. 有点不同意

D. 有点同意　　　　　　E. 同意　　　　　　F. 非常同意

9. 带头人特别开放, 我能迅速在他那里了解信息和学习技术

A. 非常不同意　　　　　B. 不同意　　　　　C. 有点不同意

D. 有点同意　　　　　　E. 同意　　　　　　F. 非常同意

10. 带头人投入越多, 我会更加紧密地跟随

A. 非常不同意　　　　　B. 不同意　　　　　C. 有点不同意

D. 有点同意　　　　　　E. 同意　　　　　　F. 非常同意

11. 带头人要有高的营业收入和利润, 我才会更加有信心

A. 非常不同意　　　　　B. 不同意　　　　　C. 有点不同意

D. 有点同意　　　　　　E. 同意　　　　　　F. 非常同意

12. 我不比其他村民差, 我做淘宝也一样能成功

A. 非常不同意　　　　　B. 不同意　　　　　C. 有点不同意

D. 有点同意　　　　　　E. 同意　　　　　　F. 非常同意

13. 政府提供的低息贷款使我在创业过程中资金使用成本变低

A. 非常不同意　　　　　B. 不同意　　　　　C. 有点不同意

D. 有点同意　　　　　　E. 同意　　　　　　F. 非常同意

14. 政府成立的帮扶组织帮助我们更快地解决问题和帮助我们解决了作为个体解决不了的问题

A. 非常不同意　　　　　B. 不同意　　　　　C. 有点不同意

D. 有点同意　　　　　　E. 同意　　　　　　F. 非常同意

15. 政府提供和引进各种配套设施, 基础设施使我们创业更方便

A. 非常不同意　　　　　B. 不同意　　　　　C. 有点不同意

D. 有点同意　　　　　　E. 同意　　　　　　F. 非常同意

16. 政府的大力宣传让我更加愿意跟随政策潮流

A. 非常不同意　　　　　B. 不同意　　　　　C. 有点不同意

D. 有点同意　　　　　　E. 同意　　　　　　F. 非常同意

17. 创业的人越多, 我会更加坚定创业的决心

A. 非常不同意　　　　　B. 不同意　　　　　C. 有点不同意

D. 有点同意　　　　　　E. 同意　　　　　　F. 非常同意

18. 其他的创业者热情越高, 我会更有创业的动力

A. 非常不同意　　　　　B. 不同意　　　　　C. 有点不同意

D. 有点同意　　　　　　E. 同意　　　　　　F. 非常同意

19. 和谐的竞争机制和秩序让我感到公平、放心

A. 非常不同意　　　　　　B. 不同意　　　　　　C. 有点不同意

D. 有点同意　　　　　　　E. 同意　　　　　　　F. 非常同意

20. 淘宝创业可能让我实现更高的收入

A. 非常不同意　　　　　　B. 不同意　　　　　　C. 有点不同意

D. 有点同意　　　　　　　E. 同意　　　　　　　F. 非常同意

21. 淘宝创业让我的生活更有激情,充满更多的可能性

A. 非常不同意　　　　　　B. 不同意　　　　　　C. 有点不同意

D. 有点同意　　　　　　　E. 同意　　　　　　　F. 非常同意

22. 电子商务有很大的发展空间,国家又这么重视,未来发展前景一定会非常好

A. 非常不同意　　　　　　B. 不同意　　　　　　C. 有点不同意

D. 有点同意　　　　　　　E. 同意　　　　　　　F. 非常同意

23. 就算失败了,也亏不了多少钱

A. 非常不同意　　　　　　B. 不同意　　　　　　C. 有点不同意

D. 有点同意　　　　　　　E. 同意　　　　　　　F. 非常同意

24. 当地的特色产品通过电子商务销售将会有很大市场

A. 非常不同意　　　　　　B. 不同意　　　　　　C. 有点不同意

D. 有点同意　　　　　　　E. 同意　　　　　　　F. 非常同意

25. 当地完整的产业链能使商品在价格方面更有竞争力,利润空间更大

A. 非常不同意　　　　　　B. 不同意　　　　　　C. 有点不同意

D. 有点同意　　　　　　　E. 同意　　　　　　　F. 非常同意

26. 本地交通便利使物流成本更低

A. 非常不同意　　　　　　B. 不同意　　　　　　C. 有点不同意

D. 有点同意　　　　　　　E. 同意　　　　　　　F. 非常同意

27. 周边生产基地或批发市场等资源使我们有了现成的货源

A. 非常不同意　　　　　　B. 不同意　　　　　　C. 有点不同意

D. 有点同意　　　　　　　E. 同意　　　　　　　F. 非常同意

28. 敢于尝试的精神使我走出创业的第一步

A. 非常不同意　　　　　　B. 不同意　　　　　　C. 有点不同意

D. 有点同意　　　　　　　E. 同意　　　　　　　F. 非常同意

29. 看到其他人做淘宝赚了很多钱,心里会有些许不甘心、不服气

A. 非常不同意　　　　　　B. 不同意　　　　　　C. 有点不同意

D. 有点同意　　　　　　　E. 同意　　　　　　　F. 非常同意

30. 自身非常强的市场敏感度和反应速度使我不惧怕市场的飞速变化

A. 非常不同意　　　　　　B. 不同意　　　　　　C. 有点不同意

D. 有点同意　　　　　　　E. 同意　　　　　　　F. 非常同意

31. 家人和朋友的支持给了我很大的创业的勇气

A. 非常不同意　　　　　B. 不同意　　　　　　C. 有点不同意

D. 有点同意　　　　　　E. 同意　　　　　　　F. 非常同意

32. 家人和朋友的资金支持让我不再为资金发愁

A. 非常不同意　　　　　B. 不同意　　　　　　C. 有点不同意

D. 有点同意　　　　　　E. 同意　　　　　　　F. 非常同意

33. 家人和朋友亲自上阵满足我的初始创业团队的人力需求

A. 非常不同意　　　　　B. 不同意　　　　　　C. 有点不同意

D. 有点同意　　　　　　E. 同意　　　　　　　F. 非常同意

34. 村民之间交流得越多,我对淘宝运营就了解得越多

A. 非常不同意　　　　　B. 不同意　　　　　　C. 有点不同意

D. 有点同意　　　　　　E. 同意　　　　　　　F. 非常同意

35. 复杂的关系网络能让我获得更多的信息和资源

A. 非常不同意　　　　　B. 不同意　　　　　　C. 有点不同意

D. 有点同意　　　　　　E. 同意　　　　　　　F. 非常同意

附录七

农村电子商务模式选择影响因素访谈大纲及调查问卷

一、访谈大纲

1. 遂昌网店协会和赶街网是怎样一起运行的？（运行模式）

2. 您认为现在从事电商这个行业是否很容易？（门槛、产品、企业互相竞争）

3. 当前的电商平台是否具备规范的管理制度和较高的服务水平？

4. 本县的产品具有哪些地域特色？最具特色和代表性的产品有哪些？

5. 本县所销售的商品周期的长短如何？商品是否易储存？

6. 县里是否有些优秀的返乡青年在这方面颇有建树？

7. 发展中是否需要大量资金，融资方面是如何解决的？

8. 本县的电商行业是否存在严重的竞争关系？如何解决？

9. 您认为政府在电商平台发展中起到哪些重要作用？

10. 您认为政府还需要在以下哪几个方面发展得更好？（多选）

　A. 土地的使用权　　　　　　　　　　B. 人才引进及教育培训

　C. 资金支持　　　　　　　　　　　　D. 政策、信息的宣传公告

11. 如何通过互联网线上学习或者基于社会网络线下学习？

12. 本县在电子商务的发展中有哪些创新？

13 本县是否有完整的产业链？（生产渠道、销售渠道、售后渠道、物流渠道）如何获取更大的利润？

14. 目前所面临的最大的问题有哪些？（政府或平台）打算怎么解决？

二、调查问卷

　　您好！我们是一支由杭州电子科技大学学生组成的调研团队，正在进行一项关于农村电子商务模式的影响因素及推广对策的调研，您的如实回答将给我们的工作很大的帮助，也对后续带来的社会影响贡献了重要的力量。请您放心，对您提供的信息我们将严格保密，绝对不会泄露给任何单位和个人！

　　万分感谢您在百忙之中抽出时间参与我们的调查！

1. 年龄

2. 性别

3. 文化程度

4. 开始从事淘宝网创业的时间

5. 从事淘宝网创业之前在做什么

6. 网店店名、网店主营类目、现今网店的年营业额

成功优势	产业基础	1. 发展电子商务之前,产品已有一定规模 A. 非常不同意　　　B. 不同意　　　C. 有点不同意 D. 有点同意　　　E. 同意　　　F. 非常同意 2. 你认为现阶段从事这个行业还比较容易 A. 非常不同意　　　B. 不同意　　　C. 有点不同意 D. 有点同意　　　E. 同意　　　F. 非常同意 3. 你所从事的该行业有专业实体市场 A. 非常不同意　　　B. 不同意　　　C. 有点不同意 D. 有点同意　　　E. 同意　　　F. 非常同意
	产品特色	4. 电商平台上销售的产品地域特色突出 A. 非常不同意　　　B. 不同意　　　C. 有点不同意 D. 有点同意　　　E. 同意　　　F. 非常同意 5. 电商平台上销售的产品能够很好地进行储存 A. 非常不同意　　　B. 不同意　　　C. 有点不同意 D. 有点同意　　　E. 同意　　　F. 非常同意
成功要素	基础设施	6. 互联网基础设施能够满足我们的电商发展需求 A. 非常不同意　　　B. 不同意　　　C. 有点不同意 D. 有点同意　　　E. 同意　　　F. 非常同意 7. 当前物流快递对电商平台的发展具有很好的促进作用 A. 非常不同意　　　B. 不同意　　　C. 有点不同意 D. 有点同意　　　E. 同意　　　F. 非常同意
	电商平台	8. 当前的电商平台具备较高的服务水平 A. 非常不同意　　　B. 不同意　　　C. 有点不同意 D. 有点同意　　　E. 同意　　　F. 非常同意
	创业带头人	9. 我们村涌入大批的返乡青年,让我有了方向 A. 非常不同意　　　B. 不同意　　　C. 有点不同意 D. 有点同意　　　E. 同意　　　F. 非常同意 10. 我们村的领头企业,起到了带头作用 A. 非常不同意　　　B. 不同意　　　C. 有点不同意 D. 有点同意　　　E. 同意　　　F. 非常同意
	政府支持	11. 政府在电商平台发展中起到了重要作用 A. 非常不同意　　　B. 不同意　　　C. 有点不同意 D. 有点同意　　　E. 同意　　　F. 非常同意

续表

关键动力	企业家精神驱动	12. 淘宝创业虽然辛苦,但是能够承受 A. 非常不同意　　　　B. 不同意　　　　C. 有点不同意 D. 有点同意　　　　E. 同意　　　　F. 非常同意
	需求拉动	13. 当地的特色产品通过电子商务销售将会有很大市场 A. 非常不同意　　　　B. 不同意　　　　C. 有点不同意 D. 有点同意　　　　E. 同意　　　　F. 非常同意
	竞合推动	14. 村里不存在严重的竞争关系 A. 非常不同意　　　　B. 不同意　　　　C. 有点不同意 D. 有点同意　　　　E. 同意　　　　F. 非常同意
	资本要素	15. 后期发展资金这一块可以不用太过担心 A. 非常不同意　　　　B. 不同意　　　　C. 有点不同意 D. 有点同意　　　　E. 同意　　　　F. 非常同意 16. 只要出得起工资,招人很容易 A. 非常不同意　　　　B. 不同意　　　　C. 有点不同意 D. 有点同意　　　　E. 同意　　　　F. 非常同意
发展过程	模仿学习	17. 通过网上学习交流,让我更有动力去发展电子商务 A. 非常不同意　　　　B. 不同意　　　　C. 有点不同意 D. 有点同意　　　　E. 同意　　　　F. 非常同意 18. 村民之间交流得越多,我对淘宝运营就了解得越多 A. 非常不同意　　　　B. 不同意　　　　C. 有点不同意 D. 有点同意　　　　E. 同意　　　　F. 非常同意
	创新应用	19. 我们的电子商务发展具有创新性 A. 非常不同意　　　　B. 不同意　　　　C. 有点不同意 D. 有点同意　　　　E. 同意　　　　F. 非常同意
	集群演化	20. 当地完整的产业链能使商品在价格方面更有竞争力 A. 非常不同意　　　　B. 不同意　　　　C. 有点不同意 D. 有点同意　　　　E. 同意　　　　F. 非常同意 21. 周边生产基地或批发市场等资源使我们有了现成的货源 A. 非常不同意　　　　B. 不同意　　　　C. 有点不同意 D. 有点同意　　　　E. 同意　　　　F. 非常同意 22. 我们村的行业帮扶组织帮助我们更快地解决问题 A. 非常不同意　　　　B. 不同意　　　　C. 有点不同意 D. 有点同意　　　　E. 同意　　　　F. 非常同意
	城乡融合	23. 电子商务的发展促进了城镇化的进程 A. 非常不同意　　　　B. 不同意　　　　C. 有点不同意 D. 有点同意　　　　E. 同意　　　　F. 非常同意

可持续发展	经济效益	24.淘宝创业让我获得了更高的收入 A. 非常不同意　　　B. 不同意　　　C. 有点不同意 D. 有点同意　　　E. 同意　　　F. 非常同意
	社会效益	25.村民之间开展电子商务平台使得邻里之间更加和谐 A. 非常不同意　　　B. 不同意　　　C. 有点不同意 D. 有点同意　　　E. 同意　　　F. 非常同意
	生态效益	26.通过农村电商发展,生态环境得到了改善 A. 非常不同意　　　B. 不同意　　　C. 有点不同意 D. 有点同意　　　E. 同意　　　F. 非常同意

附录八

部分区域对提交的农村电子商务模式相关认可意见

一、安徽省泾县

（一）采用过程

安徽省宣城市是我国文房四宝中宣纸的发源地，而泾县丁家桥镇的李园村就是生产宣纸的重要之地。泾县地处中纬度南沿，根据气象指标分类，属于北亚热带、副热带季风湿润性气候。泾县境内草本植物约计 1000 种，适宜宣纸的取材与制造。根据走访我们了解到，正是因为泾县当地的特有的材质和水资源，才制作出上乘的宣纸。因此，宣纸这种产品是当地所独有的，具有不可复制性。

通过与丁家桥镇的镇委书记和李园村的村委书记的交谈，我们了解到之前都是需要农户自己将纸运到镇上去卖，因为运输量不大，所以收益不高。近年来，随着互联网的普及和电子商务的迅猛发展，李园村的村民们逐渐意识到靠以前"家有厂、外有店、背货跑"的传统营销方式已经跟不上时代发展的要求，部分敏锐的年轻人开始关注电商平台，并试探性地进入电子商务领域。2016 年，李园村成功入选"淘宝村"，这对于李园村来说，是扩大宣纸市场的好机会。随着李园村成为淘宝村，当地政府也积极在调研，希望通过成立电子商务协会、电商发展服务站，建设电子商务培训中心、文房四宝电子商务产业园和电商创业孵化园，加大电商龙头的培育和扶持力度，解决目前李园村网商分散、严重同质化和价格战等方面的问题，力争打造"中国文房四宝淘宝第一村"品牌。

因为宣纸这种独特的产品，所以李园村的重中之重是打造产品的知名度。而且每家都想自己卖产品，因此就会存在产品恶性竞争的情况。首先，李园村就是要形成一个完整的产业链，从生产、供货、销售、运输到售后服务等方面，将整个村进行合理规划。其次，就需要创造自己的品牌，打开市场。当前村内宣纸生产分散种植、小批量生产，应重点发挥农业生产合作社和"各类公司＋农户组织"的作用，推进农产品的标准化，从而提升竞争力和品牌知名度。因为宣纸产品具有一定的历史底蕴，所以在发展贸易的同时也可以开展文化旅游业。可以建立产业园区将各个生产环节的农户聚集起来，建立展览馆和商品一条街，在宣传宣纸的同时，也做到促进经济的发展。同时，需要建立人才引进体系。需要成立县级或市级的电子商务培训机构。加强对地方政府领导班子、基层干部的电商培训，以强化政府对电商经济的认知程度。加强农村电商服务体系建设，提升淘宝村竞争力。在此期间，政府需要起到主导作用。对于李园村的发展来说，因为农户比较零散，自主性不强，就需要政府加大政策力度，让农户对之后的发展有信心，这样才能将零散的农户凝聚，使其共同发展。

建议书

尊敬的宣城市泾县丁家桥镇的各位领导：

你们好！

自古有话："无徽不成商，无泾不成镇。"泾县秉持着以发展宣纸书画纸产业为核心，传承发扬宣纸文化，现在正在打造产业园区对传统产业与电商产业、旅游产业深度融合发展。在此，我们小组通过对以沭阳县等为典型农村电子商务发展模式的案例研究，总结出发展过程中可能遇到的问题，并针对如何利用大数据、新零售、新思维去面对时代挑战，谨向贵县提出如下建议：

1.建设物流快递园区，吸引全镇主要快递公司集中入驻，实行统一管理，完善园区文化建设、企业员工生活配套、企业综合服务等方面。采取自动化、标准化包裹分装大型设备，可以大大提高包裹处理速度和承接量，节省单位劳工量和成本，快递企业为提升运营效率和绩效，进一步让利于当地农民网商，进一步降低了物流快递成本。延长产品的产业链，一方面宣纸走深加工路线；另一方面，通过宣纸知名度提升，本地独特的文化底蕴可以吸引游客前来观光，发展旅游业。

2.加强淘宝村人才体系建设。将电商培训纳入地方商务系统的培训范畴，定期开展知识下乡活动，为村民提供免费的、高水平的电商培训；成立县级或市级的电子商务培训机构。加强对地方政府领导班子、基层干部的电商培训，以强化政府对电商经济的认知程度。加强农村电商服务体系建设，提升淘宝村竞争力。

3.完善农村电商基础设施建设，加快"农产品进城"。电商平台要想得到快速发展，必须有相对完整的配套网络设施和足以支撑的物流配送网络。

4.推进产品标准化与品牌化，提升竞争优势。当前贵村宣纸生产分散种植、小批量生产，应重点发挥农业生产合作社和各类公司＋农户组织的作用，推进农产品的标准化，从而提升竞争力和品牌知名度。

5.降低融资难度。针对农民卖家普遍资金实力较小，建议金融监管机构推动各大商业银行加快对农村电子商务的调研，深入了解农民网商的实际需求，以灵活的方式满足淘宝村的信贷需求，支持包括农民网商在内的小微企业创业。

6.加大政策扶持力度，加强对农村电子商务的监督和评估。农村电商这一商业模式，在加快城乡融合、农民增收、农村经济发展上都有着十分重要的推动作用。应提高重视，加大扶持力度。营造更有利于农村电商发展的外部环境。

天和小组

2018 年 8 月 15 日

（二）建议书及反馈意见

宣城市泾县丁家桥镇反馈意见

该团队在我镇对农村电子商务相关方面进行的调查真实、内容详实、其所提建议符合实际，可操作性强，对我镇在发展过程中所涉及问题的解决具有重要意义，对我镇农村电子商务的发展提供了借鉴和参考。

特此证明。

二、浙江省北仑区

（一）采用过程

实地走访，发现北仑新碶街道的农村电子商务还没有正式地迈上正规甚至可以说并没有开展起来。借助北仑港开发的东风，新碶街道以临港的区位优势，逐步发展为初具规模的滨海新城。新碶现有农田 9000 余亩，主要集中于镇西部的沿山一带，农业发展充分利用区域优势，走城郊型农业道路，重点突出蔬菜生产和休闲农业。休闲农业是新碶农业的一大特色，重点打造了永久小水果专业村，通过引进新品种，努力向水果观光农业靠拢。新碶现有常年蔬菜种植面积3000 亩，其中区级蔬菜基地 475 亩。可以看出该县域仍在自主打造具有特色的农业产品，还未规模化。在本项目的推论来看，更适宜先学习沙集模式，选择合适的产业打造自身的农村电子商务。

通过与当地村妇女主任郑巧玲的交谈，了解到：其实早在 2014 年，"我是农民"电子商务有限公司便已成立，其目的是结合宁波当地及国内农村文化的特性，针对农村的群体消费习性及农村未来发展趋势的精准定位，推出以农村电子商务团购为核心，农村信息化生活、农村创业、公益服务等多项延伸业务，致力于在农村植入、普及、推广电子商务，实现农村产销结合，提升农村生活品质，协助政府做好农村民生工程工作的综合网络服务平台。"我是农民"项目的经营业务包括：(1)实现农产品进城与消费品下乡的无缝对接；(2)完成农村终端物流配送;(3)全方位满足农村衣食住行所需的任何产品团购;(4)缴费、理财、医疗、养老、旅游、保险、中介业务等;(5)吸引农村青年回乡创业,解决农村闲置人员再就业;(6)志愿者活动、社会救助、宣传公益广告等。在前期,能够较好地将农民的生活变得更为便利化,但在将农产品进城和模式推广中遇到了阻碍,可以看出公司运营方式和遂昌模式有一定程度上的相似,遂昌可以复制,但有前提:政府看重、专人跟进,这样才能落地。比如,遂昌想从下至上制定农产品标准,首先必须先成为行业前列,才有话语权,然后晋级为国家标准委员会成员,制定和优化标准。模式易学,氛围难求,没能够很好地复制该模式的原因在于自身条件不足。

首要,选择合适且正确的产品,新碶街道已然正在生产普通生鲜产品。这类蔬菜产品由于附加值低、储运成本高,不适合开展异地直接对消费者的电子商务,但可采用农超对接以及同城直采与配送的电商模式,加大自身品牌效应,品牌就是影响力,就是号召力,就是竞争力。打造品牌是战略,建设农业品牌是把农业搞强的必经之路。打造品牌要将资源优势、区域优势变成品牌优势、经济优势。而对于想要进一步拓展自身产业链和盈利空间的新碶街道来说,同样推荐生产高附加值易储运产品。这类产品附加值相对较高,具有一定的竞争力,并且适合储运,容易实施电子商务。这类产品中,如坚果、干货、有机大米、特色手工艺品等,如果批量大,可在阿里巴巴之类的 B2B 类电子商务网站上进行出售与交易;如果批量小,则可在淘宝类 C2C 平台上进行出售。而相对于北仑区整体实力不俗的地域来说,可以结合已经开展的电子商务基地,运用当地已经成熟的电子商务区块,打造有特色的农村电子商务模式。

其次,在选定合适的产品情况下,大力加大北仑区政府的主导作用,依据《北仑新碶新兴农业产业园区总体规划》可以看出当地着力将其规划为新兴农业产业园区,发展休闲观光旅游农业,划分三个功能区:高新农业示范区;传统农业体验区;生态农业休闲区。在打造自身县域的品牌标签的同时,应加强电商人才体系建设,当前县域内对农村电商的感触还不是很强烈,农村电商人才整体短缺的现象短期难以改变,一方面要吸引城市人才下乡,另一方面要把更重要的精力放在农村本土人才培养上。(1)要继续加大农村电商人才培训力度,特别注重师资队伍建设,不断提升培训效果;(2)要加大后续跟踪培养,在电商服务、创业服务、金融支持等方面出台有效政策;(3)要重视电商服务业发展,配套解决电商人才创业初期所急需的专业美工、网络运营、数据分析、快递物流等方面的现实需求。同时,要加强农村电商人才发掘,注重典型选树,搭建与平台之间的绿色通道,培养一批农村电商带头人。

（二）建议书及反馈意见

建议书

尊敬的宁波市北仑区的各位领导：

你们好！

互联网，当下最有影响力的名词之一，俨然已成为当代生活的代名词。北仑区一直对农村电子商务的发展给予重要关注度。在此，我们小组通过对以遂昌县、沙集县等为典型农村电子商务发展模式的案例研究，总结出发展过程中可能遇到的问题，并针对如何利用大数据、新零售、新思维去面对时代挑战，谨向贵市提出如下建议：

1.加大电子商务协会、服务站的模式创新，充分发挥其作用。以培训发展优质卖家为基础，整合上游供应商，打造一个支持网商发展、实现供销双方"信息共享与资源互补"的公共服务平台：定期筛选、推介优质供应商，与网商形成互为关系销售联盟；设立青年服务站，面向本地创业青年提供创业咨询、政策指导、创业培训、导师带徒、见习训练、信贷帮扶、项目大赛、文化活动等服务支撑；组建会员服务中心，面向会员提供开店手册、供货渠道、提供优质物料、培训课目、人才引荐、仓储物流、金融支持等服务，为卖家、供货商、中介服务商以及消费者构建交流与沟通渠道。

2.加强淘宝村人才体系建设。将电商培训纳入地方商务系统的培训范畴，定期开展知识下乡活动，为村民提供免费的、高水平的电商培训；成立县级或市级的电子商务培训机构，加强对地方政府领导班子、基层干部的电商培训，以强化政府对电商经济的认知程度。加强农村电商服务体系建设，提升淘宝村竞争力。

3.推进产品标准化与品牌化，提升竞争优势。当前贵村宣纸生产分散种植、小批量生产，应重点发挥农业生产合作社和各类公司＋农户组织的作用，推进农产品的标准化，从而提升竞争力和品牌知名度。

4.降低融资难度。针对农民卖家普遍资金实力较弱建议金融监管机构推动各大商业银行加快对农村电子商务的调研，深入了解农民网商的实际需求，以灵活的方式满足淘宝村的信贷需求，支持包括农民网商在内的小微企业创业。

5.加大政策扶持力度，加强对农村电子商务的监督和评估。农村电商这一商业模式，在加快城乡融合、农民增收、农村经济发展上都有着十分重要的推动作用。应提高重视，加大扶持力度，营造更有利于农村电商发展的外部环境。

天和小组

单 位 意 见

该团队在我村对农村电子商务相关方面进行的调查真实，内容详实。其所提建议结合实际，可操作性强，对我村在发展过程中所涉及的问题的预防具有重要意义。对我村农村电子商务的发展提供了借鉴和参考，特此证明。

2018 年 8 月 21 日

三、山西省临猗县

(一)采用过程

临猗县位于山西省西南部晋豫陕金三角地带,气候温和,光照充足,昼夜温差大,是栽植水果的最佳适宜区。临猗苹果以其个体形好、色艳、味美、甜脆、爽口享誉全球,畅销全国 25 个省(自治区、直辖市),出口东南亚、俄罗斯等国家。临猗县是全国首家优质苹果生产基地,临猗被认定为苹果种植面积和产量"居全国之首"县。

当前,临猗县的电子商务发展正处于快速增长期,潜力巨大,电子商务氛围浓厚,其电商培训居于山西省前列。据统计,临猗县的苹果产量和苹果种植面积都位居全国第一,年产量可达 35 亿斤左右,但是,2015 年 9 月,果农生产的苹果出现了大范围滞销的问题,针对这一问题,临猗县搭乘"互联网＋"快车,高速形成销售应急方案,通过大力宣传,使用淘宝、微信、O2O 等营销模式并竭力进行电子商务培训,"卖果难"问题迅速得到了缓解。这也为解决农产品销售难探索出了一条新路。2015 年临猗县电子商务交易额大幅增长,根据邮政快递统计,2015 年临猗县的电商发展增速名列全国第一。

政府强化政策引导,推进平台建设发展农村电子商务是一项系统工程,政府应把握重点,统筹规划,适时给予政策引导和资源对接,坚持市场驱动,使相关部门、镇、村整体联动,充分挖掘并利用临猗县的特色农产品,加快电商发展。政府应结合临猗县电商发展实况,将扶持资金用在刀刃上,并鼓励相关银行加大对电商网创主体的信贷力度,帮扶电商创业主体。

完善农产品质量标准体系建设,推动农产品规模化生产。临猗县应依托自身特色农产品和产业,以其为突破口,不断将其发展为好产品,而好产品到好网货的转换需要满足消费者的习惯和爱好,产品最重要的是品质,不仅是照片拍摄、物流包装和文案写作,品质好、包装美,销量自然高,价格也就上得去,从而解决农民"卖果难"的问题。政府应该鼓励当地供销合作社和电商龙头企业整合当地特色农产品等资源,加强农产品标准化、品牌化、规模化建设,提高本地农产品的质和量,进一步推动电商发展。

壮大电子商务人才和电商企业队伍。人才是电子商务发展的重要支撑,应重视对电商人才的培养,加大培训力度。一是鼓励本地的农民走出去,学习电子商务发达地区的经营模式,同时吸引本地人才回来创业发展,充分利用优势资源;二是对不同层次的人员进行针对性的、系统性的培训,整合培训资源,合理设置培训的课程与时间,培养在电商运营、美工摄影、网页制作、产品设计等方面的实用型人才。

（二）建议书及反馈意见

建议书

尊敬的运城市临猗县的各位领导：

你们好！

互联网，当下最有影响力的名词之一，俨然已成为当代生活的代名词。临猗县作为苹果种植面积和产量"居全国之首"县，还没有很好地和互联网进行融合，在此，我们小组针对如何利用大数据、新零售、新思维去面对时代挑战，谨向贵市提出如下建议：

1.因地制宜。当地具有一定的产业基础和特色产品时，可以考虑优先发展当地的特色产业，同时利用电子商务，将本产业做大、做强。借助电子商务平台，充分利用产业优势，积极创造电商创业和创新的条件与环境，增强产业集聚效应，引导电商创业往集群化的方向发展，走传统产业主导模式。

2.加强淘宝村人才体系建设。将淘宝村电商培训纳入地方商务系统的培训范畴，定期开展知识下乡活动，为村民提供免费的、高水平的电商培训；成立县级或市级的电子商务培训机构。加强对地方政府领导班子、基层干部的电商培训，以强化政府对电商经济的认知程度。加强农村电商服务体系建设，提升淘宝村竞争力。

3.完善农村电商基础设施建设，加快"农产品进城"。电商平台要想得到快速发展，必须有相对完整的配套网络设施和足以支撑的物流配送网络。

4.推进农业产品标准化与品牌化，提升竞争优势。当前贵村苹果生产分散种植、小批量生产，应重点发挥农业生产合作社和各类公司+农户组织的作用，推进农产品的标准化，从而提升竞争力和品牌知名度。

5.降低融资难度。针对农民卖家普遍资金实力较弱，建议金融监管机构推动各大商业银行加快对农村电子商务的调研，深入了解农民网商的实际需求，以灵活的方式满足淘宝村的信贷需求，支持包括农民网商在内的小微企业创业。

6.加大政策扶持力度，加强对农村电子商务的监督和评估。农村电商这一商业模式，在加快城乡融合、农民增收、农村经济发展上都有着十分重要的推动作用。应提高重视，加大扶持力度。营造更有利于农村电商发展的外部环境。

天和小组

附录九

部分区域调研实录

采访赶街公司项目总监刘寅（遂昌）

采访临安白牛村电子商务协会工作人员

采访宿迁沭阳村干部

实地调研丽水北山

向安徽泾县村干部提供相关建议

向山西省临猗县商户提供相关建议

图书在版编目(CIP)数据

中国农村电子商务发展路径选择与模式优化 / 梅燕著. —杭州：浙江大学出版社，2020.9
ISBN 978-7-308-20598-6

Ⅰ.①中… Ⅱ.①梅… Ⅲ.①农村—电子商务—研究—中国 Ⅳ.①F713.36

中国版本图书馆 CIP 数据核字(2020)第 176515 号

中国农村电子商务发展路径选择与模式优化

梅 燕 著

责任编辑	石国华
责任校对	杜希武　牟杨茜
封面设计	刘依群
出版发行	浙江大学出版社
	(杭州市天目山路 148 号　邮政编码 310007)
	(网址：http://www.zjupress.com)
排　版	杭州星云光电图文制作有限公司
印　刷	杭州高腾印务有限公司
开　本	710mm×1000mm　1/16
印　张	13.5
字　数	270 千
版 印 次	2020 年 9 月第 1 版　2020 年 9 月第 1 次印刷
书　号	ISBN 978-7-308-20598-6
定　价	58.00 元